ÉTUDE HISTORIQUE

SUR L'IMPOT FONCIER

SCEAUX. — IMP. M. ET P.-E. CHARAIRE.

ÉTUDE HISTORIQUE

SUR

L'IMPOT FONCIER

DEPUIS LES ROMAINS JUSQU'A NOS JOURS

PAR

Georges LANGLADE

AVOCAT A LA COUR D'APPEL DE PARIS

DOCTEUR EN DROIT

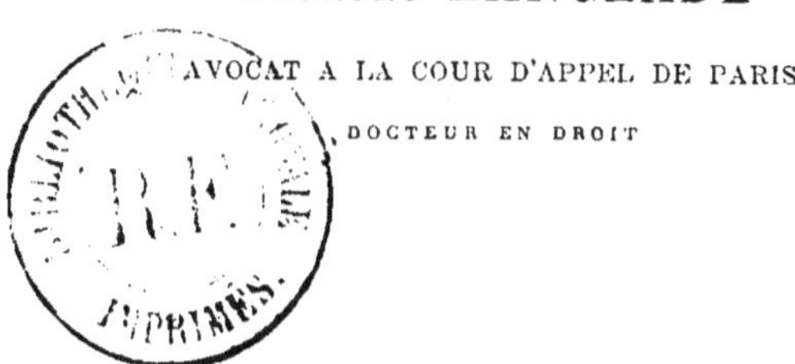

PARIS

LIBRAIRIE DES ÉCOLES

MAISON A. MORANT

CROVILLE-MORANT, GENDRE ET SUCCESSEUR

20, RUE DE LA SORBONNE (En face de la Sorbonne)

M DCCC LXXVII

INTRODUCTION

———

Parmi les nombreuses variétés d'impôts que présentent les institutions financières des États anciens ou modernes, les taxes sur la propriété foncière sont assurément les plus fréquentes et les plus répandues. Ce sol qui nourrit les générations humaines et qui fournit à toutes les industries leurs matières premières n'est pas seulement la principale richesse des peuples, c'est pour quelques-uns d'entre eux la richesse presque entière ; richesse d'ailleurs apparente à tous les yeux, que d'irrécusables témoignages permettent de constater avec précision, et sa nature même de saisir avec facilité dans ses manifestations les plus diverses. On comprend donc aisément qu'à toutes les époques et dans tous les pays la richesse immobilière ait, comme l'a dit M. de Parieu dans son *Traité des Impôts* [1], exercé une sorte d'attraction sur la pensée du législateur, occupé à créer des ressources financières, et qu'elle soit ainsi devenue presque partout l'objet principal et permanent d'un impôt.

———

1. Tome I, page 170, livre III.

C'est l'histoire de cet impôt, depuis les Romains jusqu'à nous, que nous avons l'intention d'exposer. Une pareille étude n'offre pas seulement un intérêt de pure curiosité. Les sociétés humaines ne sont point isolées dans le temps. Celles qui disparaissent exercent toujours une action profonde sur celles qui les remplacent. Alors même qu'au cours de leur lente évolution vers le progrès elles semblent briser le plus violemment avec le passé, elles sont loin de s'en détacher entièrement : des traditions qu'on croyait disparues se prolongent et viennent par intervalles affleurer à la surface des institutions nouvelles. Toute transformation économique ou sociale est d'ailleurs le produit d'un état antérieur de la race ou du peuple chez lequel elle s'opère, et contient à son tour le germe de tous les développements ultérieurs.

Mais la méthode historique appliquée à l'étude de l'impôt n'a pas seulement l'immense utilité de montrer comment les faits se sont produits, à quelles influences apparentes ou cachées ils ont obéi, quelles conséquences heureuses ou funestes ils ont amenées ; nous y trouvons encore d'autres avantages. Dans toutes les branches des affaires humaines, la pratique a devancé la science, et l'économie politique, c'est-à-dire l'ensemble des principes qui doivent présider à la production et à la distribution de la richesse, est même de date fort récente. Mais si en matière d'impôts les gouvernements anciens obéissaient à l'empirisme, ils n'en prenaient pas moins des mesures conformes aux lois économiques, par l'effet de ce mouvement instinctif qui, en toute matière, précède la science et le raisonnement. Bien longtemps avant nous, ils ont connu et pratiqué des institutions qui semblent nouvelles ; les essais qu'ils en ont faits peuvent nous fournir d'utiles enseignements pour l'avenir, et méritent quelquefois même de nous servir de modèles.

C'est ainsi que le génie administratif du peuple romain a su donner à l'assiette de l'impôt foncier une justesse et une précision que nous avons aujourd'hui peine à atteindre. L'établissement d'un cadastre uniforme dans tout le monde connu, la création d'une unité imposable partout égale, qui se prêtait avec une merveilleuse élasticité à toutes les augmentations ou diminutions de l'impôt; les renouvellements périodiques des estimations cadastrales, qui permettaient de tenir un compte exact des variations incessantes de la valeur des propriétés; ne sont-ce pas des faits assez considérables pour recommander le système romain à la sérieuse attention des économistes, qui pourraient peut-être y découvrir quelques-unes des améliorations réclamées depuis si longtemps dans la péréquation de l'impôt foncier?

Des considérations d'un autre ordre justifient la partie de notre étude qui s'applique à l'ancienne monarchie française. Certes, il est impossible de mettre un seul instant le système confus des tailles, où l'inégalité dans l'assiette se joignait à l'arbitraire dans la répartition, en parallèle avec le mécanisme savant et grandiose de l'impôt foncier romain; mais il ne faut point oublier que c'est de cette organisation défectueuse qu'est sorti le régime actuel. D'ailleurs, comme on l'a très-bien dit[1], il est bon d'évoquer le souvenir du passé, spécialement en matière financière : le spectacle des abus prévient la possibilité de leur retour en révélant leurs funestes résultats; la connaissance des inégalités disparues permet de mieux apprécier les progrès accomplis, et lors-

---

1. Ed. Tixier, *De l'assiette de l'impôt foncier*, p. 8.

qu'on a constaté des imperfections et des lacunes dans une institution fiscale à toutes les périodes de son histoire, on se console de ne pas lui voir réaliser complétement les principes de la justice distributive.

Après avoir ainsi suivi l'impôt foncier dans ses applications diverses, dans le droit romain et dans le droit français ancien, nous terminerons par l'exposition des réformes de la Révolution française, et du système nouveau créé en France par les lois de frimaire an VII et de septembre 1807, qui en sont le corollaire. Nous entrerons à ce propos dans quelques détails sur l'école économiste du siècle dernier, et nous rechercherons quelle a été son influence sur l'organisation actuelle de l'impôt foncier, sur quels points ses théories coïncident avec les faits, et sur quels points ils s'en éloignent. Nous ne ferons donc pas ici un exposé des principes généraux en matière d'impôt; ces principes trouveront leur place à mesure que nous avancerons dans cette étude.

DE L'IMPOT FONCIER

DEPUIS LES ROMAINS JUSQU'A NOS JOURS

LIVRE I

LES ORIGINES

CHAPITRE PREMIER

De l'impôt foncier en Orient, en Égypte, en Grèce.

Une étude historique sur l'impôt foncier devrait naturellement commencer par la recherche des origines. Il faudrait exposer comment les sociétés primitives ont organisé les premières taxes foncières, si ces taxes ont été antérieures aux taxes personnelles, si elles étaient des contributions librement consenties comme chez les anciens Germains, ou des tributs payés à un conquérant ou à un souverain, comme chez la plupart des peuples de l'Orient. Mais l'histoire de ces siècles où apparurent les premiers rudiments d'un impôt est trop obscure, malgré les grandes découvertes de la critique contemporaine, pour qu'il soit possible de sortir du domaine des conjectures et de substituer à des indications vagues des documents précis. Tout système sur les origines de l'impôt ne peut être qu'une pure hypothèse. Il est probable qu'il remonte à une haute antiquité, et que de bonne heure il dut être assis sur la propriété foncière, qui dans ces temps reculés était la principale et souvent même l'unique source de la richesse. Sa première forme a été sans doute celle d'une dîme prélevée sur les produits bruts de la terre. C'est ainsi que Strabon [1] et Diodore de Sicile [2] nous disent que les cultivateurs indiens payaient au gouvernement le quart de leur récolte. D'après les lois de Manou [3], cette proportion ne s'appliquait que dans les grandes nécessités publiques. En temps ordinaire, l'impôt descendait jusqu'au douzième du revenu. Les terres de la caste sacerdotale étaient franches de toute contribution [4].

Les grands empires de l'Asie centrale ont disparu sans laisser de traces de leur régime économique. Une loi attribuée par Hérodote à Darius a pu cependant faire supposer qu'en Perse c'était la propriété foncière qui servait de base à l'impôt. Comme les républiques grecques de l'Asie-Mineure avaient de continuelles difficultés entre elles pour la répartition du tribut qu'elles devaient payer, Darius, au dire de l'historien grec, aurait fait mesurer le terrain et fixer le contingent respectif par parasange carré [5]. Il y a quelque apparence que ce n'était là que l'extension d'un système déjà appliqué dans les autres provinces de l'empire. Nous savons aussi qu'il était interdit d'augmenter l'impôt sur les fonds de terre auxquels le travail du propriétaire avait donné une plus-value. Ce simple fait témoigne d'une organisation financière déjà parvenue à un certain degré de perfection.

En Égypte, les dépenses de l'État étaient primitivement réparties entre les trois pouvoirs, roi, prêtres, guerriers, qui possédaient toutes les propriétés. Plus tard, la caste sacerdotale, devenue prépondérante, put s'affranchir de toute contribution et l'impôt finit même par peser exclusivement

1. Strabon, *Géograph.*, l. XV, III.
2. *Hist.*, l. II, ch. III.
3. Xᵉ livre, xᵉ sloca.
4. Voir Schlosser, *Hist. de l'antiquité*, t. I, p. 182.
5. Hérodote, l. VI, ch. XLII.

sur la caste des guerriers [1], qui conservèrent cependant chacun une étendue de douze arroubes entièrement exempte [2].
Mais à l'époque des Ptolémées la caste sacerdotale avait
perdu son immunité. Il est impossible de fixer la date à
laquelle s'accomplit cette troisième transformation de l'impôt,
dont témoigne la célèbre inscription de Rosette, où il est
question d'un allégement d'impôts accordé à un collége de
prêtres.

Ce pays singulier devait son admirable fécondité aux
crues périodiques du Nil, dont les eaux couvraient le sol
chaque année pendant plusieurs semaines. Dès que le maximum de l'inondation était connu, le gouvernement fixait la
quotité de l'impôt, d'après l'étendue des terres qui en avaient
reçu les bienfaits. Une longue expérience avait en effet
appris à connaître le rapport de l'élévation des eaux du
fleuve avec l'étendue des terres inondées ; et l'établissement
des nilomètres permettait de s'en rendre un compte exact [3].
Chaque village possédait un livre cadastral qui servait de
base à la répartition de l'impôt. Hérodote [4] nous dit que,
lorsqu'il s'élevait des réclamations en cette matière, des
commissaires se transportaient sur les lieux pour en vérifier
la justice. Pline l'Ancien nous apprend aussi [5], dans son *Histoire naturelle*, que de son temps et d'après d'anciennes
institutions l'impôt était établi en Égypte par rapport au
produit net des terres. Il se payait en nature, et ce mode
de paiement subsista après la conquête du pays par les Romains.

Nous n'avons aussi que des notion vagues et incomplètes
sur l'histoire économique des républiques de la Grèce. Une
étude fort attentive des fragments épars dans tous les auteurs
grecs a cependant permis de reconstituer en partie le

1. Reynier, *Économie politique des Égyptiens*, t. I.
2. L'arroube aurait valu 2,134 mèt. car.
3. Clément d'Alexandrie.
4. Liv. II, ch. CIX.
5. Liv. XIX, ch. XXVI.

système financier d'Athènes [1]. Solon y avait divisé tous les citoyens en quatre classes. Un texte de Pollux, reproduit par Montesquieu dans l'*Esprit des lois* [2], indique que « ceux qui retiraient de leurs biens cinq cents mesures de fruits liquides ou secs formaient la première classe et payaient un cens de 1 talent ; ceux qui retiraient trois cents mesures formaient la deuxième et devaient un demi-talent ; ceux qui avaient deux cents mesures payaient dix mines ou la sixième partie d'un talent ; la quatrième classe, celle des thètes, ne devait rien. La taxe, dit Montesquieu, était juste, quoiqu'elle ne fût pas proportionnelle. Si elle ne suivait pas la proportion des biens, elle suivait la proportion des besoins. On jugea que chacun avait un nécessaire physique égal, que ce nécessaire ne devait point être taxé ; que l'utile venait ensuite et qu'il devait être taxé, mais moins que le superflu. »

Nous ne rechercherons point ici si pour être vraiment proportionnelle l'imposition doit être fixée en raison des biens des contribuables ; ou bien, comme le voulait aussi Rousseau, en raison composée de la différence de leur condition et du superflu de leurs biens ; mais il est intéressant de noter en passant avec quelle netteté Montesquieu se prononce en faveur du système que l'on désigne aujourd'hui sous le nom d'impôt progressif.

Il existait un cadastre général de la propriété (ἀπογραφαὶ), qui remontait à une haute antiquité. Ce cadastre servait de base au cens (τίμημα) et était établi d'après les déclarations des citoyens, dont on faisait au besoin la vérification (ὑποτίμησις). Les changements causés dans la propriété des particuliers par les vicissitudes de la fortune devaient souvent faire passer les citoyens d'une classe dans une autre ; aussi faisait-on de temps à autre une révision et une transposition (ἀνασύνταξις) [3]. Aristote le dit formellement. Les biens de l'État, qui ne payaient aucun impôt, n'étaient point compris dans ce

---

1. Voir Boeck. *Économ polit. des Ath.*
2. Liv. XIII, ch. vii.
3. Aristote, *Politiq.*, V, viii.

cadastre; mais ceux des communautés et des bourgs y étaient consignés, car ils devaient supporter l'impôt d'après leur estimation. La garde et la confection du cadastre foncier étaient confiées aux démarques, magistrats supérieurs de chaque canton. Les lois défendaient formellement d'accorder aucune exemption de l'impôt sur les biens. Les descendants d'Harmodius et d'Aristogiton, et les orphelins qui jouissaient de certaines immunités, étaient eux-mêmes soumis à cette contribution [1].

Il paraît qu'il y eut sous Nausinique, pendant la 3e année de la ce olympiade, une transformation importante de l'impôt à Athènes; mais elle est mal connue. On établit alors des symmories (συμμορίαι), espèces de colléges pour la rentrée de l'impôt sur la propriété, qui se composaient des cent vingt plus riches citoyens de chaque tribu. Ces citoyens devaient avancer l'impôt pour les plus pauvres, qui remboursaient après tout à loisir. Il est probable qu'on leur confiait alors le rôle sur lequel étaient portées les cotes des contribuables (διάγραμμα) qui était peut-être dressé par eux. Ces symmories élisaient des chefs pour diriger leurs travaux, et Démosthène resta lui-même plusieurs années à la tête d'un de ces colléges.

En temps ordinaire, l'État percevait lui-même l'impôt, et ce n'était qu'en cas d'urgence que les symmories devaient en faire l'avance (προεισφορα) ; mais elles avaient dans ce cas un recours contre ceux pour lesquels elles payaient. La propriété répondait de l'impôt; celui qui ne le payait pas devait en compter l'intérêt, fournir caution; et après un certain délai on procédait à la confiscation du bien. Si quelqu'un se croyait injustement placé dans la catégorie de ceux qui devaient faire l'avance de l'impôt, il pouvait recourir par une action d'échange contre celui de ses concitoyens qui avoit échappé à la symmorie et l'y faire incorporer à sa place.

Ce système bizarre, dont Boeck nous donne une assez complète exposition dans son livre sur l'*Économie politique des*

---

1. Voir Boeck, *Éc. polit. des Ath.*, tome I.

Athéniens, pouvait être avantageux à l'État à qui il permettait de trouver, dans un cas urgent, des ressources immédiates, mais il avait amené de nombreux abus. Cette organisation, que la démocratie athénienne avait établie dans l'intérêt des plus pauvres, se retournait souvent contre eux, car il paraît que les plus riches qui composaient la symmorie trouvaient le moyen de faire supporter tout le poids de l'impôt à ceux pour lesquels ils faisaient l'avance [1].

Il est probable que l'impôt sur les propriétés ne fut jamais perçu d'une façon régulière avant la guerre du Péloponèse. Jusqu'à cette époque, les dépenses d'Athènes étaient peu considérables. La triérarquie fournissait les vaisseaux, et les soldats ne touchaient aucune solde; du reste, les dons gratuits des citoyens, les tributs des villes alliées ou sujettes venaient remplir le trésor public, au point de permettre de partager le produit des mines entre les citoyens. Thucydide nous dit expressément que le premier impôt sur la propriété fut occasionné par le siége de Mytilène et que l'épuisement du trésor força de lever alors deux cents talents [2]. « Qui n'a pas raconté, dit de son côté Polybe, que les Athéniens, lorsqu'ils marchèrent contre les Lacédémoniens de concert avec les Thébains et qu'ils envoyèrent dix mille soldats et équipèrent cent galères, résolurent de subvenir à l'impôt de guerre avec le bien (ἀπὸ τῆς ἀξίας) [3] ? »

Quoi qu'il en soit, cet impôt finit par devenir régulier, car Aristophane, dès la LXXXVIII° olympiade, en parle comme d'une chose usuelle [4]. Déjà, du reste, à en croire Aristote, l'impôt sur les biens existait dans les autres cités de la Grèce ; à Sparte par exemple et à Corinthe, où la loi imposait aux citoyens l'obligation de déclarer leur revenu et punissait de mort toute fausse déclaration [5].

---

1. Voir la 2° Olynthienne.
2. III, xix, *Guerre du Pélopon.*
3. II, lxii, *Hist.*
4. *Les Chevaliers*, vers 922.
5. Fragment du comique Diphilus, cité par Boeck.

CHAPITRE II

L'Impôt à Rome d'après la constitution de Servius.

Nous n'avons point à exposer ici les brillantes fictions et
les merveilleux récits dont Rome s'est plu à entourer son
berceau; et, laissant de côté toutes les incertitudes de la
chronologie et de l'histoire, nous arriverons directement aux
institutions dont on attribue l'origine à Servius Tullius. « Ce
fut après avoir heureusement terminé la guerre contre les
Étrusques, nous dit Tite-Live [1], que Servius Tullius entreprit un grand ouvrage, le plus beau peut-être qui ait jamais
honoré la mémoire d'un législateur; car si nous devons à
Numa nos institutions religieuses, Servius a eu la gloire de
créer nos institutions politiques et de fixer une sage gradation des rangs et des fortunes. Dans cette vue, il établit le
cens, opération si utile dans un empire qui devait être si
étendu. Tandis qu'avant ce prince, soit dans la guerre, soit
dans la paix, les charges tombaient également sur chaque
tête, elles furent réglées dorénavant en proportion des fortunes. Il institua les classes, les centuries, et fonda sur la base
du cens cet ordre admirable qui n'a pas moins contribué à la
paix intérieure de Rome qu'à sa gloire militaire. »

Denys d'Halicarnasse nous a conservé des renseignements précieux sur les institutions de Servius. « Ce roi,
dit l'historien, ordonna à tous les citoyens romains de donner
leurs noms, et après avoir prêté le serment fixé par les lois,

---

1. Tite-Live, I, XLII.

que leur estimation était véridique et de bonne foi, d'évaluer leurs biens en argent, de déclarer leur âge, les noms de leur père et mère, de leur femme et de leurs enfants ; de plus, quel quartier de la ville ou quel bourg du territoire ils habitaient. Il établit ensuite contre ceux qui ne se soumettaient pas au cens une peine sévère ; ils étaient battus de verges et vendus comme esclaves. » Connaissant ainsi toutes les fortunes, Servius partagea tous les citoyens en raison de leurs biens en cinq classes, et chaque classe en un nombre différent de centuries. Denys d'Halicarnasse reconnaît six classes, et donne à la première 98 centuries, tandis que les autres réunies n'en avaient que 95. Cicéron ne parle que de cinq classes, formant ensemble 193 centuries. Tite-Live compte 194 centuries. Mais ce désaccord sur quelques chiffres n'empêche pas d'apprécier l'importance politique de la réforme de Servius. A partir de cette époque, ce n'est plus la naissance qui divise les citoyens en plébéiens et patriciens ; c'est d'après leur fortune que sont à la fois réglées leur répartition dans les classes, leur place dans la légion, la nature de leurs armes et enfin la quotité de l'impôt que chacun d'eux paiera.

Les lois de Servius, en effet, en même temps qu'elles remplaçaient l'aristocratie de naissance, puissance immuable, par l'aristocratie d'argent, puissance mobile et accessible à tous, substituaient à cet ancien impôt qui frappait également chaque tête selon Tite-Live, et qui était sans doute une capitation personnelle, un impôt proportionnel sur le capital de toute nature, d'après les déclarations faites par le chef de famille. Ce *tributum ex censu* n'était pas à proprement parler un impôt foncier, puisqu'il portait non pas directement sur le fonds, mais sur l'ensemble de la fortune ; néanmoins les immeubles étaient désignés par régions et estimés dans le registre du cens, et dans les livres censiers tenus par les *curatores* des tribus urbaines et les *magistri pagorum* dans la campagne [1]. D'après Niebuhr, qui n'apporte point de preuves

----

1. Cicéron, *Pro Flacco*, xxxii.

à l'appui de son opinion, ce *tributum* était basé sur des multiples du nombre mille, c'est-à-dire que les citoyens payaient d'après le nombre de mille as qu'ils possédaient. On a même essayé de fixer le taux de l'impôt à un as pour mille de la valeur déclarée. Mais ce n'est là qu'une conjecture.

Niebuhr ajoute que les étrangers qui, après avoir obtenu le *jus commercii*, possédaient une propriété immobilière dans le territoire romain, devaient payer un impôt direct à raison de cet immeuble qui était compris au cadastre[1]. Peut-être figuraient-ils pour cet impôt dans la liste des *ærarii*. Ces *ærarii* étaient des contribuables que les censeurs inscrivaient à titre de peine sur une liste particulière et distincte des tables du cens, en les excluant de la classification des tribus. Il en résultait qu'ils perdaient le droit de vote, et que, comme ils ne figuraient pas sur la liste du cens pour un impôt proportionnel à leur fortune, ils étaient taxés arbitrairement par le censeur. Le rôle de ces contribuables était déposé à l'*ærarium*, d'où leur nom d'*ærarii*[2].

Les *proletarii* étaient exempts de tout impôt.

Nous venons de dire que tous les citoyens devaient faire sous serment la déclaration de leur fortune ; mais l'estimation donnée à ses biens par chaque citoyen suffisait-elle, sans aucune autre condition, pour le faire passer dans la classe correspondante au chiffre indiqué ? Cela paraît peu probable, car, quoi qu'on nous raconte du respect religieux des anciens Romains pour le serment, le désir de s'élever dans l'ordre politique aurait, sans doute, amené de nombreuses fraudes, s'il n'y avait pas eu de moyen de contrôle. La même somme d'argent n'aurait-elle pas pu être présentée aux censeurs plusieurs fois dans la même journée ? Est-ce qu'un homme riche d'un million d'as n'aurait pas pu créer des citoyens de première classe, en reconnaissant faussement qu'il devait cent mille as à deux ou trois de ces concitoyens ? Chez tous les

1. Niebuhr, *Hist. romaine*, tome II.
2. Tite-Live, IV, xxiv.

peuples où l'on a mesuré la capacité politique selon la fortune, on a signalé cet écueil et on a cherché à l'éviter. En France, par exemple, sous l'empire des chartes de 1814 et de 1830, qui avaient attaché le vote électoral à une quotité d'impôts, ce n'étaient pas toutes les contributions qui entraient dans la composition de ce cens, mais seulement les contributions directes, dont il est facile de constater l'existence. D'après une théorie fort ingénieuse [1], on aurait garanti à Rome la sincérité du cens, en n'y comprenant que les *res mancipi* à l'exclusion des *res nec mancipi*, et cette division des choses consacrée par l'ancien droit romain tirerait même sa raison d'être de l'organisation politique créée par Servius Tullius [2].

En effet, pour que le cens ne fût pas une dérision au point de vue politique, il fallait que le propriétaire pût établir son droit d'une manière certaine. Cette exigence se trouve réalisée dans l'indication des modes d'acquisition qui seuls pouvaient permettre de se dire officiellement propriétaire des *res mancipi*. C'étaient : 1° la mancipation, qui avait lieu avec certaines solennités. Les cinq témoins qui assistaient le *libripens* s'appelaient *classici testes*, parce qu'ils représentaient les cinq classes du peuple, auxquelles ils devaient garantir la sincérité de l'opération au point de vue politique et civil ; 2° la *cessio in jure* et 3° l'*adjudicatio*, qui avaient la publicité du *forum;* 4° l'*usucapio*, qui était la possession continuée pendant un certain temps aux yeux de tous; 5° enfin, dans les acquisitions à cause de mort, le testament *calatis comitiis*, qui manifestait au peuple réuni dans ses comices celui qui succéderait au défunt dans tout ou partie des biens.

1. Serrigny, *Droit public des Romains*, et Fresquet, dans une étude insérée dans la *Revue de législation*.

2. Il est impossible de donner une véritable définition des *res mancipi*. Les jurisconsultes romains ont toujours procédé à ce sujet par voie d'énumération limitative. Sont *res mancipi* : 1° les immeubles, soit ruraux, soit urbains, en Italie ; 2° les servitudes rurales en Italie ; 3° les bêtes de trait ou de somme (bœufs, mulets, chevaux, ânes) ; 4° les esclaves. Toutes les autres choses sont *res nec mancipi*.

L'importance des choses *mancipi* dans l'ordre politique pourrait peut-être aussi jeter quelque lumière sur l'utilité de la division de la propriété romaine en propriété quiritaire et propriété bonitaire, dont on ne comprenait plus la raison même à l'époque de Justinien. En effet, s'il était indispensable d'établir ses titres à figurer dans une classe plutôt que dans une autre et de suivre certaines formes officielles dans les mutations, afin d'éviter les fraudes ou les doubles emplois, on avait dû cependant reconnaître que, en dehors de son importance politique, la propriété peut produire certains avantages que les feudistes appellent le domaine utile. On peut bien refuser le domaine quiritaire, et par suite l'inscription dans la première classe, à un citoyen qui ne justifiera pas qu'il a fait la mancipation pour un fonds valant plus de cent mille as ; mais s'il y a eu tradition et paiement, peut-on lui refuser le droit d'habiter sur le sol ou d'en recueillir les fruits ; en d'autres termes, cette propriété moins complète qu'on nommait la propriété bonitaire ? Par cette distinction, le droit privé se serait ainsi rendu indépendant du droit politique.

L'opinion que nous exposons, et d'après laquelle les choses *mancipi* auraient seules figuré dans le cens, explique aussi très-bien pourquoi, pendant des siècles, toutes les femmes *sui juris* furent en tutelle, quoique pubères, et pourquoi il leur était interdit d'aliéner une chose *mancipi* et de tester *sine auctoritate tutoris*. Si l'on admet, en effet, que c'est par la propriété quiritaire des choses *mancipi* que s'établit le rang hiérarchique de la famille, la femme qui n'a pas de droits politiques ne doit pas pouvoir, par l'aliénation des *res mancipi* ou par testament, les enlever à ses *agnats*, qui les acquerront avec sa succession. C'est pour que ces *agnats* puissent veiller, même du vivant de la femme, à la conservation de leurs droits, que la loi leur donne aussi la tutelle. Pour les *res nec mancipi*, la règle était différente ; comme elles ne conféraient aucun privilége politique, la femme pouvait les aliéner sans l'autorisation des *agnats* ses tuteurs.

Ce système s'adapte donc à plusieurs des grandes règles

du droit romain. Festus, au mot *census*, indique bien aussi la corrélation qui existait entre les *res mancipi* et le cens romain lorsqu'il nous dit qu'on appelle *agri censui censendo* les terres qui peuvent être achetées ou vendues selon le droit civil. Cicéron, dans sa harangue en faveur de Flaccus, est encore plus explicite. « Je le demande, s'écrie-t-il, ces héritages sont-ils *censui censendo*, sont-ils *mancipi* ou *nec mancipi?* peuvent-ils être déclarés au censeur? dans quelle tribu les as-tu fait inscrire? »

Il faut cependant citer un texte de Florus, reproduit par Niebuhr, qui peut causer quelque hésitation. D'après l'historien romain, Fabius et Ruffinus déclarèrent aux censeurs de l'argent façonné, qui ne figure pas dans les énumérations que font Gaïus et Ulpien des *res mancipi*. Mais ce fait ne s'expliquerait-il pas par les changements successifs qui s'introduisirent dans la constitution romaine? Le cens finit par n'avoir d'autre objet que de constater la fortune individuelle au point de vue de l'impôt, et l'on dut y faire figurer alors les sommes d'argent et autres valeurs. La division par centuries fit place, en effet, à la division plus démocratique par tribus locales. Dès lors, la déclaration des citoyens ne servit plus qu'à déterminer la base sur laquelle on calculait l'impôt direct que devait supporter individuellement chacun des membres de la cité. On conçoit, après cela, que la distinction des *res mancipi* et *nec mancipi* n'eût plus de raison d'être. Mais, comme il arrive, les vieux termes du langage, indices des choses disparues, subsistèrent dans les écrits des historiens et des jurisconsultes.

La prérogative importante de présider aux opérations du cens appartenait au roi. Après la révolution de 510, elle fut exercée par les consuls, puis par des magistrats spéciaux que l'on appela censeurs. « *Cum consules non sufficerent*, dit le jurisconsulte Pomponius [1], *hinc quoque officio censores constituti sunt.* » Ils étaient au nombre de deux, et avaient un

---

1. Dig., l. III, *De verbor. signific.*

pouvoir discrétionnaire pour inscrire un citoyen dans telle ou telle classe. Chacun d'eux pouvait faire opposition aux décisions de l'autre. Le cens avait lieu tous les cinq ans.

Cicéron nous a conservé dans son traïté *Sur les lois* la liste des attributions des censeurs. « Qu'ils fassent, dit-il, le dénombrement du peuple suivant l'âge, la quantité d'enfants et d'esclaves qui composent les familles et selon les revenus de chacun ; qu'ils aient inspection sur les temples, les rues, les fontaines, sur le trésor et les impôts, et qu'ils distribuent les citoyens : 1º dans leurs tribus ; 2º dans leurs classes ; 3º dans leurs centuries. »

Les déclarations des citoyens devaient être accompagnées de l'évaluation des biens, en argent. Elles étaient vérifiées à chaque lustre et consignés dans des registres spéciaux (*tabulæ censuales*), que l'on déposait dans les archives de Rome. Ces tables indiquaient la contenance des terres, la nature des cultures, la qualité et le produit du fonds, les abornements, le fermier ou colon de chaque parcelle. « *Summa regii Servii solertia, ita est ordinata respublica, ut omnia patrimonii in tabulas referrentur, ac si maxima civitas minimæ domus diligentia contineretur.* »

Les villes municipales d'Italie avaient aussi de pareils registres. Cicéron les indique au chap. ıv de son plaidoyer *Pour le poëte Archias*. « *Tabulas Heracliensium incenso tabulario interesse scimus omnes.* » Ailleurs il parle des registres publics qui contenaient l'état des propriétés de la Sicile et de l'Italie [1]. Suétone cite ceux d'Antium [2]. Nous avons enfin un témoin irréfragable de l'exactitude avec laquelle étaient tenus ces registres divisés par chapitres et par pages numérotées. C'est une inscription trouvée à Ceré en 1548, rapportée au nº 3,787 des inscriptions d'Orelli. « *Commentarium quotidia-* « *num municipii Cæritum...* plus loin : *inde pagina* xxvıı, *capite* vı, *et — inde pagina altera, capite* ı, etc.

---

1. *Agrar.*, ııı.
2. *Caligula*, vııı.

L'impôt n'était pas levé tous les ans d'une manière régulière. Son existence et sa quotité dépendaient des nécessités du moment. D'ailleurs, après la conquête de la Macédoine, les contributions tirées des pays étrangers et les dépouilles de guerre suffirent à tous les besoins de l'État; et l'impôt assis sur le cens fut suspendu jusqu'au consulat d'Hirtius et Pansa, où il paraît avoir été perçu pour la dernière fois [1].

Ainsi Rome acheta l'immunité par ses triomphes; et le système d'impositions créé par Servius n'eut plus d'application, du jour où les provinces purent subvenir aux dépenses de la République.

1. Plutarque, *Paul-Émile*.

CHAPITRE III

L'impôt dans les provinces de la République.

Dans l'antiquité, la guerre donnait au vainqueur les biens, la terre, même la vie du vaincu. Le Sénat romain usa rarement de ce droit dans toute sa rigueur. Le plus souvent il se contentait de s'attribuer une part des terres, qu'il faisait vendre au profit du trésor public, *agri qæustorii*, ou qu'il distribuait aux soldats vétérans, *agri assignati*. La portion qu'on laissait aux vaincus était soumise à l'impôt, signe et fruit de la conquête.

La nature et le mode de ce tribut étaient déterminés par la *formula provinciæ*[1]. Tantôt les contributions antérieures étaient conservées, tantôt des contributions nouvelles étaient introduites. Les circonstances de la conquête, la commodité ou l'insuffisance de l'organisation préexistante en déterminaient la modification ou le maintien.

L'impôt était ordinairement levé sous forme de dîme (*decuma*), assis par conséquent sur le produit brut, variable suivant les vicissitudes des années bonnes ou mauvaises. En Sicile, où les règlements d'Hiéron avaient subsisté dans toute leur intégrité[2], les cultivateurs devaient faire chaque année la déclaration du nombre de jugères qu'ils ensemençaient. On

---

1. Cette formule, qui variait d'une province à l'autre, était rédigée au moment de la conquête par le général vainqueur, ou par des commissaires du Sénat, ordinairement au nombre de dix.

2. La Sicile, admise aux avantages d'une alliance intime avec Rome, a conservé tous ses droits. (Cicér., *In Verr.*, iii.)

inscrivait leurs noms, et lors de la récolte on prélevait le dixième du produit. Les règlements, dit Cicéron, étaient si bien combinés, que le décimateur ne pouvait rien prendre de plus que la dîme, et que le cultivateur ne pouvait frauder le décimateur sans s'exposer à des peines graves. Le charroi jusqu'aux magasins de l'État était à la charge du propriétaire. Cicéron nous a en effet conservé un édit de Verrès, qui ordonne de transporter tout le blé de la dîme au bord de la mer avant le mois d'août. La Sardaigne envoyait aussi à Rome le dixième de ses produits. L'Espagne était mieux traitée ; elle ne payait, d'après Tite-Live, que le vingtième des grains et le dixième des menus produits ; et elle finit même par se délivrer de ces redevances, moyennant une somme annuelle invariable. Quelquefois, en effet, l'État exigeait des provinces, au lieu de dîmes, un tribut fixe en argent (*stipendium*). Ainsi César, d'après Suétone, imposa aux Gaulois une contribution annuelle de quarante millions de sesterces (8 millions de francs). On ignore comment ce tribut fut levé ; ce qui est certain, c'est que ce n'était point une dîme.

L'assujettissement à l'impôt était la condition générale des provinces ; aussi les auteurs latins désignent-ils souvent les fonds provinciaux par l'expression d'*agri vectigales*[1]. Quelques cités étaient pourtant exemptes par l'effet des traités conclus avec Rome. — On en comptait par exemple cinq en Sicile.

Il n'y avait pas moins de variété dans le mode de perception de ces impôts que dans leur assiette. Dans la plupart des provinces, les revenus publics étaient affermés à une classe particulière de citoyens appartenant à l'ordre équestre et qu'on désignait sous le nom de publicains. L'adjudication avait lieu dans le Forum, sous la présidence des censeurs, qui fixaient la mise à prix pour chaque province d'après l'avis du Sénat. Les sommes devaient être versées chaque année par les adjudicataires entre les mains des questeurs de l'*ærarium*. C'est à

---

1. « *Vectigal certum quod stipendium dicitur.* » (Cic., *In Verr.*, III.)

peu près ainsi que les choses se passaient en France, sous l'ancien régime, pour les quatre grandes fermes. Comme la fortune d'un seul homme n'aurait pas été suffisante pour répondre de l'enchère, les publicains formaient entre eux des sociétés, analogues à celles que nous voyons s'établir aujourd'hui pour l'exploitation des mines et des chemins de fer. Ces actionnaires cautionnaient les fermiers principaux, qui s'étaient rendus adjudicataires en levant la main (d'où le nom de *manceps*). La durée du bail était ordinairement de cinq ans. Le Sénat pouvait accorder des remises. C'était même une des clauses ordinaires de la loi censorienne, que si quelque événement empêchait les publicains de jouir, c'est-à-dire de percevoir l'impôt, ils en devaient être dédommagés; et c'est ce que Cicéron, dans sa harangue *De provinc. consul.*, appelle *tegi lege censoria*. Quelques provinces avaient obtenu le droit de faire elles-mêmes la répartition de l'impôt entre les contribuables; d'autres n'étaient point soumises au régime des fermes.

La somme totale des dîmes non affermées était inscrite sur des registres publics et devait être transportée intégralement à Rome, sans qu'il fût permis au préteur d'en rien retenir pour les besoins de la province. Lorsque les circonstances l'exigeaient, on imposait aux propriétaires une deuxième dîme en nature en dehors de la contribution annuelle. Mais dans ce cas le Sénat faisait payer au prix courant les denrées que fournissaient les habitants. On désignait ces espèces de réquisitions, dont Tite-Live cite plusieurs exemples, sous le nom de *frumentum emptum*, ou *imperatum*, ou *decumanum*. Enfin quelquefois la province offrait en don gratuit une certaine quantité de grains au peuple romain.

La perception des impôts s'opérait sans dépenses pour la République. Le préteur ou le proconsul avait en effet le droit d'exiger des habitants de sa province certaines redevances pour sa nourriture et celle de sa maison. Cette contribution se nommait *cella*. Elle était ordinairement fixée par le Sénat; mais l'usage s'établit de l'acquitter en argent; on la nomma

alors *frumentum æstimatum*. Dans les provinces où l'impôt
avait été mis en ferme, les publicains accordaient certaines
redevances au magistrat romain, *frumentum honorarium, vi-
num honorarium*, etc., etc. [1].

L'incertitude dans l'assiette de l'impôt, la variété des
contributions devaient amener de nombreux abus dans les
provinces, que les Romains étaient toujours disposés à considérer comme pays conquis [2]. Le régime politique auquel
elles étaient soumises était d'ailleurs désastreux. C'était
un pur despotisme. Le préteur qui gouvernait la province
n'était pas comme dans nos sociétés modernes l'homme
chargé de faire exécuter les lois ; il était au contraire un homme
placé en dehors et au-dessus de toutes les lois. En lui rési-
dait l'*imperium*, l'autorité complète et illimitée. Tout pliait et
tremblait devant lui. Pendant la durée de sa charge, il n'avait
le plus souvent d'autre pensée que celle de refaire au plus vite
une fortune épuisée à Rome dans les élections ou les charges
publiques ; et les lois étaient impuissantes à réprimer ses ra-
pines. Un proconsul avisé faisait ordinairement trois parts
de ses déprédations : la première pour lui, la deuxième pour
payer des témoins lors des accusations qui seraient peut-être
portées contre lui, la troisième pour acheter les juges. Il se
trouvait bien de temps à autre dans les provinces un gouverneur honnête ; mais pour un Caton en Sardaigne, un Sulpi-
cius en Grèce, un Cicéron en Cilicie, quelle foule de Verrès
et d'Appius ! Cicéron nous dit en parlant de ce dernier, qui
avait été son prédécesseur dans le gouvernement de la Cilicie, qu'Appius lui avait livré la province ruinée, épuisée, ex-
pirante. « *Illo imperante exhaustam esse sumptibus et jacturis
provinciam ! Quid dicam de illis præfectis, legatis, comitibus !...
Etiam de rapinis, de libidinibus, de contumeliis !* (CICÉR., *Ad
Atticum*, VI, 1 [3].) » Les *Verrines* nous font un tableau saisis-

---

1. « *Provinciæ ex eo dictæ quod bello provictæ sunt.* »
2. Cicéron, *Contr. Pisonem*.
3. Cependant de cette province Cicéron tira lui-même, *salvis legibus*, deux

sant de ces brigandages et nous montrent ce que devenaient
les provinces entre les mains de ce patriciat hautain qui sut
bien conquérir le monde parce que les aristocraties militaires
sont le gouvernement le plus propre aux desseins longuement
médités et suivis avec persévérance, mais qui ne sut pas l'ad-
ministrer parce qu'il n'y en a pas eu de plus avide, de plus
oppresseur et de plus intolérant [1]. Aussi les provinces saluè-
rent-elles de leurs acclamations l'avénement de l'Empire
dont elles attendaient plus de justice, plus de sécurité et quelques soulagements à leurs misères [2].

millions deux cent mille sesterces en douze mois. On peut juger par là des
souffrances des peuples.

1. Voir les chapit. xxiii et xxxv de la remarquable *Histoire des Romains* de
M. Duruy.

2. « *Neque provinciæ illum rerum statum abnuebant, suspecto senatus po-
pulique imperio ob certamina potentium et avaritiam magistratuum.* » (Tacite,
Ann., l. I, ch. ii.)

CHAPITRE IV

L'impôt sous l'Empire. — Réformes d'Auguste.

La révolution qui, vers l'an 27 avant notre ère, mit fin à
la République romaine, entraîna des conséquences aussi
importantes dans l'ordre administratif que dans l'ordre politique. Pendant qu'à Rome Auguste concentrait tous les pouvoirs dans sa main, il se faisait attribuer par le Sénat l'autorité proconsulaire sur la moitié des provinces et un droit de
surveillance sur les gouverneurs de toutes les autres. Cette
innovation fut le germe d'un système administratif nouveau.
Il arriva en effet que les chefs des provinces, au lieu d'être
de vrais monarques gouvernant en leur nom propre, comme
l'étaient les préteurs et les proconsuls de la République, ne
furent, sous le nom plus modeste de procurateurs de César,
que les lieutenants du prince. Maître de l'État, Auguste, pour
détruire entièrement l'ancien ordre de choses et affermir son
pouvoir, entreprit de ramener l'administration à un système
plus uniforme. C'est par son ordre que fut dressé le premier
recensement général et que les rôles comprenant tout l'Empire
romain assurèrent à l'établissement et à la répartition des
impôts une base fixe, et donnèrent ainsi plus de stabilité et
de régularité à cette branche des services publics. On voit
alors disparaître presque partout les dîmes qui, prélevées sur
les revenus bruts sans faire abstraction des frais de production, entravent les progrès de l'agriculture. Ces *vicesimæ*, ces
decimæ, redevances essentiellement mobiles perçues dans les

provinces sous la République, furent remplacées par un impôt
assis non plus sur le produit annuel, mais sur le produit
moyen de plusieurs années, déterminé à l'avance, réputé
constant (le cinquième ou le septième, selon la qualité des
terres, d'après Hyginus). On faisait ainsi un grand pas dans
la voie d'une répartition des charges publiques plus juste,
plus régulière, plus exacte.

L'existence de ce recensement général ne saurait être
contestée. Les anciens auteurs sacrés ou profanes sont unanimes à l'attester. Nous nous bornerons à citer quelques-uns
de ces témoignages.

Saint Luc nous apprend, au chapitre ii de son Évangile,
que lorsque Auguste publia son édit sur le recensement de tout
l'Empire, les Juifs, quoique régis par un roi de leur nation,
se rendirent chacun dans leur pays natal pour y faire leurs
déclarations. « *Ibant omnes ut profiterentur in suam civitatem.* »
— L'historien juif Josèphe rapporte que le sénateur Quiri-
nius fut envoyé en Syrie et en Judée pour y estimer et y
recenser toutes les propriétés. Justin parle aussi de ce recensement de la Judée. Tertullien n'est pas moins explicite.
« *Ex censibus sub Augusto in Judæa actis, genus Christi inqui-
rere eos potuisse* », dit-il [1]. Le cens d'Auguste est rappelé par
tous les *agrimensores*. Frontin nous donne même le nom de
l'ingénieur en chef de ce cadastre ; il se nommait Balbus.
« C'est lui, nous dit Frontin, qui, pendant le règne d'Auguste, a déterminé les formes et les mesures de toutes les
provinces et de tous les territoires ; qui les a consignés dans
des registres cadastraux, et qui a développé et rédigé les lois
sur les fonds de l'Empire. » Tacite nous dit de [son côté
qu'Auguste avait écrit de sa propre main le résumé de la
statistique du monde romain [2].

Enfin, l'on trouve dans Cassiodore que, sous Auguste,

1. Tertull., *contra Marc.*, IV, ii. — C'est pour ce recensement que Joseph
fut forcé de se rendre avec Marie, de Nazareth, ville de Galilée, à Bethléem en
Judée, parce qu'il était de la famille de David. — Eusèbe, *Hist. eccl.*, I, v.
2. *Annal.*, liv. I, ch. ii. — Id. Suétone.

l'Empire a été divisé en parcellaires et décrit par le cadastre :
« *Orbis romanus agris divisus, censuque descriptus est* », de
manière que chaque propriétaire connût exactement la contenance de son bien-fonds et la quotité d'impôts que devait
payer sa propriété [1].

Pour corriger les défauts des premiers cadastres, il est
probable qu'on renouvela à l'origine les recensements partiels. Dans les dernières années du règne d'Auguste, Germanicus fut envoyé en Gaule avec une pareille mission. Tibère
y délégua P. Vitellius et C. Antius [2]. Claude, dans son discours
au Sénat (Tables de Lyon), loue les Gaulois d'être restés
fidèles à son père Drusus, même après un recensement ;
« car, ajoute Claude, bien que cette opération n'ait pour but
que de faire connaître publiquement l'état de nos ressources,
nous savons par expérience combien elle est délicate. » Ce
devait être en effet plus tard la cause ou le prétexte de la
révolte de Vindex.

Le texte de Cassiodore semble indiquer que ce cadastre
eut pour base un arpentage de toutes les parcelles, comme
cela a eu lieu en France au commencement de ce siècle.
Plusieurs textes paraissent confirmer cette opinion. Par
exemple, un verset de saint Luc : *Exiit edictum a Cæsare
Augusto, ut describeretur universus orbis ;* — une phrase de
Lactance [3] : *Agri glebatim metiebantur ;* — un passage de
Frontin [4] : «*Huic addendæ sunt mensuræ limitum et terminorum
ex libris Augusti et Neronis ;* » — enfin, l'on peut y joindre le
témoignage de l'*agrimensor* Hyginus : «*Arvorum æstimatio ne
qua usurpatio per singulas professiones fiat adhibenda est mensuris diligentia.* »

Mais si ces auteurs ont dit vrai, comment aurait-on pu
effectuer en si peu de temps un arpentage général parcellaire de l'immense empire qui s'étendait du Rhin au Sahara

1. *Varia*, III, LII.
2. Tacite, *Annales*, liv. I, ch. II.
3. *De morte persecut.*, c. XXIII.
4. *De colonis*, p. 109.

et du Danube à l'Euphrate? Il a fallu en France seulement, avec toutes les ressources de l'art moderne, de longues années de travail et une dépense de 100 millions pour obtenir un pareil résultat, et nous voyons encore aujourd'hui le gouvernement reculer devant le renouvellement intégral du cadastre. D'ailleurs, si on avait eu recours à un arpentage parcellaire, dans quel but aurait-on exigé des propriétaires fonciers toutes ces minutieuses déclarations dont Ulpien nous a conservé le détail? Pourquoi les déclarations mensongères auraient-elles été punies de confiscation et de mort? En France, où l'impôt foncier a pour base un plan général par parcelles, ces déclarations n'ont aucune importance et on ne les a point exigées. Si le contraire a eu lieu en droit romain, c'est sans doute parce qu'elles devaient suppléer à un arpentage parcellaire. Ulpien nous apprend d'ailleurs que chaque propriétaire devait indiquer d'une façon précise le nombre de jugères de culture productive, parce qu'il est censé les connaître, tandis qu'on se contentait d'une déclaration approximative en matière de pâturages que l'on pouvait moins bien connaître [1]. Saint Luc parle aussi de ces déclarations : «*Ibant omnes ut profiterentur in suam civitatem;*» enfin un passage de Dosithée [2] est encore plus explicite : «*Sed in civitate romana tantum censum agi notum est; in provinciis autem magis professionibus utuntur.* »

Nous pensons donc que la seule déclaration du contribuable servait de base au cadastre. Ces déclarations, qui devaient se faire au lieu de la situation de l'immeuble, devaient être très-détaillées. Il fallait en effet indiquer *nomen, civitas, pagus,* c'est-à-dire la désignation du fonds et le territoire où il était situé, sa nature, les plantations conservées et détruites, sa contenance, son revenu pendant les dix années précédentes, sa valeur estimative.

Lorsque le citoyen avait fait ces déclarations, le *censitor,*

1. Ulpien, l. IV, *De censib. Dig.*
2. *De manumissionibus.*

fonctionnaire qui avait remplacé le censeur, en examinait la sincérité. Si la déclaration lui paraissait exacte, il l'admettait sans recourir à un arpentage, sinon il la faisait vérifier par un *agrimensor*, qui procédait alors à un arpentage parcellaire des propriétés.

Quant aux arpentages dont il est si souvent question dans les ouvrages des *rei agrariæ scriptores*, ils se réfèrent, soit aux opérations requises par les censeurs en cas de contestation sur la contenance déclarée, soit surtout à la délimitation et au partage des *agri assignati vel limitati*. On nommait ainsi les terrains concédés à des colonies de vétérans. Ces *agri limitati* étaient l'objet d'arpentages par parcelles, et leurs plans gravés sur des tables d'airain étaient déposés aux archives impériales.

Quelques auteurs ont prétendu qu'à la suite du recensement général, exécuté par Auguste, l'impôt foncier devint universel, et que les dîmes variables payées par les provinces furent toutes, sans exception, remplacées par des contributions fixes. C'est l'avis de Sigonius, qui nous dit : « *Augustus, cum omnia provinciarum vectigalia sustulisset, tributa ordinaria instituit alia in agros, alia in caput. Itaque censum in toto imperii romani orbe indixit, ut capitum fortunarumque summam quæ in imperio esset cognosceret*[1]. » Mais Hyginus, qui vivait sous Trajan, montre bien que de son temps l'uniformité n'était pas complète, et qu'il subsistait encore des dîmes dans les provinces. Il nous décrit ainsi les divers systèmes d'impôts alors en usage : « *Agri vectigales multas habent constitutiones. In quibusdam provinciis fructus partem constitutam præstant ; alii quintas, alii decimas ; nunc multi pecuniam et hanc per soli æstimationem*[2]. » Il ressort clairement de ce texte que si la plupart des terrains paient une contribution en argent, établie sur l'estimation du sol, il en reste encore qui sont soumis à des prestations variables en nature,

---

1. Sigonius, *De jure italico*, I, xxi, et Id. Schwartz, § 9.
2. Edit. Goesius, page 198.

mais en petit nombre. Plus loin Hyginus cite l'Asie parmi les provinces qui paient l'impôt foncier, tandis qu'au temps de Cicéron cette province était soumise aux dîmes, que l'État affermait aux publicains.

Il est généralement admis que c'est sous le règne de Marc-Aurèle que disparurent les dernières prestations variables et que l'impôt foncier fut enfin étendu à tout le monde romain. On peut remarquer en effet que depuis ce prince il y a un changement complet dans les termes dont se servent les juris-consultes latins pour désigner les terres provinciales. Cicé-ron, par exemple, et Hyginus les appellent *agri vectigales*, tandis que Gaïus, contemporain de Marc-Aurèle, emploie le mot *fundus stipendarius* ou *tributarius* [1]. Dans les *Fragmenta Vaticana*, on peut constater la même modification. Partout l'expression d'*ager vectigalis*, assez vague et qui convient également au cas d'une redevance en argent ou d'une presta-tion variable en nature, a fait place au terme plus précis de *fundus stipendarius* qui indique la contribution fixe. On a pensé que cette transformation des mots était l'indice d'une transformation des choses, et on en a conclu que c'est à cette époque que la redevance assise sur le produit net moyen fut établie dans tout l'Empire.

Nous ne croyons pourtant pas qu'on puisse aller jusqu'à dire, avec M. de Savigny, que les prestations en nature dis-parurent alors complétement. Des textes nombreux attestent, de la manière la plus manifeste, la persistance de ces presta-tions, dont l'assiette seule changea. Tout un titre au Code Théodosien a pour but d'ordonner que les tributs soient payés en nature (*tributa in ipsis speciebus inferri*). Ce n'est pas le prix des choses, ce sont les choses elles-mêmes que le fisc demande. L'Égypte fournit des grains, la Bretagne des toiles,

---

1. L. XXVII, § 1, *De Verb. significat. Digeste.* — Les mots *stipendarius* et *tri-butarius* étaient synonymes et s'appliquaient, le premier aux provinces de Cé-sar, le second à celles du peuple. Le terme d'*agri vectigalis* est employé par Paul et Ulpien pour désigner les fonds que les municipes donnaient à ferme par bail perpétuel.

la Gaule des chevaux. Seulement, la plupart de ces prestations en nature furent estimées en argent et évaluées en chiffres, afin de laisser aux contribuables qui en recevaient le privilége la faculté de se libérer en argent, ou même pour fournir à l'administration une base fixe pour les poursuites à exercer à défaut de paiement volontaire. A ces prestations, on peut rattacher la vente forcée (*publica comparatio*). C'était une sorte d'expropriation de denrées pour cause d'utilité publique. Elle se faisait au prix courant du marché. Enfin quelques prestations en nature subsistèrent aussi à l'usage des gouverneurs de province [1].

1. Voir dans Guizot, *Histoire de la civilisation*, le détail curieux de ces prestations.

CHAPITRE V

Priviléges de l'Italie. Le Jus italicum.

Le système de la république romaine qui, dès l'origine, avait fait sa force et sa grandeur, était d'accorder des priviléges plus ou moins étendus aux villes et aux peuples vaincus, en proportion de leur éloignement. Ainsi, tandis que les provinces subissaient la dure loi de la conquête, on trouvait autour de Rome une ceinture de villes municipales, égales, en droit, à Rome même[1]; puis venaient les municipes sans droit de suffrage, les colonies et enfin, dans une condition inférieure, les Latins et les Italiens. Ces différences s'affaiblirent, quelques-unes s'effacèrent, à mesure que, par une longue communauté d'action et d'intérêts, les vaincus se pénétrèrent de l'esprit de Rome. L'assimilation fit encore des progrès après la guerre sociale, par l'effet des lois *Julia municipalis* et *Plautia Papiria*, qui appelèrent une foule de villes d'Italie au partage des droits de cité, non pas, il est vrai, par une mesure générale, mais par une série de concessions particulières. De cette extension successive de droits résulta pour les peuples de l'Italie une condition commune sur certains points, et notamment la participation à l'immunité d'impôts dont Rome jouissait depuis la conquête de la Macédoine.

On en trouve la preuve dans un grand nombre de textes, où l'expression d'*agri vectigales*, devenue synonyme de fonds

---

1. *Quasi effigies Romæ*, disent les auteurs latins.

provinciaux, nous indique bien que seuls ces fonds étaient soumis à l'impôt et que, par conséquent, les fonds italiens étaient exempts. Les données très-précises que l'on possède sur l'introduction de l'impôt en Italie, sous le règne de Dioclétien, confirment ce témoignage.

Un passage d'Hérodien paraît cependant indiquer que dans la péninsule les propriétaires n'étaient pas affranchis de toute redevance : « Pertinax, dit cet écrivain, donna permission à tout le monde de prendre des terres incultes dans l'Italie et dans les autres pays autant qu'on en voudrait, fussent-elles du domaine impérial, et il accorda une immunité de dix ans aux cultivateurs de ces terres, avec la propriété perpétuelle. » Aurélius Victor parle aussi d'une Italie annonaire, sans doute par opposition à une autre partie de ce pays dont la condition était différente.

Nous savons, en effet, qu'il y avait deux sortes de territoires en Italie. Tout le pays situé autour de Rome, dans un rayon de cent milles, était du ressort du préfet de la ville et jouissait des mêmes priviléges que Rome ; c'est ce qu'on appelait la *regio urbicaria*. L'autre partie de l'Italie, sans être assimilée aux provinces, ne tenait pas un rang égal. On la voit gouvernée tantôt par des consulaires, tantôt par des juges ; de plus, elle payait l'annone, c'est-à-dire certaines prestations en vivres, pour Rome et les armées. De là son nom d'*Italia annonaria*. — Cette division de l'Italie est attestée par un passage de Trebellius Pollio, expliqué par Saumaise, qui nous montre deux Étruries, deux Picenum ; c'est que le ressort du préfet de la ville embrassait une partie de ces contrées et laissait le reste à l'Italie annonaire.

Le partage de l'Empire romain, opéré sous Dioclétien, eut pour résultat d'introduire en Italie les impôts auxquels les provinces étaient soumises. C'est ce qu'atteste Aurélius Victor (*De Cæsaribus*, xxxix) : « On introduisit alors pour la première fois en Italie le fléau des impôts. Car, au lieu de prestations de fruits uniformes et modérées que l'Italie acquittait auparavant, et qui étaient destinées à l'entretien des troupes et de l'empereur, ce pays fut soumis à un nouveau régime par l'introduction des impôts. A la vérité, cette charge fut d'abord supportable, à cause de la modération qui régnait dans ce temps-là, mais aujourd'hui elle est devenue accablante. » L'Italie formant, avec l'Afrique, un empire séparé, il était impossible, en effet, de laisser peser sur cette dernière province seule les charges qu'exigeaient les besoins de l'administration. Elle ne recouvra pas son immunité lorsque la division de l'Empire eut cessé. Toute différence avait d'ailleurs disparu entre la *regio urbicaria* et la *regio annonaria*. — Le témoignage d'Aurélius Victor est appuyé par plusieurs constitutions des empereurs, diminuant le taux des impôts dans plusieurs parties de l'Italie [1].

Tandis que les provinces étaient tributaires, l'Italie, exempte de toute charge jusqu'à Dioclétien, participait donc aux priviléges de la domination [2] et était devenue en quelque sorte l'égale de Rome [3]. Mais la séparation et l'exclusion étaient trop contraires au génie impérial (*nil separatum clausumve. —* Tacite, Discours de Cérialis, *Hist.*, IV, LXXIV) pour que cette différence absolue pût subsister longtemps sans être amoindrie. La politique des empereurs continua donc, dans les provinces, le travail d'assimilation que la République avait commencé dans l'Italie, et elle trouva son principal instrument dans l'extension du *jus italicum.*

Le *jus italicum*, droit italique, doit être soigneusement distingué du *jus Latii*. Tandis que ce dernier avait un caractère personnel indiquant la condition et la capacité des personnes quant à leur participation plus ou moins étendue au droit civil romain, le *jus italicum* a un caractère purement territorial et indique la condition d'un territoire assimilé à celui de l'Italie, « territoire recevant l'application de toutes les institutions du droit romain dont les immeubles peuvent

---

1. Voir l. 2, 3, 4, 7, 12, *De indulg. debit.*, *Cod. Théod.*
2. Appien, I, XXXIV.
3. « *Quodam modo adæquavit.* » (Suétone, *Aug.*, 46.)

être l'objet, telles que la *mancipatio*, l'*in jure cessio*, l'*usucapio*, et sur lequel enfin la résidence donne certains priviléges, comme par exemple ceux attachés au nombre d'enfants (*jus .iberorum*), pour lequel il fallait trois enfants à Rome, quatre dans l'Italie et cinq dans les provinces[1] ». (ORTOLAN, *Général. du droit*, § 375.)

Avec ces priviléges de droit civil, le droit italique conférait aux villes qui en étaient investies l'exemption de l'impôt foncier et les assimilait ainsi aux villes d'Italie. Cujas a pourtant soutenu le contraire. « On croit communément, dit le grand jurisconsulte, que les colonies italiques étaient exemptes de l'impôt direct et que les colonies provinciales ne l'étaient pas à moins d'avoir reçu le droit italique. Ce droit serait ainsi l'immunité des tributs, ce que je crois complétement faux ; car il y a des colonies provinciales qui n'ont pas reçu le droit italique et qui sont complétement exemptes. Il est donc plus avantageux de former une colonie ou une cité exempte que d'avoir le droit italique, car ce droit affranchissait seulement du recensement[2]. » Cujas appuie son opinion sur un texte de Paul qui semble à première vue lui donner raison : « Vespasien a fait une colonie de Césarée sans ajouter qu'elle aurait le droit italique, mais il lui remit le tribut personnel. Son fils Titus interpréta que le sol avait été ainsi rendu exempt[3]. » Ulpien nous dit aussi de son côté que Césarée n'avait pas le droit italique. « Ainsi, conclut Cujas, une colonie pouvait, sans avoir le droit italique, être exempte de l'impôt; par conséquent, ce droit et cette immunité étaient deux choses différentes[4]. »

Ce système n'a cependant pas prévalu, et il a trouvé son plus illustre contradicteur dans Jacques Godefroy[5]. Ce qui

---

1. Nous n'avons pas à rechercher ici si, comme le pense M. de Savigny, le droit italique avait aussi pour effet de conférer une constitution libre aux villes qui le recevaient.

2. Cujas, *Observ.* X, v, t. IV, p. 1610

3. *Dig. De censib.*, l. VIII, § 7.

4. *D. De censib.*, l. I, § 6.

5. *Ad Cod. Theod.*, tit. xx, liv. I.

prouve en effet que le *jus italicum* comprenait l'exemption d'impôts, c'est que les passages des jurisconsultes qui concernent ce droit ont été placés dans le titre des Pandectes *De censibus*, et plusieurs fragments indiquent clairement cette liaison. « *In Lusitania Pacenses, sed et Emeretenses juris Italici sunt; idem jus Valentini et Lusitani habent. Barcenonenses quoque ibidem immunes sunt.* »

Il est facile d'inférer, de la liaison formée par le mot *quoque*, que l'*immunitas* et le *jus italicum* se confondent absolument. C'est ce qu'a fait Godefroy, et sur ce point il nous paraît avoir exagéré son système. Oui, le droit italique entraîne toujours l'immunité, et le texte même invoqué par Cujas en fournit la preuve : « Vespasien donna le titre de colons aux habitants de Césarée sans y ajouter le droit italique; *mais il leur remit* la capitation et Titus l'impôt foncier. » La forme de la phrase nous présente bien ces deux exemptions comme parties intégrantes du *jus italicum*. Mais il n'est pas vrai qu'en sens contraire la concession de l'immunité entraînât celle du droit italique. Césarée, en effet, quoique ville exempte, n'avait pas le droit italique; le jurisconsulte Paul le dit formellement.

Ce *jus italicum* avait-il pour effet d'assimiler les villes qui en étaient investies à l'Italie *urbicaria* ou à l'Italie *annonaria?* En d'autres termes, n'entraînait-il que l'exemption du tribut ou dispensait-il même de l'annone ? Il n'y a point de textes précis à ce sujet, mais il est bien probable que les peuples étrangers que l'on voulut favoriser ne durent pas être mieux traités que les peuples de l'Italie rattachés depuis plus longtemps à la puissance romaine et pourtant soumis à l'annone. On pourrait aussi implicitement conclure d'un texte du Code, où nous trouvons que « Constantinople jouit non-seulement du droit italique, *mais même de toutes* les prérogatives de l'ancienne Rome », que le droit italique n'assimilait pas par lui seul à la ville de Rome et à l'Italie *urbicaria* les villes qui en recevaient la concession.

On a déjà vu que le *jus italicum* fut la conséquence dernière de cette politique libérale qui admit successivement au partage de tous les privilèges d'abord les plébéiens, puis les Latins et les Italiens, et après eux même les étrangers. Ce droit qui, selon les uns, se dégagea lentement de toutes les concessions particulières faites aux peuples d'Italie après la conquête [1], apparut pour la première fois, selon les autres, dans les lois qui, après la guerre sociale, unifièrent l'Italie et la distinguèrent des provinces [2]. La loi *Julia municipalis* de l'an 709 de Rome met en effet dans une catégorie particulière les municipes, colonies ou préfectures qui se trouvent en Italie [3]. Mais que se passa-t-il pour les autres peuples qui ne rentraient pas dans cette catégorie? Y eut-il, comme paraît le supposer Niebuhr, une résolution générale, semblable à celle qui suivit la défaite des Latins, pour déterminer l'état des peuples italiens, qui n'avaient encore aucun droit? Cela est peu probable. On ne trouve pas dans tous les documents antérieurs à l'Empire un texte où il soit question d'un droit italique.

M. de Savigny nous montre d'ailleurs qu'il exista en Italie, jusqu'à la fin de la République, des cités qui ne jouissaient pas de l'immunité d'impôts. Il cite notamment un texte de Tite-Live décisif en ce qui touche les villes de Naples, de Rhégium et de Tarente [4]. Si l'immunité, qui était, comme nous l'avons indiqué, un des principaux éléments du *jus italicum*, n'était pas commune à tous les alliés de l'Italie, elle ne pouvait donc pas constituer une prérogative particulière en faveur de la péninsule. C'est à la suite des réformes financières d'Auguste que l'immunité devint absolument générale en Italie. Il en résulta une distinction radicale entre le sol de la péninsule, entièrement exempt, et les provinces, qui restèrent stipendiaires ou tributaires [5]. Le *jus italicum* entra sans doute alors

---

1. Sigonius, *De jure antiquo italico*, I, xxi. — Ortolan, M. Giraud, *Droit de propriété.* — Amédée Thierry, *la Gaule sous l'administration romaine.*
2. Godefroy, *Comm. sur le Code.* l. XIII, t. xv. — Laferrière, *H. du droit civil de Rome.*
3. M. Demangeat, *Droit romain*, I, p. 166.
4. Tite-Live, Discours des députés d'Antiochus, livre XXX, xvi.
5. Turnèbe, *Adversaria*, IV, xv.

dans la législation en tant que droit abstrait, afin de permettre aux empereurs de communiquer aux provinces ce privilége de l'Italie[1]. Et ici ce n'était pas seulement le droit de cité qui s'étendait au dehors; l'Italie elle-même, « cette terre d'élection » que Pline nous représente courant avidement vers les mers pour être utile aux mortels, « se déplaçait pour ainsi dire et débordait sur le monde[2] ».

Lorsque la péninsule fut assujettie à l'impôt foncier, sous le règne de Dioclétien, les cités qui, dans les provinces, étaient investies du *jus italicum* gardèrent-elles leur privilége? M. Baudi di Vesme pense qu'il n'y eut pas alors de raison pour laisser à ces villes une condition meilleure qu'à l'Italie et qu'on dut aussi les comprendre dans le cadastre général qui fut exécuté à cette époque dans tout l'Empire. Nous voyons aussi dans Grégoire de Tours qu'au cinquième siècle, sous l'empereur Léon, la cité de Lyon était soumise à l'impôt. « Elle en fut affranchie, ajoute l'historien, parce que l'archidiacre de cette ville avait guéri la fille de l'empereur, et encore aujourd'hui, à trois milles autour de Lyon, on ne lève aucune contribution. » Or il résulte d'un texte du Digeste que la ville de Lyon jouissait du droit italique. On en a conclu que si la ville de Lyon avait été placée sous la loi de l'impôt malgré sa prérogative, c'est que le *jus italicum* ne conférait plus, depuis les réformes de Dioclétien, l'exemption des contributions[3].

Nous hésitons cependant à croire que toutes les villes de droit italique aient alors perdu leur immunité. La continuation de la franchise de ces villes n'a rien que de naturel, car les besoins qui avaient amené l'introduction de l'impôt en Italie ne pouvaient avoir d'influence sur le sort de ces villes, disséminées dans tout l'Empire et de trop peu d'importance par rapport au pays entier pour que leur rappel au droit

---

1. MM. de Savigny, Bimaud de La Bastie, *Science des médailles*, t. II, p. 85.
2. Pline, III, iv.
3. *De gloria confessor*. Schwartz, *De jure italico*, etc., etc.

commun augmentât sensiblement le produit des contributions. Schwartz cite bien plusieurs constitutions du Code Théodosien, qui déclarent nulles les exemptions d'impôts et dont la disposition paraît générale; mais, outre que ces constitutions ne s'appliquent qu'à certaines exemptions particulières obtenues d'une manière subreptice [1], on en trouve un grand nombre d'autres qui reconnaissent et confirment formellement diverses exemptions [2]. Enfin, ce qui nous paraît plus décisif, c'est qu'il est encore fait mention du *jus italicum* dans les Pandectes de Justinien, et qu'on ne comprendrait guère qu'il en fût ainsi, si, comme on le prétend, il avait partout disparu; car, il ne faut point s'y tromper, l'exemption d'impôt était, au temps de cet empereur, la seule conséquence pratique du droit italique, et cela explique pourquoi tous les passages des anciens jurisconsultes qui y sont relatifs sont placés au titre *De censibus*.

1. L. 2, 4, 6, *Cod. Théod.*, *De censu*. Voir aussi le titre relatif au droit italique de la ville de Constantinople.

2. Par exemple, la loi 1 *De annona* (*Code Théod.*) ne parle que des exemptions accordées précédemment par l'empereur, auteur de cette constitution.

LIVRE II

L'IMPOT FONCIER DEPUIS DIOCLÉTIEN
JUSQU'A LA FIN DE L'EMPIRE

CHAPITRE PREMIER

La Capitatio terrena.

L'impôt, assis d'abord sur le revenu brut et annuel de la terre, puis, à la suite des réformes d'Auguste et de Marc-Aurèle, sur le revenu net et moyen, eut pour base le capital foncier, après le recensement général de 305 ordonné par Dioclétien. C'est cette dernière transformation que nous allons étudier dans tous ses effets, car le règne de Dioclétien marque le moment où l'administration romaine atteignit sa perfection. Le système de l'impôt reçut notamment sous ce prince une organisation à peu près complète, qui subsista sans grande modification jusqu'aux derniers temps de l'Empire. Aussi les textes, qui étaient auparavant en petit nombre et souvent obscurs ou contradictoires, se présentent en foule, surtout dans le Code Théodosien et dans la législation de Justinien, où le système fiscal des Romains nous apparaît tout entier, avec ses proportions grandioses et son ordonnance savante.

Il faut remarquer, comme un indice de la révolution qui

s'accomplit alors dans les institutions financières, qu'à partir de Dioclétien l'impôt foncier n'est plus désigné par les vieux mots de *canon, tributum, collatio prædiorum*. Une nouvelle expression apparaît dans les écrits des jurisconsultes romains; ils emploient pour indiquer l'impôt le terme de *jugorum capitatio, terrena capitatio*, et même simplement *capitatio*.

Ce mot de *capitatio*, évidemment dérivé de *caput*, paraît à première vue exprimer un impôt personnel frappant chaque tête, chaque habitant d'un pays. Aussi ce sens si naturel est-il confirmé par une multitude de textes [1]. Il existait en effet chez les Romains un impôt de ce genre qui remontait aux temps de la République et qui prenait le nom de *capitatio* [2]. La plupart des anciens auteurs, trompés par cette étymologie, ne voulurent donc voir dans la capitation qu'un impôt personnel, et firent de vains efforts pour ramener tous les textes à cette interprétation. Mais si quelques-uns s'y prêtaient, le plus grand nombre y résistait, et, après bien des tentatives de conciliation, on en vint à dire que toutes les lois sur la capitation étaient inexplicables, sans doute à cause d'altérations. Cujas lui-même partagea l'erreur de ses contemporains. C'est Godefroy qui le premier, en groupant tous les textes où figurent les mots de *caput* et de *capitatio*, y aperçut la trace d'un véritable impôt foncier.

Grâce à la découverte de Godefroy, le système de la *capitatio* s'est éclairé d'une vive lumière. Nous ne pouvons citer ici tous les textes qui confirment l'opinion de ce savant jurisconsulte; nous nous contenterons d'énumérer les principaux.

L'impôt foncier et l'impôt personnel sont manifestement opposés l'un à l'autre, dans une loi de Théodose et de Valentinien ainsi conçue : « Que l'impôt de la capitation soit supprimé dans le diocèse de Thrace et que l'on n'y perçoive plus

---

1. L. 2, 4, *C. Th., De censu*, et *C. Th.*, l. 2, *De protost.*; l. 36, *De decur.*; l. 1, *De fugitivo colono*; l. 67, *De tiron.*; l. 3, *De numer.*, etc., et *C. Just.*, l. 1, *De veter.*; l. 11, 16, *De capit. cir.*; l. 11, 16, *De episc.*, etc.

2. Du temps de Cicéron, on l'appelait *exactio capitum*.

que la contribution foncière. *Sublato humanæ capitationis censu, jugatio tantum terrena solvatur* [1]. » — La loi 8, § 7, *De censibus*, déjà citée [2], nous présente la même opposition. Cette loi parle de la ville de Césarée élevée par Vespasien au rang de colonie, et nous y trouvons ces mots : « ... *Tributum remisit capitis, sed divus Titus solum immune factum interpretatus est.* » Il faut en dire autant de la loi 26, *Code Théod.*, *De annon.*, qui oblige tous les propriétaires fonciers à acquitter l'impôt, d'abord pour leurs terres, puis à faire l'avance de la cote personnelle exigée de leurs colons [3].

On ne peut donc contester qu'il existât un impôt foncier en droit romain, et qu'il ne fût fréquemment désigné par les mots de *jugum* et de *jugatio*, pour lesquels toute équivoque est impossible, car le premier de ces termes désignait incontestablement dans l'origine l'espace de terre à l'exploitation duquel suffit un joug de bœufs pendant une année, et l'autre, quoique d'une signification un peu plus variable, s'applique tantôt à la propriété foncière, tantôt à l'impôt. Nous voyons par exemple dans la loi 1, au *Code Théodosien, Ne collat. per logog.*, que tout individu qui laissera recenser sa *jugatio* par certains fonctionnaires des *civitates* la verra confisquée, tandis que la loi 23, *C. Th., De suscept.*, emploie le mot *jugatio* dans le sens de contribution [4]. Or les textes établissent une synonymie complète entre les termes de *caput* et *capitatio* d'une part, et *jugum* et *jugatio* d'autre part, à un tel point qu'on les trouve presque toujours associés par les conjonctions *sed, vel*, ou *aut* [5]. Il faut donc en conclure que les mots de *caput* et de *capitatio*, loin d'être exclusivement

1. *C. Just.*, l. 1, *De colon. Thrac.*
2. A propos du *jus italicum*.
3. Il existe un nombre considérable de textes semblables. Nous les citerons successivement.
4. *Cod. Théod.* L. 40, *De episcop.*; l. 7, *De tiro.*; l. 1, 2, *Ne collat. transl.*; l. 49, *De opere public.*; l. 3, *De militari vest.*
5. L. 11, *C. Th., De exact. pro jugatione vel capitatione.* L. 9, *C. J., De agric. immunitate jugationis vel capitationis.* L. 1, *C. Th., Ne quid public. pro jugatione vel capitatione.* L. 1, *C. Th., De protost. juga aut capita.* L. 5, 6, *C. Th., De collat. donat. eorum jugorum sive capitum.*

réservés pour désigner l'impôt personnel, sont même le plus souvent inconciliables avec cet impôt, et qu'ils indiquent alors une relation étroite entre l'idée de terre et celle de capitation, c'est-à-dire une contribution foncière.

Les textes classiques s'accordent sur ce point avec les textes juridiques.

Ammien Marcellin raconte qu'à l'entrée de Julien dans les Gaules chaque *caput* était imposé annuellement à vingt-cinq *solidi* et qu'à son départ le *caput* n'en payait plus que sept. Or ces deux chiffres, en estimant le *solidus* à 12 francs [1], feraient pour le premier cas 300 francs et pour le second 84, somme énorme que les plébéiens non possesseurs de terres n'auraient pu acquitter s'il s'était agi d'une capitation personnelle [2]. On peut encore citer l'exemption accordée par Constantin aux Éduens de la Gaule. Eumène, qui s'adresse en leur nom à l'empereur, s'exprime ainsi [3] : « Vous nous remettez sept mille *capita*, c'est-à-dire plus de la cinquième partie de nos impôts. Par ce dégrèvement de sept mille *capita*, vous avez rendu de la valeur à vingt-cinq mille autres. » Il est impossible d'admettre qu'il s'agisse ici de capitation personnelle, car on évalue la population du territoire des Éduens à plus de deux cent mille habitants, et il n'est pas croyable qu'elle n'ait compté que trente-deux mille têtes imposables. La suite du passage montre bien d'ailleurs qu'il s'agit de terres et non d'hommes, puisque Eumène ajoute que les Éduens n'avaient pas à se plaindre de la fixation qui leur avait été attribuée, car ils possédaient vraiment les terres portées au cens.

Sidoine Apollinaire, dans une supplique en *relevatio* d'impôts, adressée à Majorien, sollicite la remise de trois *capita* :

> *Gorgones nos esse puta monstrumque tributum.*
> *Hic capita ut vivam tu mihi tolle tria* [4]. »

1. M. Dureau de La Malle.
2. Am. Marcel., liv. XVI, ch. v.
3. *Act. de grâce à Constantin.*
4. *Carm.* XIII, vers. 19, 20.

Si l'on entend ces mots dans le sens du *caput* personnel, ils pourraient désigner au maximum douze individus du sexe féminin [1], et comme d'ailleurs cette contribution, qui était modique, ne frappait que les plébéiens, on ne comprendrait guère que pour ce mince résultat un grand personnage comme Sidoine Apollinaire fît intervenir les Gorgones et tout un appareil mythologique.

Enfin Salvien parlant de la triste position des petits propriétaires qui se mettent sous le patronage des *Potentes* s'exprime ainsi : « *Exterminati agellis suis, cum rem amiserint, amissarum tamen tributa patiuntur ; cum possessio ab his recesserit, capitatio non recedit, proprietatibus carent et vectigalibus obruuntur.* » Ce texte est décisif [2].

L'existence d'un impôt foncier sous le nom de *capitatio* ne saurait donc plus être contestée depuis les belles recherches de Godefroy ; mais ce grand jurisconsulte, avec ce faible que ressent tout inventeur pour sa découverte, exagéra son système. Prenant le contre-pied de l'opinion qui n'admettait que la capitation personnelle, il ne voulut à son tour voir qu'un impôt foncier dans la capitation, et il arriva ainsi à une théorie aussi inexplicable que celle de ses devanciers.

Selon notre commentateur, en effet, il aurait existé au temps d'Ulpien, sur les personnes libres, un impôt personnel qui disparut sous les empereurs chrétiens, et il ne serait plus resté qu'un impôt foncier sous le nom de *capitatio* ou *jugatio* parce qu'il était réparti d'après des étendues de terrain nommées *capita* ou *jugera*, payant une certaine somme. Mais quoique établi sur les terres, cet impôt aurait tenu compte des hommes et des animaux comme éléments de la matière imposable ; de là les expressions *capitatio humana, capitatio animalium*, que l'on rencontre dans les textes. En d'autres termes, ces têtes d'hommes et d'animaux n'étaient qu'indirectement frappées comme partie du fonds à qui elles donnaient une plus-value.

1. Voir M. de Savigny, Analyse de M. Pellat dans la *Thémis*, X.
2. *De gubernatione Dei*, livre V, ch. VIII.

Godefroy commence par affirmer qu'il n'y avait plus de capitation sur les hommes libres au temps de Constantin ; mais les lois que nous avons citées au commencement de ce chapitre établissent nettement l'existence de cette capitation personnelle , et l'opposent même à la capitation foncière. D'ailleurs, s'il en était ainsi, si les hommes n'étaient comptés que comme objets faisant partie intégrante du sol, pourquoi ces termes de *capitatio humana, capitatio animalium*, que l'on trouve si fréquemment ? Ils n'ont aucune raison d'être si dans la taxation générale du fonds est comprise la taxation de tout ce qui en fait partie, de la terre, des hommes, des animaux, des arbres, des vignes, etc. ; et si les hommes et les animaux forment une division particulière, pourquoi n'en serait-il pas de même des arbres et des vignes ?

Tous les textes nous présentent aussi l'impôt personnel comme une charge particulière aux colons et aux esclaves, mais non comme une charge des fonds sur lesquels sont établis ces colons et ces esclaves. Godefroy lui-même le reconnaît dans son commentaire de la loi 2 *De censu*, où il parle d'une *capitatio humana* que les propriétaires auraient payée pour leurs colons : « *Ergo agricolarum, colonorum ads- criptiorum, censum qui pro his pendebatur, seu capitationem humanam quæ possessoribus pro his imminebat... imminuit;* » et il ajoute au commentaire de la loi 6 *De collat donat. :* « *Capitatio humana et animalium est ea pars tributaria func- tionis quæ pro servis, colonis et animalibus quæ in prædio erant præstabatur.* » S'il existe une *capitatio humana* payée spécialement pour certaines têtes, il faut bien que ces têtes ne se confondent pas dans la propriété foncière et soient recensées à part comme matière imposable distincte et séparée.

Un autre argument qui nous paraît péremptoire contre le système de Godefroy, c'est que les plébéiens des villes, pour lesquelles il ne peut être évidemment question du *colonat* et par suite d'absorption dans la propriété foncière, étaient soumis originairement à l'impôt personnel. Cela résulte bien de la loi 2 *De censu*, qui leur en fait remise. Il est vrai que

Godefroy prétend que cette loi, en dégrevant les plébéiens de la *capitatio*, avait pour but d'affranchir de la capitation foncière les terres que la *plebs urbana* pouvait avoir en sa possession. Mais si l'on peut comprendre, à la rigueur, que l'on exemptât les fonds des villes possédés par cette plèbe, il est impossible de trouver une raison plausible pour supposer qu'on ait aussi accordé cette faveur aux fonds ruraux. Il suffit, d'ailleurs, de rapprocher la loi 3 *De censibus* (*Dig.*) des lois 4 et 6 *De censu* (*Cod. Théodos.*), pour reconnaître l'erreur de Godefroy. La première de ces lois affranchit de la capitation les mineurs en tutelle ; les deux autres étendent cette immunité à tout le temps de la tutelle et de la curatelle. La loi 3 *De censib.* vise évidemment l'impôt personnel ; donc les lois 4 et 6 *De censu* ont le même objet. S'il en est ainsi, ces deux lois qualifiant la capitation dont elles parlent de *capitatio plebeia*, on doit en conclure que cette *capitatio plebeia* était un impôt personnel, et que c'est de cet impôt que parle la loi 2 *De censu*, en déchargeant la *plebs urbana*.

D'ailleurs, les personnes en tutelle n'étaient pas seules exemptes. Nous avons un grand nombre de textes qui accordent une pareille immunité aux veuves [1], aux religieuses [2], aux soldats et vétérans [3], aux *annonarii* et *actuarii*, employés subalternes du fisc [4], aux peintres, à leurs femmes, enfants, esclaves étrangers [5]. Ne sont-ce pas là autant d'indices de l'existence d'une capitation personnelle ?

Enfin Lactance, contemporain de Dioclétien, nous fournit un dernier argument. Dans ses invectives contre les persécutions et la tyrannie de Galère [6], il se plaint que l'on comptât dans son pays les hommes et les enfants par tête ; qu'on

---

1. *Cod. Th.*, *De censu*, l. 4.
2. *Id.*, l. 6.
3. *Id.*, l. 6, 7, *De tiro.*; l. 4, *De veter.*
4. L. 3, *De numer.*
5. *De censu.*
6. *De morte persecutorum.*

ajoutât des années aux enfants, et qu'on en retranchât aux vieillards ; ce qui s'accorde bien avec le texte d'Ulpien, qui fait commencer et finir la capitation à des âges marqués, et ne se comprendrait point s'il n'y avait pas eu de capitation personnelle.

Après Godefroy, Gibbon, dans sa grande *Histoire de la décadence de l'Empire romain*, a aussie xposé une théorie qui supprime la différence entre les deux capitations, pour n'en admettre qu'une seule à la fois personnelle et foncière. « Il paraît, nous dit-il[1], que, soit qu'on l'eût fait ainsi à dessein, soit par hasard, cet impôt, par le mode de levée qu'on employait, offrait, à la fois, la nature d'une taxe territoriale et les formes de la capitation. La taxe que fournissait chaque ville ou chaque district représentait et le nombre des contribuables et le montant des impositions publiques. On divisait la somme totale par le nombre des têtes ; on disait communément que telle province contenait tant de têtes de tribut, et que chaque tête payait telle somme. » Or, un peu plus loin, après nous avoir dit que la théorie de la capitation romaine avait pu être fondée sur un calcul d'égalité entre toutes les têtes, sans tenir compte de l'inégalité des fortunes, mais que dans la pratique cette égalité injuste disparaissait, parce que l'imposition était levée comme réelle, non comme personnelle, il ajoute : « Plusieurs pauvres citoyens ne formaient qu'une tête ou une part de la taxe, tandis qu'un riche propriétaire représentait plusieurs de ces têtes réunies. » Ainsi, d'après Gibbon, il n'y aurait eu, à vrai dire, qu'un seul impôt à double face, personnel en apparence, foncier dans la réalité ; car il n'était point assis sur des personnes véritables, mais sur des personnes idéales, dont chacune représentait une certaine mesure de terre. Cette théorie, adoptée aussi par M. Naudet dans son ouvrage sur l'administration de l'Empire romain[2], est formellement contredite par tous les

---

1. Tome III, chap. LVII, *in fine*.

2. Dubos, dans sa *Monarchie française*, l. I, ch. XII, paraît suivre un système analogue.

textes déjà cités, qui établissent nettement l'existence de deux capitations. Elle part, d'ailleurs, de cette fausse idée que le *caput* désigne toujours une personne soit réelle, soit idéale, tandis que nous démontrerons au chapitre suivant qu'il indique le plus souvent l'unité foncière.

Un jurisconsulte allemand, M. Walter, a donné une explication intéressante de la *capitatio*. Dans ses notes sur Niebuhr, il reconnaît l'existence de deux capitations distinctes : la *capitatio humana*, qui était personnelle et frappait d'une façon uniforme les non-possesseurs ; la *capitatio terrena*, qui était générale, c'est-à-dire frappait la fortune entière, mobilière ou immobilière, du propriétaire foncier.

Pour établir ce caractère d'universalité de l'impôt foncier ainsi généralisé, le professeur de Bonn prétend que le *tributum ex censu* de Servius Tullius, qui avait, comme nous l'avons vu, pour base une évaluation détaillée de toute la fortune du contribuable, aboli après la conquête de la Macédoine, aurait reparu à une époque postérieure qu'on ne peut préciser. Il se serait alors étendu à toutes les provinces, où il aurait remplacé les autres contributions, dîmes, prestations en nature ou contributions fixes. La fortune de chaque toyen aurait été estimée en argent pour être divisée en autant de parties qu'elle contenait de fois mille as, et plus tard mille *solidi*. Chacune de ces unités mobilières, inscrite au nom du contribuable sur les tables du cens, aurait représenté pour lui l'obligation de payer chaque année un certain nombre de *solidi* et aurait porté le nom de *jugum* ou de *caput*, d'où la désignation de *jugatio, capitatio*, donnée à l'impôt général qui pesait exclusivement sur le propriétaire foncier.

La théorie de M. Walter ne repose que sur des conjectures. Il n'existe absolument aucune trace ni du rétablissement du *tributum* de Servius ni de son introduction dans les provinces. L'étude du régime financier de Rome conduit même à repousser cette hypothèse. On voit, en effet, coexister sous les empereurs un grand nombre d'impôts divers, tels que la *vicesima hereditatum*, la *collatio lustralis*, etc. Or l'existence de ces impôts est incompatible avec celle du *tributum*, car alors les biens frappés par des impôts particuliers l'auraient été quand même d'une manière générale. Prenons pour exemple des esclaves appartenant à un marchand ; dans le système de M. Walter, ils auraient été atteints par la contribution personnelle ; puis ils auraient servi à l'établissement du *tributum* en tant que composant la fortune du maître ; enfin ils auraient été soumis au *venalitium* ou impôt sur les marchandises. L'iniquité d'un pareil principe ne permet pas d'en admettre la possibilité. D'ailleurs les termes de *jugum*, *caput*, dont on veut faire une unité mobilière, résistent, comme nous le verrons plus loin, à cette signification. Puis, si la *capitatio terrena* était vraiment un impôt général, analogue au *tributum*, comment s'expliquer pourquoi le renouvellement du cadastre n'avait plus lieu que tous les quinze ans ? Cette période eût été, certes, beaucoup trop longue pour la détermination des valeurs mobilières dont la nature variable exige un contrôle fréquent. On ne trouve, du reste, dans aucun texte, que le recensement qui servait de base à l'impôt foncier comprît autre chose que la terre et ses produits. Dans le système de M. Walter, il aurait fallu d'autres énonciations ; par exemple, l'évaluation des créances, des marchandises, etc., comme cela se pratiquait sous le vieux mode du *census* de Servius. Les lois d'Ulpien n'indiquant rien de semblable, il faut bien en conclure que, dès le temps de ce jurisconsulte, la terre était l'objet d'une taxe spéciale, et que les choses mobilières, jadis confondues avec elle dans une estimation unique, étaient aussi de leur côté soumises à des impôts spéciaux, comme on le voit au titre *De vectigalibus* au Digeste.

Les conséquences du principe qui fait de la *capitatio terrena* un impôt général sur les propriétaires fonciers ne sont pas moins étranges que le principe lui-même. Supposons deux citoyens ayant chacun une fortune mobilière de 1,000 *solidi* ; l'un d'eux a une petite parcelle de terre : celui-ci paiera l'impôt sur tout son patrimoine, tandis que l'autre ne paiera rien, si ce n'est une contribution personnelle insignifiante, ne dépassant pas celle du prolétaire.

Nous n'admettons donc pas plus l'impôt général imaginé par M. Walter, que l'impôt proportionnel de Gibbon, ou exclusivement personnel de Cujas, ou exclusivement foncier de Godefroy. Nous croyons avoir démontré dans les réfutations successives de ces quatre théories, et dans l'explication et le rapprochement des textes que nous avons cités, qu'il y avait en droit romain deux capitations bien distinctes : l'une foncière, *capitatio terrena ;* l'autre personnelle, *capitatio humana.* Mais nous ne voudrions pas cependant qu'on établît entre ces deux impôts une opposition plus grande qu'elle n'existait en réalité chez les Romains. Oui, ces deux contributions étaient distinctes, mais non pas entièrement séparées. Ainsi que le fait observer M. de Savigny [1], la *capitatio terrena* et la *capitatio humana* étaient dans les mains de la même administration et inscrites sur les mêmes rôles. On s'assurait ainsi que personne n'échappait à l'impôt, puisque tout habitant qui ne pouvait invoquer une cause particulière d'exemption devait être inévitablement inscrit dans les registres de l'une ou l'autre de ces capitations. Il faut aussi remarquer que, depuis l'exemption accordée aux villes, la contribution personnelle pesa surtout sur les colons et les esclaves employés à l'agriculture ; et comme c'était le propriétaire du fonds qui l'acquittait pour eux, on pourrait en quelque sorte la considérer comme une annexe de la contribution foncière. Seulement il ne faut pas perdre de vue : 1° que cette contribution personnelle était payée originairement par les plébéiens des villes ; 2° que même dans les campagnes les colons étaient les véritables contribuables et que le propriétaire foncier ne faisait qu'avancer pour eux la capitation. Ces deux impôts se rattachent donc étroitement l'un à l'autre, mais sans se confondre. La *capitatio terrena* est, d'ailleurs, de beaucoup la plus

---

1. Voir la *Thémis,* tome X, *Analyse du mémoire de M. de Savigny,* par M. Pellat.

importante par le nombre de textes qui lui sont consacrés, et en raison de la matière qu'elle frappait ou des ressources qu'elle produisait. On peut même remarquer que le mot *capitatio*, employé seul au Code, désigne presque toujours l'impôt foncier, et que, quand il est pris dans le sens d'impôt personnel, on a presque toujours le soin d'y joindre les mots *plebeia* ou *humana*. C'est de la *capitatio terrena* seule que nous allons nous occuper.

CHAPITRE II

Assiette de l'impôt foncier. — Unité foncière.

Cette contribution foncière, dont l'existence est maintenant incontestable, avait pour base une unité imposable, nommée *caput* ou *jugum*. C'est même de là que l'impôt foncier romain tire son nom de *capitatio* ou *jugatio*. Nous allons examiner ce qu'on entendait par un *caput* ou un *jugum;* quelle était la valeur et quelle était l'étendue de ces unités sur lesquelles reposait tout le mécanisme de l'impôt.

Le sens précis de ces deux termes a longtemps embarrassé les commentateurs, et les divise encore aujourd'hui. Il est, en effet, certain que le caractère de l'unité imposable doit varier selon le système que l'on adopte sur la *capitatio* elle-même. Ceux qui comme Cujas n'admettent qu'un impôt personnel prennent pour *caput* l'unité personnelle, c'est-à-dire la tête, composée dans l'origine d'un homme ou de deux femmes. Cette opinion, parfaitement exacte en ce qui concerne la *capitatio humana*, cesse de l'être pour la *capitatio terrena*, dont Cujas méconnaît l'existence. Godefroy, au contraire, qui confond la contribution personnelle dans l'impôt foncier ne voit dans le *caput* qu'une unité purement foncière, mais dans laquelle on tient compte des hommes et des animaux considérés comme parties intégrantes et plus-values du fonds [1]. Nous avons déjà montré au chapitre précédent que

---

1. « *Ut ratio haberetur quoque hominum atque animalium, velut quæ pars capitis, seu substantiæ et facultatum essent.* » (Godef.)

l'impôt personnel étant distinct de l'impôt foncier, il n'était pas possible que le *caput* ait été une unité foncière comprenant le *caput humanum*.

M. Walter, qui admet la persistance du *tributum* de Servius sous l'Empire, et transforme l'impôt foncier en un impôt général, prétend à son tour que le *caput* n'est rien autre qu'une valeur de mille *solidi*, calculée sur l'avoir tout entier, mobilier ou immobilier, du propriétaire foncier [1]. Mais, comme M. Walter reconnaît en même temps la parfaite synonymie du *caput* et du *jugum* [2], il nous semble qu'il fournit ainsi lui-même un argument très-sérieux contre son système. Si, en effet, on peut donner au mot *caput*, qui est un peu vague, le sens d'un impôt général, le mot *jugum* résiste absolument à cette interprétation. On ne saurait comprendre qu'une expression qui sans aucun doute désignait à l'origine l'espace de terrain qu'un joug de bœufs peut cultiver en un an se soit ainsi écartée de sa signification première, et en quelque sorte idéalisée, au point de signifier une unité imposable formée de la fortune même mobilière. N'est-il pas plus logique de croire que dans les premiers temps de l'impôt on adopta pour unité l'étendue des terres à la culture de laquelle suffit une paire de bœufs, et qu'ensuite, lorsque la science financière fut mieux connue, on s'aperçut que l'unité foncière, quoique de même étendue, variait de valeur, selon la qualité des terres. Comme il fallait cependant une base fixe de répartition, on aurait alors déterminé le *jugum* à une étendue du terrain de la valeur de mille *solidi*. Mais cette expression aurait toujours continué à désigner le terrain, et non pas, comme le suppose M. Walter, un ensemble de valeurs mobilières ou non égal à mille *solidi*.

M. Dureau de La Malle, qui distingue la capitation foncière de la capitation personnelle, a cherché, dans son ou-

---

1. *Notes sur Niebuhr et Schutz*. M. Walter cite à l'appui de son opinion une Novelle de Valentinien.

2. Voir l. 3, *De milit. vest.*, *C. Th.*; l. 4, *De extraord.*; l. 6, *eod. tit.*; l. 1, *De protostasia*; l. 5, *De itin. mun.*; l. 6, *De collat donat*, *C. Th.*

vrage sur l'économie politique des Romains, à déterminer la valeur du *caput* foncier. Voici le résumé de son système [1] :

Une Novelle de Majorien, datée de 458, et intitulée *De
curialibus*, indique exactement la valeur du *jugum*. On y lit
en effet : « *Quia per rectores provinciarum exigi omnem canonem, tam ad arcam præfecturæ pertinentem quam sacris vel
privatis largitionibus inferendum, sed et binos per jugum, vel
millenos solidos, remunerationibus deputatos compelli debere
præcepimus, possessori non putamus onerosum quem a multis
molestiis et numerosis mutaturæ dispendiis liberamus, si semis-
sem solidi per juga singula sive singulas millenas, amplius
jubeamus inferri, qui pro ordinatione nostra, inter diversa of-
ficia dividatur.* » Ainsi la valeur du *jugum* est de mille *solidi* et comme, d'après les textes, le *jugum* est la même chose
que le *caput* [2], il en résulte que le *caput* est aussi de mille
solidi. Ce point est parfaitement certain. On peut du rester
citer encore deux textes qui confirment l'opinion de M. de
La Malle ; d'abord une Novelle de Théodose et Valentinien en
440 : « *Illud quoque pro tuendo statu venerandæ urbis decerni-
mus, ut a collatione tironum et ab exsolvendis septem solidis
per millenas nuper indictis... cespes Formonsis habeatur im-
munis* [3]. » Puis un passage de Cassiodore : « *Spoletinis civibus
ad exhibitionem thermarum supra consuetudinem aliam millenam esse deputandam* [4]. » Nous pouvons donc admettre,
comme indiscutable, cette assertion qui donne à l'unité foncière une valeur de mille *solidi*.

Mais M. Dureau de La Malle a été moins heureux quand
il a voulu déterminer l'étendue du *jugum*. Il prétend en effet
que l'origine de cette expression vient de ce qu'on avait pris
pour type de l'unité imposable le lot de terre attribué à un

1. T. I, pag. 301 et ss.
2. *C. Th.*, *De milit. vest.*, l. 3 ; *De extraord.*, l. 6 ; *De protostasia*, l. 1 ; *De
imper. lucrat. descrip.*, l. 1 ; *De itin. mun.*, l. 5.
3. *De pentapoli*, Nov. 43, dans Godefroy, VI, p. 93.
4. *Varia*, II, xxxvii.

soldat vétéran. Il appuie ce système d'abord sur un texte d'Hyginus [1], qui indique que les vétérans recevaient chacun soixante-six *jugera* deux tiers, et il affirme, en citant deux lois du titre *De veteran.* au Code Théodosien, que la portion de terre concédée était la même sous Constantin et sous Valentinien qu'au temps d'Auguste et de Trajan. C'est cette part restée égale à toutes les époques de l'Empire qui aurait pris le nom de *caput* parce qu'elle était donnée à une tête de soldat, et de *jugum* parce qu'elle contenait une paire de bœufs. Lorsque tous les sujets de l'Empire furent assujettis à l'impôt foncier, on adopta comme unité foncière imposable la quotité fixe depuis longtemps établie pour les vétérans et on lui conserva le nom qu'elle portait. M. Dureau de La Malle complète son système en cherchant à prouver que la valeur vénale de la part du vétéran était égale à mille *solidi*, qui étaient la valeur du *caput;* car mille *solidi* valant quinze mille francs, et d'après Columelle [2] un jugère de terre ordinaire valant mille sesterces, c'est-à-dire deux cent cinquante francs, si l'on divise 15,000 par 250, on trouve pour quotient 60 *jugera*, qui seraient à peu près la part du vétéran [3].

En résumé, selon M. Dureau de La Malle, le *caput* est une unité foncière de mille *solidi* en valeur, et de soixante-six *jugera* deux tiers en étendue [4].

Quelque ingénieux que soit ce système, la base en est trop peu solide pour que nous consentions à l'admettre en ce qui concerne l'étendue du *caput*. Il repose entièrement en effet sur ce fait que la quantité de terre assignée aux vétérans serait restée la même jusqu'aux derniers temps de l'Empire. Mais il n'y a aucun texte qui le constate. Les deux lois du Code Théodosien [5] invoquées par M. de La Malle disent seu-

---

1. Édit. Goesius, page 191.
2. *De re rustica*, III, viii.
3. La différence, qui est d'un onzième, viendrait de ce que le rapport du sesterce au *solidus* serait évaluée trop haut.
4. Selon les calculs de M. Dureau, le jugère romain valait 25 ares 28 centiares.
5. L. 3 et 8. Voir plus loin au chapitre des immunités.

tement qu'on donnait aux vétérans pour cultiver les terres qui leur étaient assignées cinquante mesures d'orge, autant de froment, et une paire de bœufs. En rappelant habilement l'usage des jachères [1] et en faisant remarquer qu'une paire de bœufs suffit à une culture de vingt-cinq arpents, M. Dureau de La Malle arrive au chiffre de cinquante *jugera*; mais comme, d'après son calcul même [2], la quantité de grains donnée au vétéran ne pouvait servir à ensemencer que dix-neuf *jugera*, il aurait fallu pour obtenir une exactitude complète que cette quantité donnée pour semence suffît à vingt-cinq *jugera*. De plus, pour faire concorder son système avec le total de soixante-six *jugera* deux tiers, il prétend que les seize *jugera* deux tiers excédant les cinquante sont des jardins, taillis, pacages. Il est bien certain qu'il en existait dans les lots des vétérans; mais y entraient-ils dans une proportion pareille? Rien ne le prouve. D'ailleurs cette quantité même de soixante-six *jugera*, attribuée aux vétérans, n'était pas toujours invariable; Siculus Flaccus est très-explicite à ce sujet. « Anciennement, dit-il [3], dans le partage entre les soldats d'un manipule, on tenait compte de la fertilité du sol, *bonitatem agrorum*, et celui qui obtenait le meilleur fonds avait une moindre mesure en superficie. »

L'on peut même ajouter qu'il ne s'agit point de distribution normale dans le texte d'Hyginus, mais plutôt d'une distribution extraordinaire à la suite d'une expédition militaire heureuse; sans cela, toutes les terres de l'Empire auraient dû être enlevées à leurs propriétaires pour subvenir à de telles largesses. Enfin il est bien probable que la valeur du jugère, que Columelle fixait à 250 francs, avait dû subir quelques variations depuis Auguste jusqu'à Justinien, alors surtout que, dans la décadence de l'Empire, la rareté du numéraire amena des perturbations énormes dans toutes les

---

1. Les assolements auraient été de deux ans.
2. Il cite un texte de Varron, l. I, ch. xliv, § 1.
3. Éd. Goes., xvii et xviii.

transactions. Il nous paraît aussi de toute impossibilité que la même étendue de terres ait constitué partout une unité foncière de même valeur, dans cet immense empire qui embrassait une si grande variété de peuples, de climats, de cultures.

M. Serrigny a proposé un autre système dans son savant Traité sur le droit public et administratif des Romains [1]. Selon lui, le mot *caput* désignait un chapitre de la matrice cadastrale, laquelle contenait autant de chapitres, *capita*, qu'il y avait de *juga* dans la circonscription qu'elle embrassait. Le *jugum* aurait eu pour type non pas la part d'un soldat vétéran, mais le quart d'une centurie, c'est-à-dire de l'ensemble des terres accordées dans une colonie à cent vétérans. Cette centurie était ordinairement composée de deux cents jugères, comme nous l'apprennent les *rei agrariæ scriptores*, et divisée par deux chemins appelés l'un *decumanus*, et l'autre *cardo*, qui se coupaient à angle droit et la partageaient en quatre parties égales, chacune de cinquante jugères. — Ce nombre était aussi le type de l'unité des lots vendus par les questeurs quant aux terres non distribuées aux colonies et que l'on appelait *agri quæstorii*, ainsi que nous l'apprend Siculus Flaccus [2]. Ces divisions des *agri assignati* ou des *agri quæstorii* étaient constatées par des procès-verbaux et par des plans déposés aux archives impériales. « N'était-il pas naturel, dit l'éminent professeur, que l'on prît pour type de l'unité imposable cette mesure de cinquante jugères constatée officiellement, et dont on pouvait suivre aisément les subdivisions au moyen du parcellaire figuré sur les plans des centuries par petits lots de deux jugères, plutôt que ce nombre bizarre de soixante-six jugères et deux tiers que rien ne constatait. Si l'on ajoute que cette dernière quantité dépasse de beaucoup la moyenne de terres que deux bœufs peuvent cultiver par an, tandis que celle de cinquante jugères cadre parfaitement avec cette possibilité, on sera parfaitement con-

---

1. Tome II, page 80.
2. *De conditione agri.*

vaincu que cette opinion est bien plus plausible que celle de M. Dureau de La Malle. — Mais l'unité qui formait la base de répartition de l'impôt foncier entre les provinces et les cités n'était pas toujours le *jugum*. » A l'appui de cette théorie qui repousse l'uniformité dans les institutions financières de l'Empire, M. Serrigny cite une Novelle de Justinien où il est dit que l'attribution du contingent de l'impôt foncier se faisait à chaque province et à chaque cité « *pro unoquoque jugo aut villis, aut centuriis, aut alio quolibet* [1] ». Dans ce texte, qui donne pour base de répartition soit le *jugum*, soit les *villæ* (fermes), soit les *centuries*, ne figure pas le *caput*. Ce serait parce que le mot *caput* était une expression générique, synonyme de chapitre, et que Justinien aurait employé l'un des mots mis sous le chapitre pour exprimer l'unité, base de la répartition des contingents. — Le *jugum* et la *centurie* nous sont déjà connus; quant à la *villa*, M. Serrigny pense que chacune était évaluée séparément d'après la valeur et l'étendue de ses dépendances, et inscrite sur le rôle du cens pour sa valeur en capital.

En déterminant l'étendue du *caput* à cinquante jugères, M. Serrigny est tombé dans une erreur analogue à celle de M. Dureau de La Malle. Si l'on songe en effet, comme nous l'avons déjà dit, à toutes les différences que présente la valeur des fonds suivant leur qualité et leur situation, on comprendra qu'une étendue de terrains de mille *solidi* devait varier sensiblement suivant le pays et la nature du sol.

M. de Savigny, dans sa dissertation sur l'impôt foncier au temps des empereurs, s'est aussi occupé de déterminer le *caput* foncier. « Pour établir la *capitatio terrena*, nous dit-il, le sol était partagé en un certain nombre de cantons que l'on estimait produire le même revenu, et que l'on taxait conséquemment à la même somme d'impôts. Chaque canton se nommait *caput*. » (L. 2. *C. Just.*, *De imm. pro jugerum numero vel capitum quæ possidere noscuntur*.) Et il ajoute un

---

1. Novelle 128, c. 1.

peu plus loin : « A la fin du moyen âge, on appela les **registres** d'inscriptions *capitastra*, parce qu'ils contenaient l'énumération des *capita* ou portions de terrains qui formaient l'unité imposable. Le cadastre déterminait dans chaque partie de l'Empire les têtes ou unités imposables, *capita*, c'est-à-dire les portions d'immeubles auxquelles on attribuait un revenu égal, et auxquelles par conséquent on imposait une quantité égale de la contribution foncière. » M. de Savigny reconnaît donc bien ici l'existence d'un *caput* réel, c'est-à-dire signifiant une étendue de terres estimée au capital de mille *solidi*; mais dans un appendice à son étude sur l'impôt il a émis une autre opinion. Il commence par faire remarquer que le *caput* foncier peut être conçu de deux façons, ou comme unité réelle, ou comme unité idéale. L'unité réelle serait une surface de terrain délimitée et sensible d'une valeur de mille *solidi*, plus ou moins étendue d'ailleurs en surface, selon la nature du sol : cette unité ainsi établie devenait l'objet immédiat de l'impôt. L'unité idéale serait toute partie du sol produisant à la caisse de l'impôt une contribution de mille *solidi*; alors chaque parcelle serait frappée pour une fraction de ces mille *solidi* dont le dénominateur serait son rapport avec l'unité. Ce serait là le vrai sens du *caput* : toute portion de territoire produisant mille *solidi* d'impôts.

L'opinion de M. de Savigny, d'après laquelle le *caput* ne serait qu'une unité idéale, outre qu'elle ne s'accorde guère avec la signification toute matérielle du *jugum*, synonyme de *caput*, est contredite par un grand nombre de textes. D'abord par la loi 3. *C. Th. De milit. vest.* : « *Provinciæ Thracia rum per viginti capita seu juga conferant vestem... per Egyptum et Orientis partes in triginta terrenis jugis.* » Ces termes ne sont-ils pas bien difficiles à faire concorder avec un *caput* qui représenterait plutôt l'idée d'une somme due à la caisse du fisc que l'idée de terres devant cette somme? Viennent ensuite les lois 1 *C. Th., De imp. lucrat. descrip.*, et 5 *C. Th., De itin. mun.*, qui représentent le *caput* comme quelque chose que l'on peut posséder matériellement. Il est d'ailleurs certain que la répartition se faisait en raison des terres que détenait chaque possesseur, *pro modo possessionum*[1], — *proportione suæ possessionis* [2], — *pro ut quisque terras censibus insertas seu obligatas tenebat*[3], etc... A côté de ces textes qui indiquent évidemment une répartition sur la terre même, on en trouve qui s'appliquent à la répartition d'après le nombre de *capita*, — *per viginti juga seu capita*, — *in triginta jugis, seu capitibus*, — *in triginta terrenis jugis* [4]... — Les *rectores provinciarum* doivent écrire dans la répartition des impôts extraordinaires la cote *per singula capita* [5]. Les corvées se fournissent *pro jugorum numero seu capitum* [6]. Enfin les Novelles de Justinien considèrent constamment le *jugum* comme une unité de répartition, à côté de la *centuria* et de la *villa*. La Novelle 128, que nous avons déjà citée, ordonne que dans les délégations spéciales, publiées avant l'année financière, on mentionne ce que doit payer le contribuable, *pro unoquoque jugo, aut centuriis, aut villis*. Si l'on admettait que le *caput* était idéal, il faudrait admettre aussi que la répartition se serait établie sans aucune règle, tantôt d'après des *capita*, c'est-à-dire des unités fictives, tantôt d'après des *centuriæ*, c'est-à-dire des unités réelles ; ce qui ne peut guère se comprendre. Tout au contraire devient très-clair, si l'on regarde le *caput* comme réel. — Le *caput*, unité foncière en valeur, sera une partie de la *centuria;* et la répartition se fera d'abord entre les *centuriæ*, puis entre les *capita*.

A l'appui de son système, M. de Savigny invoque le dégrèvement de 7,000 *capita* dont il est question dans l'action de grâces d'Eumène. Cette *indulgentia* ne lui paraît convenir qu'à des unités idéales, et il ajoute que le passage de

---

1. *C. Th.*, 1, 4, *De ann.*
2. 49, *De oper publ.*
3. 28, *De ann.*, et 14, 25, 10, 15, *eod. titul.*
4. *C. Th.*, l. 8, *De milit. vest.*
5. *C. Th.*, l. 4, *De extraord.*
6. *De itin. munit.*, l. 5.

Sidoine : « *Capita tu mihi tolle tria,* » n'est explicable que
dans cette hypothèse ; car, dit-il, le bénéficiaire ferait une dé-
testable affaire si on lui enlevait une pareille étendue. —
Mais cette réduction peut très-bien s'expliquer sans recourir
à un *caput* idéal. En ce qui concerne le texte d'Eumène, il
faut supposer que Constantin, estimant que les évaluations
cadastrales étaient exagérées, ordonne de les réduire de manière que le territoire ne soit pas porté au cens pour une valeur de plus de 25,000 *capita*, chacun de mille *solidi.* C'est
tout simplement une application de la *peræquatio.* De même
pour l'évêque Sidoine. Il trouve que le taux auquel on a estimé ses propriétés est exagéré, et il demande qu'on les évalue à une somme moins forte, à trois *capita* de mille *solidi*
chacun, c'est-à-dire à 3,000 *solidi,* de moins. — Si sa demande est accueillie, on distribuera toutes les propriétés
de Sidoine entre le nombre de *capita* restants après la déduction des trois et il en résultera que chacun des *capita* conservés contiendra une plus grande étendue de terrain, mais
qu'il ne vaudra toujours que mille *solidi;* — c'est là l'effet
de la réduction de l'évaluation cadastrale.

Au reste, Majorien, Valentinien, Ammien, présentent
toujours le *caput* comme une unité foncière valant mille *solidi* et à laquelle on impose deux, sept, vingt-cinq *solidi,* mais
jamais comme une portion du territoire imposée de mille
solidi.

Enfin Cassiodore rapporte que l'on fit abandon d'un *caput*
entier (*millenam*) à la ville de Spolète, pour y bâtir des bains,
ce qui montre bien que le *caput* désigne une étendue réelle
de terres.

De toutes les explications que nous avons données, nous
croyons donc que peut se dégager la certitude que le *caput*
ou *jugum* était une unité de répartition foncière, réelle, et
toujours représentée par des terres. Mais la surface n'en
était point distincte et bornée comme le jugère. En effet, le
caput étant une unité d'estimation ne pouvait pas être immuable comme une unité de mesure : tel champ évalué à

mille *sol di* aurait eu peu de temps après une valeur plus grande ou plus faible, et comme les évaluations cadastrales étaient très-fréquentes, il aurait fallu recourir à des abornements réitérés. Tous les *capita*, ayant une valeur égale de mille *solidi*, devaient avoir une étendue différente, selon la nature et la qualité des terres qui les composaient. Ils pouvaient être formés, soit d'une seule propriété, soit d'un plus grand nombre, comme aussi la même propriété pouvait contenir plusieurs *capita*. Ce devait même être là le cas le plus ordinaire par suite de la disparition de la petite propriété dans tout l'Empire. Au reste, il devait être bien facile de tenir le *caput* au courant des variations de la propriété. Toutes les terres étant accompagnées de leur évaluation sur le registre du cens, il n'y avait qu'à les distribuer par groupes pour les faire rentrer dans la division par *capita*.

Le *caput* était estimé à mille *solidi;* mais était-ce d'après la valeur vénale de la terre, ou bien d'après une valeur de convention, calculée par exemple d'après la proportion du revenu net? C'était certainement d'après la valeur portée au cadastre; mais il est à peu près impossible de déterminer jusqu'à quel point cette valeur concordait avec la valeur réelle. On en est réduit aux conjectures. On pourrait peut-être conclure d'un passage d'Ammien Marcellin que le taux d'évaluation était bien au-dessous de la valeur réelle. Cet historien nous dit qu'à l'arrivée de Julien dans la Gaule cette province supportait un impôt de vingt-cinq *solidi* par *caput.* Ce serait une contribution de deux et demi pour cent, et si l'on considère qu'aujourd'hui ce chiffre absorberait presque tout le revenu foncier, qui atteint à peine trois pour cent, on est conduit à croire que le *caput* n'était qu'une unité conventionnelle.

L'on s'attache d'ailleurs généralement moins dans les cadastres à la valeur réelle qu'à la valeur proportionnelle des héritages. Nous savons par exemple qu'en Provence, où le droit romain survécut à l'Empire, la part d'impôts à supporter par la noblesse était répartie entre les fiefs ou terres nobles et seigneuriales d'après la valeur de chacune d'elles, valeur représentée par un certain nombre d'unités qu'on appelait des florins. L'ensemble de l'évaluation des fiefs constituait l'afflorinement. Chaque fief était imposé proportionnellement au nombre de florins qui exprimait sa valeur; mais le florin n'était plus depuis longtemps en Provence une monnaie de compte, ni une monnaie ayant cours. Ce n'était plus qu'une mesure commune servant à estimer le prix et le revenu de chaque fief. Ne serait-il pas possible que les *solidi*, dit-on, aient rempli un office semblable? Loin de les prendre dans un sens littéral et selon leur valeur métallique, ne faudrait-il pas les considérer comme des valeurs de convention, des étalons servant d'instruments pour opérer la répartition des impôts?

M. Giraud a donné à l'opinion contraire l'appui de son incontestable autorité. La détermination d'un revenu net, disait-il, il y a une trentaine d'années, à l'Académie des sciences morales et politiques, pour l'assiette de l'impôt, est une idée moderne; elle est incompatible avec l'esprit des institutions antiques; elle suppose des combinaisons économiques inconnues aux anciens, et une prévoyance administrative qui n'était pas dans les tendances du gouvernement impérial. L'impôt foncier, qui n'est plus aujourd'hui qu'une faible partie du revenu public, le constituait presque en entier chez les Romains. Le véritable propriétaire, c'était l'Empire; les citoyens n'étaient que des colons, des usagers payant une redevance à l'État. Ainsi l'impôt était perçu sur le revenu brut, tant qu'il consista en prestations en nature. Lorsqu'il devint une contribution en numéraire, la base de la perception ne fut plus le produit du fonds, mais la valeur foncière de la terre elle-même. Aussi voyons-nous l'estimation foncière des *capita* servir de base à la perception de l'impôt. Cette estimation d'ailleurs était fixée à la valeur vénale, comme le prouvent les détails dans lesquels on entrait dans la *professio censualis;* et il était impossible que le cadastre indiquât autre chose que la valeur vénale, car il était tout à la fois registre des mutations et cadastre proprement dit : sa destination était de constater l'état de la conquête en même temps qu'il servait de base au recouvrement de l'impôt. On peut ajouter aux paroles du savant professeur que l'impôt de deux et demi pour cent n'était peut-être qu'une exaction passagère, une sorte de contribution extraordinaire supprimée par Julien ; que du reste les empereurs en étaient venus à imposer des sommes énormes, sauf à percevoir ce qu'ils pouvaient ; que, si la valeur cadastrale ne concordait pas avec la valeur réelle, on ne s'expliquerait guère la pénalité terrible qui atteignait les fausses déclarations, pas plus que les vérifications opérées par le fisc. Nous penchons vers ce dernier système [1].

1. Voir aussi M. Serrigny, *Droit public des Romains*, II, p. 86.

CHAPITRE III

Recensement.

Pour former les *capita*, bases de la répartition de l'impôt, il était nécessaire de se rendre un compte exact de la valeur des propriétés de chaque contribuable. C'était l'objet des recensements que l'on renouvelait de temps à autre, soit pour corriger les erreurs qui avaient pu être commises lors de leur confection, « *vitia priorum censuum editis novis professionibus evanescunt*[1], » soit pour y introduire les modifications qu'exigeaient les circonstances nouvelles. On pourrait croire que ces rectifications se faisaient isolément sur chaque immeuble, soit sur la réclamation du propriétaire surchargé, soit d'office, à l'occasion d'un changement survenu dans l'état des choses ; mais de plusieurs constitutions impériales et notamment de la loi 5. *C. Th.*, *De censibus*, il résulte clairement que de temps en temps tous les immeubles sans exception étaient cadastrés de nouveau.

Il paraît que du temps d'Ulpien ce renouvellement avait lieu régulièrement tous les dix ans ; c'est du moins ce qu'on peut induire de son assertion qu'on ne considérait comme terres arables, ou comme prairies, que les fonds employés en cette qualité pendant les dix dernières années, c'est-à-dire vraisemblablement depuis le dernier cens. Plus tard, on adopta une période de quinze ans. Nous n'avons à la vérité aucun témoignagne historique sur ce dernier point,

---

1. *Dig.*, 1. 2. *De censib.*

mais seulement de fortes présomptions tirées, comme on le verra plus loin, de l'usage chronologique des Indictions.

Les opérations du cens étaient effectuées par des fonctionnaires spéciaux que l'on nommait *censitores* (χηνσιτορες), de la mission qu'ils remplissaient.

Pour établir la valeur des propriétés, ils avaient d'abord recours aux déclarations des propriétaires intéressés.

Nous avons exposé au chapitre ıv du livre Ier les raisons qui nous faisaient repousser l'opinion d'après laquelle le cadastre aurait été assis sur un arpentage général par parcelles. Il ne nous a pas paru possible que cette opération ait pu atteindre tous les biens-fonds compris dans le monde romain ; aux arguments que nous avons alors invoqués, on pourrait joindre le texte d'un ancien jurisconsulte [1], publié en 1572 par Pithou, duquel il résulte que le cens se réduisait dans les provinces aux déclarations des contribuables. La table d'Héraclée, que nous avons également citée, en constatant que le recensement devait être opéré dans l'espace de soixante jours, exclut bien toute idée d'arpentage parcellaire. Au surplus, elle ne parle que d'une déclaration sous serment.

Cette déclaration (*professio*) devait être faite par le propriétaire au lieu de la situation des immeubles et contenir de grands détails : 1° le nom du propriétaire, *nomen ;* 2° la subdivision administrative, *civitas ;* 3° le canton ou lieu dit, *pagus ;* 4° la désignation du fonds et ses confins ; 5° sa nature, telle que champs, vignes, etc., etc. ; 6° sa contenance ; 7° son revenu pendant les dix années précédentes ; 8° sa valeur estimative, donnée par le déclarant ; 9° les plantations conservées ou détruites, et les causes qui avaient amené leur destruction [2]. On ne comptait comme champs labourables et prairies que les terres qui avaient été employées à cet usage pendant les dix dernières années. Quant à l'estimation, elle était basée sur la classe dont le fonds faisait partie, c'est-à-

---

1. Pithou, *Jurisprudentia antejustinianea*, t. I, p. 392.
2. L. 4, *De censibus, Dig.*

dire qu'on énonçait si le fonds était de première, de deuxième ou de troisième classe, selon sa qualité. Les ports et les lacs devaient être ausi déclarés ; enfin le propriétaire devait faire connaître s'il avait un fermier, faute de quoi, il était lui-même porté sur les registres et tenu directement de l'impôt.

Lorsque le propriétaire avait fait sa *professio*, le *censitor* se livrait à un examen rigoureux pour en contrôler l'exactitude, — *inquisitio*, — en s'aidant comme point de comparaison des énonciations inscrites sur la matrice cadastrale ancienne. Si la déclaration paraissait exacte au *censitor*, il l'admettait sans qu'il fût nécessaire de recourir à un arpentage, sinon il procédait à une vérification. Dans ce cas, tous les moyens étaient bons pour découvrir la valeur réelle du fonds. Les besoins croissants du trésor de l'empereur, le mauvais vouloir et les fraudes des contribuables accablés d'impôts conduisirent le fisc à des rigueurs excessives. Ainsi on s'enquérait auprès des colons et des intendants de l'étendue et de la fertilité de chaque domaine, on les encourageait à contredire les déclarations des propriétaires, on allait même jusqu'à leur demander de dénoncer sous la foi du serment l'importance de la fortune de leurs maîtres [1].

Ces mesures ne parurent pas suffisantes. Pour mieux assurer la sincérité des *professiones*, on créa une action dont le but était de punir les propriétaires qui fraudaient le fisc. D'après cette *fraudati census accusatio*, les *censitores* jouissaient d'un privilége exorbitant ; non-seulement ils pouvaient faire mettre des esclaves à la torture, ce qui malheureusement était le droit commun de Rome ; mais la matière des impôts forme un des trois cas où, par exception, le témoignage des esclaves était admis contre le maître [2]. L'esclave même, qui avait eu connaissance de la fraude, encourait la peine capitale s'il ne la divulguait point [3]. Le propriétaire n'était pas mieux traité : s'il coupait des arbres ou arrachait des vignes pour diminuer ses

1. *C. Th.*, l. 2, *De censibus.*
2. Dans les cas de lèse-majesté, d'adultère, de fraude au fisc.
3. *Dig.*, l. 1, § 28, *De quæstion.*

impôts, il pouvait être frappé de la confiscation de tous ses biens et même de mort. Justinien abolit ces lois barbares ; mais, au lieu d'établir un mode de répression proportionné au délit, il abandonna complétement la peine à l'arbitraire du juge [1].

S'il y avait contestation entre le *censitor* et le propriétaire, au sujet de la contenance et des limites du fonds déclaré, on avait alors recours à un arpentage parcellaire. Les *agrimensores* étaient chargés de ce travail. Ces *agrimensores* qui, dans les premiers temps de Rome, avaient un caractère sacerdotal, formaient une corporation nombreuse et respectée, et reçurent même de Théodose le Jeune le nom et le rang de *spectabiles* [2]. Ces géomètres recevaient pour honoraires un *aureus* (15 fr. 11 c.) par centurie, sans compter les frais de voyage, *pulveratica*, quand il ne fallait que calculer la contenance ; s'il s'agissait de tracer des limites, ils avaient droit à un *aureus* par douzième de la terre limitée. Le salaire était une charge du fonds et devait être acquitté par le propriétaire, quel qu'il fût. — A l'imitation des jurisconsultes, les *agrimensores* avaient ouvert des écoles, et les étudiants mêmes étaient qualifiés de *clarissimi*.

Les écrits des *rei agrariæ auctores* qui nous sont parvenus contiennent de curieux détails sur les procédés de ces *agrimensores*. Nous y voyons que, comme le font aujourd'hui nos géomètres, ils prenaient les points culminants pour points de repère de leur triangulation. L'instrument dont ils se servaient pour leurs travaux était analogue à notre graphomètre et se nommait *machinola*. Mais comme les textes disent aussi que l'on marquait les limites des propriétés par des bornes de couleur différente, on en a conclu que le cadastre était basé sur un arpentage parcellaire. Nous persistons à repousser cette opinion. Les *agrimensores*, en effet, n'étaient pas seulement employés au cadastre, ils étaient aussi appelés par les citoyens pour faire les abornements des propriétés, quelquefois même

1. *C. J.*, l. 2, *De censibus.*
2. Voir Goesius, p. 343.

choisis par les parties pour arbitres dans les contestations en
bornage, ou souvent désignés par l'État pour établir les
limites des *agri quæstorii* ou des *agri assignati*. C'est à toutes
ces opérations que se rapportent les textes d'où l'on prétend
conclure à un arpentage général de tout l'Empire.

Après avoir contrôlé les déclarations des propriétaires,
les *censitores* débattaient contradictoirement avec eux ce qu'on
appelait le *modus census*, c'est-à-dire l'évaluation cadastrale
du champ recensé[1]. Il était permis d'admettre, dans cette fixation, des tempéraments d'équité[2] ; le *censitor* pouvait, par
exemple, dégrever le contribuable qui, depuis le dernier cens,
n'avait pu jouir de sa propriété par suite de certaines causes
déterminées, telles qu'inondation, tremblement de terre, etc.[3].
En Égypte, par exemple, après les crues du Nil, on imposait
une surcharge proportionnée à ce dont les propriétés s'étaient
accrues et on accordait un dégrèvement en rapport avec la
diminution qu'elles avaient subie. On n'inscrivait point au
cens les arbres ou les vignes qui avaient péri, mais on y
comprenait ceux que le propriétaire avait coupés, à moins
qu'il ne justifiât d'une cause légitime.

Cette faculté de modérer le cens, excellente en principe,
puisqu'elle permettait de prendre en considération les circonstances malheureuses et les cas fortuits, ne tarda pas à devenir, comme beaucoup d'institutions romaines, par suite de la
vénalité des fonctionnaires, une source de vexations et d'ini-
quités. Les *censitores* se faisaient payer par les contribuables
pour leur accorder une modération dans l'évaluation ou pour
passer sous silence certaines parties des fonds cadastrés. Le
poids de l'impôt retombait alors plus lourdement sur les propriétés voisines. Les empereurs cherchèrent à réprimer ces
fraudes par des peines sévères. Le *censitor* concussionnaire

---

1. L. 2, *C. Th.*, *De censit.*
2. Saint Basile, lettre CCCLIII, demande à un *censitor* de diminuer le cens
d'une maison.
3. *De alluv. C. J.*, l. 2.

pouvait être poursuivi devant le *Rector provinciæ*[1]. Les peines encourues étaient la perte de la dignité, la confiscation des biens[2], la restitution au double du salaire reçu de l'État et au quadruple de l'argent extorqué aux contribuables. Mais il paraît que ces mesures furent impuissantes à arrêter ces abus, qui se reproduisaient dans toutes les branches de l'administration du Bas-Empire.

Le pouvoir des *censitores* n'allait cependant pas jusqu'à leur permettre d'arrêter le *modus census* de la terre sans en appeler les propriétaires aux opérations du cens. Ceux-ci trouvèrent dans ce principe un expédient précieux pour se soustraire aux exigences du fisc. Ils quittaient leur domicile et se cachaient après avoir eu soin de révoquer les intendants et d'éloigner les colons qui auraient pu fournir des renseignements[3]. Les *censitores* se trouvaient alors dans l'impossibilité d'accomplir leur mission. Pour remédier à cette fraude, Théodose permit au *censitor*, dans de pareilles circonstances, d'arrêter seul le *modus census* de la terre dont le propriétaire ne se présentait pas. Il est probable que cette mesure n'eut aucun effet, car nous trouvons une disposition analogue à celle de Théodose reproduite dans le Code de Justinien.

Quand l'état de toutes les propriétés avait été ainsi débattu, vérifié, arrêté, le cens était clos, *clausus*, dit la loi 5 au Code Théodosien, *De censu.* Dès ce moment, l'évaluation cadastrale était fixée et il n'était plus permis aux contribuables de modifier leurs déclarations. Les *professiones* des propriétaires ainsi contrôlées par les commissaires du recensement étaient reproduites sur les tables du cens, « *libri censuales, publici; polyptica; encautaria civitatum ; vasaria publica ; censuales paginæ*[4]. » Comme l'aveu du propriétaire était la chose principale et que l'examen, *inquisitio*, du *censitor* n'était destiné

---

1. L. 4, 7, 10. *De censit., C. Th.*
2. *Ibid.*
3. *C. Th.*, 1, 2, *De censit. C. J.*, l. 3, *De censit.*
4. L. 14, *C. Th. De Ann.* L. 8, *C. Th., De censu.* L. 2, *C. Th., De discus.* L. 13, *De indulg.* L. 8, *C. Th., De censu,* etc.

qu'à en assurer l'exactitude, on désignait sous le nom de *professio censualis* l'état de la terre contrôlé, modifié et inscrit définitivement sur les tables du cens. Toutes les propriétés, soit qu'elles appartinssent à l'État [1], aux municipes ou aux particuliers, soit qu'elles fussent désertes ou cultivées, y figuraient avec les détails que nous avons rapportés. Les terres du domaine public qui étaient restées en excédant d'un partage figuraient aussi sur les tables : on les appelait *subseciva*. Hyginus paraît même indiquer qu'on dressait une table séparée de ces *subseciva*, afin que l'empereur pût toujours savoir, sans recourir aux immenses volumes du cens, le nombre des centuries qui pouvaient faire l'objet de concessions [2].

Toutes ces énonciations étaient gravées sur des tables de cuivre [3], comme les constitutions impériales elles-mêmes. Un exemplaire était déposé aux archives de l'Empire, tandis qu'il en restait un dans le municipe et que le troisième était envoyé au chef-lieu de la province [4]. On peut même supposer, d'après les textes des Codes de Théodose et de Justinien, que les exemplaires de métal, gênants, volumineux et pesants, finirent par disparaître de la pratique journalière, et que d'autres procédés, tels que la transcription sur toile de lin ou l'écriture à l'encaustique, — *encaustum*, — leur furent substitués pour la commodité des opérations [5].

Le cens inscrit sur les tables était dit *renuntiatus;* mais, même quand le cens était *clausus* et *renuntiatus*, il n'était pas définitif. Les particuliers qui se croyaient surchargés par les évaluations avaient un délai pour attaquer, devant le juge de la province, le *censitor* qui les avait taxés injustement ou le contribuable qui s'était fait décharger à leur préjudice. S'ils obtenaient gain de cause, il leur était accordé une rectification

---

1. *C. Th. De local. fund.*, l. 7. L. 5, *C. Th.*, *De censit.* L. 9, *C. J.*, *De fund. patrimon.*
2. *C. Th.*, *De indulg.*, l. 13.
3. Hyginus.
4. *C. Th.*, l. 8, *De censu.*
5. *C. Th.*, *De aliment.* Tite-Live, liv. IV, chap. xx. *C. Th.*, l. 1, *De veter·* L. 4, *De extraord.* L. 1, § 1, *De colleg.*, *C. Just.*

du *modus census*, qui avait pour résultat de faire inscrire au nom des autres contribuables une valeur en rapport avec leur patrimoine. Comme il importait que les opérations du cens ne restassent pas en suspens, cette action se prescrivait par un laps de temps d'un an au plus [1], qui courait du jour où les tables du cens avaient été adressées au Préfet du prétoire.

Ce haut fonctionnaire devait en effet donner son approbation au cens; c'est du moins ce qu'on peut conclure de l'ensemble des textes. Les Préfets du prétoire avaient la surveillance de tout ce qui touchait à l'impôt, et nous voyons que presque toutes les lois *De censu* et *De censitoribus* leur sont adressées; il est probable que les opérations n'étaient parfaites que lorsqu'elles avaient été examinées et confirmées par eux. De plus, il n'est nullement douteux que les actes des *peræquatores* et des *inspectores* ne dussent être approuvés par les Préfets du prétoire [2]. Or les *peræquationes* n'étaient, comme nous le démontrerons, que des cens restreints et partiels; si de pareils cens avaient besoin de la confirmation des Préfets du prétoire, à plus forte raison devait-il en être ainsi pour le cens général. Les Préfets du prétoire n'approuvaient d'ailleurs les actes du cens que lorsque toutes les contestations et réclamations avaient été vidées.

Le cens devait enfin être sanctionné par l'empereur.

Lorsque les tables du cens avaient ainsi reçu force exécutoire, il était nécessaire de les tenir au courant des mutations des propriétés, afin de transporter la cote de l'ancien propriétaire au nouveau [3]. Cette mutation, à Rome et à Constantinople, était faite dans les bureaux du *Magister census*, où avait lieu aussi l'insinuation des donations et des testa-

1. Const. de Théodose en 393. — Les mineurs, les absents pour le service de l'État avaient un an, à partir de leur retour ou de leur majorité.

2. L. 10, *De censitor. C. Th.*

3. « *Quisquis rei alienæ quoquo modo dominum consequitur, statim pro ea parte qua possessor fuerit effectus censualibus paginis nomen suum postulet adnotari, ac se spondeat soluturum ablataque molestia de auctore in succedentem capitatio transferatur.* » L. 5, *C. T., De censu.* Nov. 17, c. 8.

ments [1]. Dans ces deux villes, le *Magister census* avait sous ses ordres les *Censuales* et était soumis lui-même à l'autorité du *Præfectus urbis*. Dans les provinces, il n'y avait pas de *Magister census* ; les employés, les *Censuales*, étaient placés sous les ordres des magistrats locaux [2].

1. L. 4, *C. Th.*, *De test.*
2. Nov. 128, c. 1.

CHAPITRE IV

Péréquations.

Il ne faut pas attacher au mot de péréquation la signification que nous lui donnons aujourd'hui. Nous entendons par
là, en effet, la fixation du rapport ou de la proportion qui
existe entre la masse totale du revenu imposable des biens-
fonds situés sur le territoire d'une commune avec la masse
du même revenu des autres communes d'un même canton et
ensuite de toutes les communes d'un département. La péréquation cadastrale romaine était au contraire une révision,
une correction (*retractatio*), un redressement (ἐπανόρθωσις) destiné à faire disparaître les inégalités qui, par fraude, négligence ou faveur, avaient pu se glisser dans le cens. Ces péréquations paraissent avoir été fréquentes, mais elles n'avaient
pas lieu à des époques fixes. On y avait recours lorsque le
besoin s'en faisait sentir, soit que les terres portées à une évaluation exagérée ne pussent plus payer l'impôt, soit que les
curies et les provinces adressassent des réclamations [1]. La
péréquation n'étant que la révision du cens, toutes les opérations d'arpentage, d'estimation et de classement des propriétés recommençaient devant le *peræquator*. « *Peræquator
nihil est aliud quam retractator census,* » dit Godefroy. Il
recevait de nouveau les déclarations des particuliers et fixait
l'évaluation cadastrale d'une manière plus équitable, en tenant

---

1. C. Th., 1. 12, *De censit.* 2, 3, *De præd. senat.* L. 13. C. J., *De ann.*

compte des ressources véritables des propriétés [1]. Il devait aussi veiller à ce que les immunités ne fussent pas usurpées.

Comme les *censitores*, les *peræquatores* avaient obtenu le droit d'agir hors de la présence des parties intéressées. Leurs fonctions étaient, du reste, pleines de difficultés. Le fardeau de l'impôt devenu intolérable, la manière inique dont se faisaient les évaluations cadastrales, qui exagéraient la valeur de la terre, forçaient les propriétaires à prendre la fuite, pour éviter une charge écrasante. Dans ce cas, il ne pouvait guère être question de poursuites qui n'auraient rien produit dans l'exécution. Il fallait, au contraire, procéder à un examen scrupuleux des ressources du fonds, et effacer des registres du cens ce qu'il était matériellement impossible d'exiger [2].

Après ces défalcations, on s'efforçait de connaître les maîtres ou leurs héritiers et d'inscrire la terre en leur nom. Pour cela, on se livrait à une enquête [3] et des édits avertissaient les propriétaires qu'ils eussent à se présenter dans le délai de six mois [4]. S'ils ne le faisaient point, ou si leur insolvabilité était alors constatée, ils perdaient leur droit sur la propriété [5]. La fiscalité prenait alors la place du droit privé et le *peræquator* pouvait décerner une *addictio*, c'est-à-dire attribuer la propriété à un tiers, privilége ordinairement réservé aux magistrats de l'ordre judiciaire. Mais on suivait un certain ordre pour cette attribution de la propriété. Celui qui, soit à l'insu, soit du consentement du maître, s'était mis en possession de la terre abandonnée, était préféré [6]. A défaut d'un détenteur, on cherchait un individu solvable qui voulût bien s'en charger. Le propriétaire avait encore un délai de deux mois, qui fut même porté à six, par les lois 7, *C. J.*, *De censit.*, et 11, *De*

---

1. *C. Th.*, l. 12, *De censit. Dig.*, l. 2, *De cens.*
2. *C. Th.*, l. 12, *De censit.*
3. Nov. 128, c. 7, 8. L. 13, *C. J.*, *De omn. agr.*
4. *C. J.*, l. 11, *De omni agr.*
5. *Ibid.* et l. 2, *De fund. rei privatæ.*
6. *C. J.*, l. 7, 8, 9, 10, 11, 14, *De omni agro.*

omni agro, pour rentrer dans sa propriété, en remboursant au possesseur la valeur des améliorations qu'il avait faites sur le fonds. A l'expiration de ce terme, avec lequel s'évanouissaient aussi les droits de gage et d'hypothèque, la propriété était définitivement consolidée entre les mains de celui auquel le *peræquator* l'avait attribuée [1]. Ce nouveau propriétaire était dispensé, à titre d'encouragement, de tout impôt pendant deux ou trois ans et tenu quitte des contributions arriérées [2].

Si personne ne consentait à se charger du fonds abandonné, on dressait acte, devant le juge de la province, de la qualité et de l'état du domaine, ainsi que de tout ce qu'il contenait, puis on l'inscrivait d'office au nom des *curiales*, qui en étaient désormais responsables et en supportaient les charges [3]. Les intérêts du fisc étaient ainsi sauvegardés au détriment des curies, qui pouvaient, si bon leur semblait, trouver un propriétaire au fonds désert, mais qui n'y réussissaient guère, sans doute, car nous trouvons un grand nombre de textes qui les montrent demandant sans cesse des inspections, des remises, des modérations, et se plaignant d'être écrasées par la masse des fonds mise à leur compte. Si les curies étaient elles-mêmes insolvables, ce qui devait arriver quelquefois avec un régime pareil, le fisc avait, en dernier ressort, recours à l'*adjectio* ou ἐπιβολή, espèce d'accroissement forcé, imposé aux propriétaires voisins du fonds désert. La Novelle 128, c. 7, donnerait même lieu de croire qu'à l'époque de Justinien, au lieu de passer par toutes ces attributions successives, on avait recours directement à ce dernier système. Nous en parlerons longuement au chapitre suivant.

Les actes des péréquateurs étaient soumis au contrôle des Préfets du prétoire et pour être obligatoires devaient être revêtus de la sanction impériale.

---

1. Nov. 128, c. 6.
2. *C. Th.*, l. 12, *De censit.*
3. *C. J.*, *De omni agro.*

CHAPITRE V

Inspections.

Avec les *peræquationes* ou révisions du cadastre, on employait aussi pour égaliser les charges entre les contribuables une deuxième opération, nommée *inspectio*, qui, à en juger par les textes nombreux des Codes de Théodose et de Justinien, devait être souvent répétée.

En effet, la fréquence des révolutions politiques et le manque de sécurité, les exactions des fonctionnaires impériaux, la crise économique dont témoignent les lois de Dioclétien sur le maximum, l'aggravation énorme des impôts semblaient s'unir pour rendre les charges de la vie civile intolérables aux possesseurs de biens. On eut alors un singulier spectacle. La terre pour la première fois se vit répudiée par son propriétaire, et ce fut en quelque sorte à qui ne posséderait rien pour n'avoir rien à payer. A chacune des pages du Code, il est question de terres qui n'ont pas de maîtres. C'est en vain que l'empereur les offre tantôt aux Romains, tantôt aux Barbares, personne ne veut de ces largesses intéressées. D'autre part, un grand nombre de propriétaires laissaient leurs champs en friche. Cette augmentation incessante des terres incultes finissait par créer une charge écrasante pour les propriétés cultivées, sur qui retombait tout l'impôt.

Les plaintes à cet égard étaient continuelles, et l'empereur ainsi que les administrateurs des provinces en étaient assaillis [1]. C'était ordinairement quand les réclamations devenaient trop vives qu'on se décidait à procéder à une *inspectio*, c'est-à-dire à envoyer sur les lieux des inspecteurs, sorte de commissaires extraordinaires chargés de contrôler et de réviser les opérations des péréquateurs. Ces inspections avaient lieu non-seulement sur la demande des contribuables, provinces, cités, ou même simples particuliers, mais elles pouvaient même être ordonnées d'office par les magistrats. Les inspecteurs ne se bornaient pas à visiter les propriétés, à entendre les plaintes, en un mot, à instruire les affaires et à faire leur rapport à l'autorité supérieure, ils agissaient et statuaient eux-mêmes, en vertu des pouvoirs qui leur étaient délégués par le Préfet du prétoire. Leurs fonctions, quoique pouvant s'étendre à une province entière, étaient cependant un peu plus que celles des *peræquatores*, puisqu'elles avaient spécialement pour but de remédier à l'augmentation des fonds déserts.

Pour obtenir ce résultat, ils employaient deux opérations qui jouent un grand rôle dans le système financier des Romains, et dont les *censitores* et les *peræquatores* faisaient aussi usage, mais un peu plus rarement : la *compensatio* et l'*adjectio* ou ἐπιβολή.

La *compensatio* consistait à faire la masse de tous les fonds déserts et de tous les fonds fertiles et à calculer sur ce total le revenu cadastral. Il fallait pour cela commencer par exécuter le recensement soit de tout le territoire s'il s'agissait d'une cité, soit de la fortune foncière tout entière s'il s'agissait d'un particulier [2]. Après cette première opération où l'*inspector* avait un rôle analogue à celui du *censitor* ou du *peræquator*, et pendant laquelle il rectifiait s'il y avait lieu l'arpentage et l'évaluation cadastrale des parcelles, on faisait compensation de toutes les terres cadastrées, soit fertiles, soit

---

1. L. 2, 12, 13, *De indul.* L. 10, 31, 33. *De ann.* L. 3, 8, 14, 16. *C. Th.*, *De censit. C. Th.*

2. L. 3, 14, *De censit. C. Th.*

stériles, et l'on voyait si le revenu présumé de la masse prise en bloc était exagéré ou non. Dans le premier cas, on le réduisait à la somme que paraissait donner la masse totale des fonds inspectés; si au contraire les fonds fertiles produisaient assez pour compenser le déficit des fonds stériles, le revenu cadastral était maintenu et la demande rejetée [1].

La *compensatio* était obligatoire, c'est-à-dire qu'il était interdit de restreindre l'*inspectio* aux fonds stériles. La fiscalité romaine avait même tiré du principe de l'indivisibilité de l'hérédité, proclamé par le droit civil, cette conséquence que l'héritier d'une succession comprenant des terres cultivées et des terres incultes n'avait pas le droit de demander une exemption pour ces dernières. Le seul moyen qu'il eût de se soustraire à ces charges était d'abandonner l'hérédité tout entière, même mobilière [2]. On n'accordait de décharge ou d'allégement qu'à ceux qui ne recueillaient que des immeubles totalement incultes [3].

Dès qu'un patrimoine avait été l'objet d'une compensation, il n'était plus permis d'élever des réclamations au sujet des terres désertes [4], et ce n'était que dans des cas tout à fait exceptionnels que les empereurs accordaient soit une nouvelle inspection, soit le bénéfice de rescision [5]. Il en résultait que, la *compensatio* une fois établie, toute vente au détail dans laquelle on n'avait pas le soin de faire entrer en proportion égale des terres fertiles et des terres incultes devait avoir pour effet de compromettre le recouvrement de l'impôt, puisque la redevance par arpent était calculée d'après la valeur du lot tout entier. C'est en effet ce qui arrivait fréquemment. Les propriétaires pour se soustraire à l'impôt vendaient tous leurs champs fertiles à ces riches et puissants personnages qu'on nommait *Potentes*, et ne gardaient

1. L. 10, *C. Th.*, *De ann.* L. 34. *De censit.* L. 31, *De ann. C. Th.*
2. *C. Th.* 1. 17, *De ann.*
3. L. 14. *C. Th.*, *De censit.*
4. *C. Th.*, 1. 14, *De censit.* L. 12, *De indulg.*
5. *C. Th.*, 1. 16, *De censit.*

que les fonds incultes [1], de telle sorte que le nerf des forces de l'impôt, pour nous servir de l'expression du Code Théodosien [2], étant enlevé (*succisis virium nervis*), l'État ne trouvait devant lui que des débiteurs insolvables.

Pour remédier à ces abus, une idée toute simple se présenta alors, c'était d'obliger ceux qui achetaient de bonnes terres à prendre une part correspondante des mauvaises. Ce n'était là que l'extension d'un système que les empereurs avaient imaginé pour déjouer des fraudes analogues qui se commettaient en matière de concessions emphytéotiques. Il arrivait en effet souvent dans ces concessions qu'un même contrat comprît des biens de diverses qualités, les uns fertiles, les autres improductifs. Comme l'adjudication se faisait à raison de tant par jugère, les gens riches cédaient à des pauvres les terres improductives chargées d'un cens égal aux terres fertiles qu'ils conservaient. Ce calcul devenu fréquent avait créé de nombreux embarras au fisc pour le paiement des redevances emphytéotiques et des impôts à raison de l'insolvabilité d'un grand nombre de ses redevables ; aussi les empereurs finirent-ils par ordonner qu'on réunît les fermages et les impôts des terres stériles aliénées aux fermages et aux impôts des terres fertiles conservées aux mains des détenteurs des biens patrimoniaux ou emphytéotiques [3], lorsque toutes ces terres provenaient d'une même concession, *ex eadem substantia* [4]. C'est cette solidarité particulière, qui, sous le nom d'ἐπιβολὴ, était imposée aux détenteurs des biens du fisc, qu'on imagina d'appliquer à tous les fonds originairement possédés par un même propriétaire.

Mais si l'ἐπιβολὴ, ou adjection forcée, se comprenait facilement en ce qui concernait le paiement des fermages d'une même concession emphytéotique, comme conséquence de

1. *C. Th.*, l. 4, *De ann.* L. 8, *De censit.*
2. *C. Th.*, l. 4, *De ann.*
3. *C. Th.*, l. 2, *De omn. agro desert.* Nov. 166.
4. *C. J.*, l. 10, 12, *De omn. agro.* Voir M. Serrigny, *Droit public de Rome*, t. II, p. 55 et ss.

l'hypothèque tacite que le fisc avait pour l'exécution de ses contrats, on ne pouvait l'étendre au paiement de l'impôt sans violer la règle du droit commun suivant laquelle la contribution foncière frappe le détenteur actuel de la chose imposée, mais ne remonte pas à ses auteurs, et ne réfléchit pas contre ses voisins. C'était en même temps porter une grave atteinte à la liberté des contrats. Au point de vue économique, les conséquences en furent désastreuses. Ce système arbitraire alla jusqu'à prendre une extension si menaçante pour la fortune publique que les empereurs se virent forcés d'en restreindre l'emploi [1].

D'après ce que nous avons déjà dit, on voit que l'ἐπιβολή consistait à imposer en masse les biens possédés par un même propriétaire dans une même localité, en réunissant les fonds stériles aux fonds fertiles, de telle sorte qu'en cas d'aliénation des fonds stériles par le propriétaire, qui conservait les fonds fertiles, le fisc pût lui réclamer les impôts des fonds stériles, si ceux-ci étaient abandonnés par le détenteur, ou s'il était insolvable. Cette espèce de solidarité réelle s'appliquait aux fonds possédés originairement par un même propriétaire, aux fonds *ex eadem substantia*, et par là il faut entendre, d'après Cujas, les biens des cohéritiers, des associés, ou des possesseurs inscrits conjointement sur les livres du cens, c'est-à-dire les biens formant un article unique sur la matrice cadastrale [2].

Cujas [3] et Godefroy [4] ont prétendu que les biens auxquels s'imposait l'*adjectio* provenaient d'une même concession de biens domaniaux, comme cela avait lieu quand il s'agissait d'établir une solidarité du même genre pour les redevances emphytéotiques. Leur opinion a été combattue par M. de Savigny

---

1. *C. Th.*, l. 31, *De ann.* L. 186, *De decur. C. J.*, l. 2, 16, 17, *De omni agro.*
2. « *Ejusdem substantiæ possident bona coheredes, et socii et possessores, qui eodem domino canonem pensitant, vel qui in tabulas censuales conjunctim referentur.* » Cujas, ad Nov. 17, c. 14, et Nov. 166.
3. Observ. 30.
4. *Ad* l. 4, *C. Th., De ann.*

qui se fonde avec raison : 1° sur le rapprochement des Constitutions 10 et 11 *De omni agro*, où les mots *ex eadem substantia* sont synonymes de ceux-ci : « *ex iisdem bonis quæ retinentur;* » 2° sur la Novelle 128, où ces fonds sont appelés *conserva, contributoria*, c'est-à-dire réunis dans une assiette collective d'impôts, et où l'on parle d'un propriétaire « *cujuscumque possessionis* », sans faire allusion à une concession primordiale de biens domaniaux ; 3° sur un système identique de la Novelle 17 qui permet aux curiales et aux censiteurs de refuser d'opérer la mutation sur la matrice cadastrale, si l'acquéreur leur paraît peu solvable, sans que cette disposition soit restreinte aux biens emphytéotiques [1].

L'adjection ne frappait les fonds que dans un certain ordre. Ainsi, on commençait par joindre les terres abandonnées aux terres voisines, puis à celles du même territoire, et s'il ne s'en trouvait pas du même territoire, à celles d'un autre territoire. On tenait compte aussi des difficultés que l'éloignement des deux fonds ainsi réunis entraînerait pour l'exploitation [2], et si la terre qui supportait l'adjection n'était ni tout à fait fertile, ni tout à fait stérile, on accordait pour celle qu'on y ajoutait une exemption de deux ans [3].

Cet accroissement était obligatoire, et non-seulement l'*adjectio* était une véritable servitude à laquelle il n'était permis de se soustraire que par le délaissement de tous les champs de même origine, mais la *possessio* ajoutée ne devait plus être séparée de l'autre, et la seule ressource pour le propriétaire de la terre surchargée était le déguerpissement ou l'abandon de toute la propriété. Dans ce cas, on cherchait comme en matière de péréquation une personne qui consentît à prendre l'ensemble des champs abandonnés [4], et si l'on n'en pouvait trouver, ou s'il était impossible d'adjoindre tous ces fonds abandonnés à d'autres fonds de même origine, la masse

1. Serrigny, tome II, p. 160.
2. L. 7, *De omni agro. C. J.*
3. *Ibid.*
4. C. J., l. 1, *De omni agro.*

entière retournait aux anciens propriétaires, c'est-à-dire aux curies, s'il s'agissait de fonds communaux donnés à bail perpétuel [1], ou aux corporations, si c'était une corporation qui avait ainsi cédé sa propriété. Quand, au lieu d'être des fonds emphytéotiques, les terres que la surcharge faisait abandonner étaient des propriétés ordinaires, on les imposait aux curies, suivant la règle générale, et si les curies étaient trop pauvres pour les conserver, ou si elles ne pouvaient trouver à les placer, on avait encore recours à l'*adjectio* et on surchargeait tous les propriétaires du territoire [2]. On tournait donc continuellement dans un cercle vicieux qui commençait par une ἐπιβολὴ et finissait de même.

Le système de l'*adjectio* subit quelques changements sous Justinien. La Novelle 128, c. 7 et 8, transporte le droit de l'appliquer de l'inspecteur au juge de la province, sauf recours au préfet du prétoire. Si le vrai propriétaire a disparu ou s'il est insolvable, le juge imposera le fonds aux détenteurs des biens *conservi, contributorii*. — A défaut de propriétaires tenus de cette charge, acte sera dressé où seront constatés la qualité de la *possessio* et son état; puis le fonds sera inscrit au compte de la curie.

La Novelle 166 apporte quelques tempéraments à un état de choses devenu écrasant. Elle a pour objet d'établir un ordre plus équitable de l'*adjectio* sur les fonds de même origine. Elle vise le cas où un propriétaire meurt après avoir aliéné, *ex justa causa*, un ou plusieurs héritages, et laisse ses autres biens à ses enfants ou à d'autres héritiers qui aliènent eux-mêmes plusieurs champs de la succession. C'est un de ces champs qui devient stérile et donne lieu à l'*adjectio*. D'après notre Novelle, l'attribution du *prædium desertum* ne sera plus faite à tous les détenteurs de terres de même origine, mais à l'acheteur qui a traité avec les héritiers, s'il possède d'autres fonds et s'il est solvable. Dans le

---

1. *C. J.*, l. 7, *De omni agro.*
2. *Ibid.*, l. 1, *De omni agro.*

cas contraire, l'*adjectio* s'appliquera aux biens *ex eadem substantia* que possèdent encore les héritiers du défunt, et ce n'est que si ces biens ne peuvent supporter la surcharge que l'on remontera aux biens que le défunt a aliénés de son vivant. Ainsi, quand les divers possesseurs sont en état de solvabilité, les possesseurs antérieurs échappent à l'*adjectio*; et si les possesseurs sont de même ordre, la répartition se fait, non par égales portions, mais en raison de la fertilité des terres qu'ils détiennent. Enfin, d'après la Novelle 168, les terres situées à la ville ne subissent plus l'*adjectio* des biens campagnes. Malgré ces améliorations, le système n'en reste pas moins frappé d'un vice radical, et ce vice c'est le principe même de l'ἐπιβολή; car les lois ont beau faire, elles n'arrivent jamais à tirer de bons résultats d'une idée mauvaise.

Quand les *inspectores* avaient procédé aux opérations que nous venons d'indiquer, ils dressaient un rapport [1] qui rendait compte de l'état dans lequel ils avaient trouvé le territoire ou le patrimoine inspecté, et celui dans lequel ils l'avaient laissé après l'ἐπιβολή ou la *compensatio*. C'est d'après ce rapport, auquel les préfets du prétoire joignaient leurs observations [2], que l'empereur décidait. Si par la *compensatio* on avait reconnu qu'il ne pouvait y avoir lieu à aucune remise, le rescrit impérial ordonnait que l'impôt serait acquitté en entier ; dans le cas contraire, l'empereur accordait une *indulgentia*, c'est-à-dire réduisait d'une part *aliquote* la première évaluation. Quelquefois même on accordait une exemption complète, — « *absoluta et aperta levamenta*, » — ce qui arrivait par exemple si l'on ne trouvait pas de fonds pour supporter l'*adjectio*, et que les curies responsables en dernier lieu fussent épuisées. Ainsi la loi 2, *De indulg.*, *Cod. Théod.*, remet à la Campanie 528,042 *jugera*, et la loi 13 du même titre, 5,700 centuries à l'Afrique proconsulaire, et 7,615 centuries à la Bithynie. L'effet de ces exemptions était

---

1. *C. Th.*, l. 2, 3, *De indulg.* L. 31. *De ann.* C. J., l. 13, *De ann.*
2. L. 13, *De ann.*, *C. Just.*

de corriger l'évaluation cadastrale, de telle sorte que les
terres étaient portées sur les tables du cens comme ne produisant rien, et n'ayant, par conséquent, rien à fournir pour
l'impôt. Pour éviter que dans les répartitions subséquentes
on ne continuât à porter sur les rôles des terres dégrevées, et
que les *exactores tributorum* ne perçussent à leur profit des
impôts remis, toutes les décisions impériales qui portaient des
remises ordonnaient de détruire les *chartæ*, ou registres de la
répartition sur lesquels était inscrite la cote à payer par le
contribuable [1].

1. *C. Th.*, *De indulg.*, l. 10. L. 2.

CHAPITRE VI

**Nomination des agents du cens. — Observations sur
l'assiette de l'impôt romain.**

On peut conclure d'un certain nombre de textes que les
censitores, les *peræquatores* et les *inspectores* pouvaient être
nommés indifféremment par l'empereur [1], les préfets du
prétoire [2] et même les *rectores* des provinces [3]. Mais ces
derniers magistrats ne jouissaient pas d'une liberté absolue
dans le choix des agents du fisc : le droit de présentation
appartenait aux *numerarii*, une des classes d'employés que le
préfet et le recteur avaient au-dessous d'eux dans les provinces [4].

Les charges de censiteurs, péréquateurs et inspecteurs
étaient obligatoires, en vertu du principe qui avait prévalu
dans les lois romaines, que les citoyens devaient à la patrie
non-seulement leur argent, mais leurs talents et leur intelligence [5]. — « *Peræquatio omnibus necessaria est*, dit la loi 6,
Cod. Théod., *De censit.* » —Au reste, on avait le droit de présenter ses excuses au magistrat dont émanait la nomination,
et qui appréciait les motifs que l'on invoquait pour se faire
décharger de cette fonction [6]. Il nous en reste un curieux

1. L. 13, *C. J. De ann.*
2. *C. Th.*, 6, *De censit.* L. 1, *De primicerio et notariis.*
3. L. 11, *C. Th.*, *De censit.*
4. L. 11, *C. Th.*, *De privileg. eor.*
5. L. 1, 18, *Dig.*, *De mun et honor.*
6. Voir au *Dig.* les titres *De muner.*, *De excusat.*, *De jure immunit.*

témoignage dans la lettre CCLXXVIII de saint Basile. Il paraît qu'un *rector provinciæ* avait désigné comme *peræquator* un certain Helladius. Saint Basile s'adresse au préfet et le prie d'écrire au *rector* pour qu'il décharge Helladius de l'emploi qu'on lui a confié.

Les magistrats ne devaient appeler à ces fonctions, dont nous connaissons maintenant l'importance, que des gens sûrs et de bonne réputation, « *viri cogniti et probati* »[1]. On prenait presque toujours les agents du cens parmi les personnes qui avaient occupé des postes élevés dans l'administration romaine ; aussi Théodose leur donne-t-il le titre de *Spectabiles*[2]. Le plus souvent ils étaient *Comites* et même *Comites* de premier ordre[3].

Nous avons terminé l'exposition du mode d'assiette de l'impôt foncier dans l'Empire romain. Le premier fait qui frappe dans cette étude, c'est que l'unité règne sur toute l'étendue des possessions romaines. Cette unité mérite d'autant plus notre admiration qu'elle est sortie d'une plus grande diversité. Sans doute elle a été amenée par les nécessités financières qui ont accompagné l'établissement de l'Empire, bien plus que par le désir d'alléger le fardeau de l'impôt ; mais, quelle que soit la cause de la transformation, on ne doit pas moins constater son heureuse influence. L'institution du *caput* compléta le progrès réalisé par l'établissement de l'unité. Nous verrons au livre suivant qu'elle eut pour résultat de rendre plus uniformes, plus régulières, plus certaines, l'assiette et la répartition de la contribution. Le complément de cette organisation était le cadastre, qui permettait à l'État de connaître exactement les possessions de chaque contribuable, et les ressources qu'on en pouvait tirer ; ainsi il devenait facile de mesurer le fardeau aux forces destinées à le supporter. Les révisions et les recensements fréquemment

---

1. L. 6, *C. Th.*, *De censit*. Saint Basile, CCCLII, CCCLIII, *Lettres*.
2. *Agrimensores*, 343, édit. Goesius. L. 11. *C. Th.*, *De censit*.
3. L. 10., *C. Th.*, *De censit*.

renouvelés avaient pour effet de rectifier et de faire disparaître les erreurs qui avaient pu se glisser dans les premières opérations, et de tenir le cadastre au courant des variations que subissait la valeur des propriétés. Le *caput* était ainsi déterminé sur les mêmes bases dans tout l'Empire, et, grâce à la direction unique donnée à toutes les opérations du cens, avait la même valeur cadastrale correspondant partout à la valeur réelle dans les mêmes proportions.

La législation romaine s'était donc appliquée à mettre partout la contribution dans un rapport exact avec la valeur du sol, de telle sorte que la taxation pût être partout uniforme. Il ne faut pas se laisser abuser à cet égard par les plaintes déclamatoires de quelques écrivains de la décadence. Quand Lactance se plaint de ce que les agents de l'administration financière comptaient les mottes de terre et les arbres, il se plaint de ce qu'il y avait le plus à louer. Le plus grand mérite d'une administration financière et le plus grand bienfait que les peuples puissent en attendre, c'est l'attention à maintenir l'égalité. Le cens légué à l'Empire par la République, étendu successivement du territoire de Rome à toutes les provinces, embrassant dans une vaste enquête tous les éléments de la richesse foncière, était merveilleusement propre à réaliser cet idéal.

Ce n'est pas que ce système n'eût aussi ses imperfections. Le soin même que l'on apportait à la confection du cadastre n'était pas sans inconvénients. Les procédés des fonctionnaires avaient quelque chose d'inquisitorial qui devait blesser les populations. Puis il était de règle que chaque contribuable fît lui-même l'évaluation de sa fortune ; cette formalité libérale en apparence donnait lieu à un débat contradictoire entre le contribuable, qu'elle poussait à la fraude, et le fonctionnaire à la violence. Or ce conflit n'avait pas lieu en secret, dans un bureau ; il se produisait en public, au milieu de la foule rassemblée à cet effet, et tout entière intéressée au débat. Une telle manière de procéder faisait de l'opération du cadastre une véritable lutte entre la population et le gouvernement. Il n'est pas surprenant que dans ces jours-là, ainsi que le dit Lactance, on entendît résonner les coups et bruire les instruments de torture.

Mais tout cela disparaît devant les proportions grandioses d'une institution qui, par ses résultats pratiques aussi bien que par les difficultés et la grandeur de l'entreprise, peut être regardée comme une des plus belles créations du peuple romain, et que sur bien des points nous n'avons pu surpasser. Comment se fait-il donc qu'avec un tel instrument le fisc romain ait fini par devenir un véritable fléau pour les populations, et causé la ruine de la propriété foncière? Nous verrons plus loin comment le despotisme sans frein et sans limites des empereurs, la corruption des fonctionnaires, le manque de sécurité, les procédés arbitraires de toute nature influèrent sur l'organisation financière. A mesure d'ailleurs que les causes de décadence se faisaient plus sentir, les besoins de l'Empire devenaient plus grands et plus pressants. Il fallait plus d'argent, plus d'hommes, plus de moyens d'action de tout genre. On demandait davantage aux peuples et en même temps on s'occupait moins d'eux. Les contribuables furent à la fin écrasés sous le poids de charges incessamment accrues. Aussi la dernière partie du livre suivant nous montrera la ruine de ces institutions financières dont nous venons de signaler la sagesse et la grandeur.

LIVRE III

FIXATION ET RECOUVREMENT DE L'IMPOT

CHAPITRE PREMIER

Indiction.

Le vote de l'impôt par les contribuables, un des principes les plus importants sur lesquels reposent nos sociétés politiques modernes, ne fut jamais connu à Rome. Le mot même n'existe pas dans la langue fiscale des Romains. Le tribut est commandé, *imperatum;* édicté, *indictum*, mais non consenti [1]. C'est que le principe fondamental de tout le droit public romain était la souveraineté absolue de l'État. Ce que les Romains appelaient *Respublica* était une autorité maîtresse dont les pouvoirs n'avaient pas de limites. « L'esprit moderne, nous dit M. Fustel de Coulanges dans son remarquable ouvrage sur les institutions politiques de l'ancienne France [2], tout occupé de pensées qui ne furent jamais celles des anciens, est d'abord porté à croire que ce régime de la République avait été établi dans l'intérêt de la liberté. On suppose volontiers que des institutions telles que les comices ou l'élection des magistrats étaient organisées pour garantir les droits des citoyens. C'est attribuer aux Romains des idées qui étaient

---

1. Varron, *De lingua latina*, IV, xxxvi. «*Tributum dictum a tribubus quod ea pecunia quæ populo imperata erat tributim a singulis pro portione census exigebatur.*»
2. Un vol. in-8°. Hachette, 1876.

fort éloignées de leur esprit. Quand on regarde de près leurs institutions, on voit qu'elles ont été combinées dans l'intérêt de l'État. Elles ont eu pour objet non la liberté, mais l'obéissance des hommes. »

Ces principes se retrouvent dans le système financier de l'Empire romain. L'omnipotence de l'État, c'est-à-dire de l'empereur qui en est la personnification et qui, par la *lex regia*, a reçu la délégation formelle de la puissance publique, y est la règle absolue et incontestée.

De là deux conséquences. D'une part, le prince exige les impôts et en fixe lui-même le chiffre, sans que les populations soient appelées à les voter ; il en règle de même l'emploi, sans que personne ait le droit de contrôle. D'autre part, le prince seul a le droit de lever des contributions ; on ne connaît donc rien qui ressemble à des impôts ecclésiastiques ou seigneuriaux.

C'était par une loi que l'empereur indiquait la somme à fournir. Cette loi, qui d'ailleurs était soumise à toutes les formalités exigées pour les Constitutions impériales, s'appelait tantôt *delegatio*, *edictum*, tantôt *præceptio*, *solemnis expressio*, *dispositio*, mais le plus souvent *indictio*[1]. Le mot *délégation* avait passé dans notre ancienne monarchie pour désigner l'édit par lequel le roi, en son conseil, fixait le montant des impôts à percevoir dans les pays d'élections.

Nous venons de dire que la loi d'impôts portait le nom d'*indictio ;* mais ce mot prit bientôt une autre signification, celle de l'impôt qu'il ordonnait, et il désigna tout impôt soit ordinaire, soit extraordinaire. Pourtant, dans cet ordre d'idées, il faut remarquer que l'*indictio* s'applique plus particulièrement à l'impôt ordinaire, dit aussi *canonica illatio*, et que lorsqu'on veut parler des impositions extraordinaires on emploie plutôt les mots de *superindictio*, *extraordinaria* ou *nova indictio*.

---

1. *C. Th.*, *De ann.*, l. 1, 3, 27, 34. — *C. Th.*, *De extraordin.*, l. 7, 8, 10, 11, *De indict.* L. 54, *De decur.* L. 16, *De exact.* L. 1, 7, *De superind.*

Le retour de l'*indictio* à une époque fixe de chaque année donna à ce mot une troisième acception qui fut de beaucoup la plus importante et la plus répandue. *Indictio* désigna l'année financière commençant au mois de septembre et finissant à la même époque de l'année suivante ; et comme l'impôt était une des principales préoccupations des gouvernants et des gouvernés, on finit par confondre les années civiles avec les exercices financiers, et, sans pourtant abandonner entièrement l'usage de l'année julienne, on compta de préférence par années financières, c'est-à-dire par indictions.

Cette année financière commençait au mois de septembre de chaque année. Justinien l'indique dans le chapitre 1er de la Novelle 128 : « *Per quam* (*præsentem legem*) *sancimus per Julium vel Augustum mensem uniuscujusque indictionis particulares dispositiones, collationum futuræ indictionis... manifestari. Sic igitur compositus tales dispositiones provinciarum judicibus destinari in proœmiis uniuscujusque indictionis et proponi..... intra septembrem et octobrem menses.* » On voit que les mois de juillet et d'août précèdent l'indiction ; que les mois de septembre et d'octobre la suivent ; par conséquent, l'indiction commence le 1er septembre.

La preuve en est encore fournie par une Constitution d'Anastase : « Que tous les impôts soient payés en trois termes également distancés, savoir aux calendes de janvier, aux calendes de mars et à la fin de l'indiction. » La troisième échéance sera donc le 1er septembre[1].

Saint Ambroise affirme aussi que l'indiction commençait au mois de septembre.

Mais on ne se borna pas à remplacer l'année julienne par l'anné financière, on finit par diviser le temps en périodes de quinze années, et on désigna par son numéro d'ordre dans chacune de ces périodes l'année que l'on voulut déterminer. C'est ainsi qu'on disait, par exemple : la première, la

---

1. *C. Th.*, 13, *De ann.*

deuxième, la troisième année, ou indiction de chacune de ces périodes, absolument comme pour les olympiades. Le mot même d'indiction ne fut plus exclusivement employé à désigner l'année, on l'appliqua aussi à la période elle-même. M. de Savigny l'a contesté[1]. D'après lui, ce mot n'aurait pris cette signification qu'au XII° siècle, et on ne le trouverait jamais employé sous ce dernier sens au Code de Justinien. Mais un texte de la chronique d'Alexandrie[2] ainsi conçu : « *Annus primus indictionis quæ quindecim annos continet* », atteste bien que dès le Bas-Empire on désignait le cycle de quinze ans sous le nom d'*indictio*. D'ailleurs nous reconnaissons que cette dernière acception est plus rare. Si l'on ne trouve donc pour date que « quatrième indiction », il faudra entendre de préférence « quatrième année » d'une période de quinze ans, sans qu'on sache au juste laquelle.

Ce mode de supputation qu'Aurélius Victor et Lactance font remonter à Dioclétien, tandis que Cujas ne l'attribue qu'à Constantin, devint d'un usage général dans les Constitutions des empereurs[3] : l'Église l'adopta à son tour. Ainsi saint Athanase, dans son livre *De synodis*, indique une indiction comme date au concile d'Antioche. De nos jours encore, les bulles papales comptent par indiction à dater de la naissance du Christ.

Que ce cycle embrassât bien quinze années, c'est ce dont on ne peut douter. Cela résulte d'abord de ce qu'on ne trouve pas dans les textes d'indiction dont le numéro soit supérieur à quinze. Puis la Novelle 147 l'établit en quelque sorte mathématiquement dans son chapitre Ier : « Nous remettons entièrement à tous nos sujets tout ce qui nous est dû depuis la première indiction incluse du cycle précédent jusqu'à la présente septième indiction incluse, de telle sorte que nos

---

1. *Thémis*, X, 512, note 2.
2. Page 139, édit. Raderi.
3. L. 3, 6, 7, 8, 9, 10, 14, 16, 17, *C. Th.*, *De indulg.* L. 11, *C. Th.*, *De cursu publico.* L. 11, *De jure fisci.* L. 1, *De class.* L. 18, *De suscept.*, etc., etc.

sujets jouiront de la remise de vingt-deux ans continus que
nous avons faite. »

On a toujours supposé, même au temps des glossateurs,
qu'il devait y avoir un rapport entre les contributions et cette
révolution de quinze ans que l'on recommençait toujours par
un lorsque le nombre quinze était épuisé. Mais si le souvenir d'une liaison entre les impôts et les indictions, confirmé
d'ailleurs par ce fait que toutes les lois qui font allusion à ce
mode de compter le temps sont des lois financières, si, dis-je,
ce souvenir s'est maintenu à travers le moyen âge, il n'est
pas facile de reconnaître quelle était cette relation. Les commentateurs sont profondément divisés d'opinion. L'un a prétendu que les Romains payaient l'impôt par quinze années,
en or pendant les cinq premières, en argent dans les cinq
suivantes, en cuivre et fer les cinq dernières. Ce système
bizarre émis par Placentinus[1] est diamétralement contraire
aux textes qui tous indiquent des prestations de différente
nature pour chaque année. Lucas de Penna n'a pas été plus
heureux[2]. D'après lui, l'Asie payait l'impôt dans le premier
lustre, l'Afrique dans le second, l'Europe dans le troisième ;
ce qui formait une période de quinze ans. Mais les lois 9, 10,
11, 12, *C. Th.*, *De ann.*, qui sont toutes de 365, indiquent que
dans cette année l'impôt fut payé dans tout l'Empire.

D'autres auteurs plus modernes se sont occupés de la question. Dubos, dans sa *Monarchie française*[3], affirme que le
contingent annuel des impôts était fixé au commencement de
chaque période quindécennale pour toute sa durée. Mais cela
n'est guère admissible en présence des lois 7 et 8 du Code
Théodosien, au titre *De extraordinariis*. Nous trouvons, par
exemple, dans une de ces lois, les expressions suivantes :
« *Ut indictione anniversariis vicibus emissa jubeamus inferri
merito pensitanda.* » Une autre Constitution, au titre *De indic-*

---

1. Voyez aussi Accurse sur la rubrique du titre *De indict.* — Placentinus,
Summa in tres libros, titre *De indict.*
2. Sur la loi 2, *C. J.*, *De ann.*
3. Liv. I, chap. xii.

.tionibus, n'est pas moins formelle : « *Ne per ignorantiam colla-tores ad anni prioris exemplum ante delegationem missam ea cogantur exsolvere quæ postmodum indebita, missa delegatione provocabit eventus.* »

Nous croyons donc fondée l'opinion de M. de Savigny d'après laquelle les édits d'indiction étaient annuels. Quant à la relation qui doit exister entre la période de quinze ans et les contributions, nous croyons avec le jurisconsulte allemand qu'elle consistait dans sa coincidence avec le renouvellement du cadastre. Nous avons déjà dit que l'ancien cens avait lieu tous les cinq ans. On prit ainsi l'habitude de compter par lustres. Comme le cadastre était toujours accompagné de difficultés matérielles, et que, d'ailleurs, la propriété foncière ne subissait guère de changements dans l'espace d'un lustre, cette opération fut ajournée d'abord à deux lustres, puis à trois. C'est ainsi qu'on arriva à ce cycle de quinze ans, qui n'est autre que celui du renouvellement périodique du cadastre dans l'Empire romain.

L'on vient de voir que les édits d'indiction étaient rendus chaque année par l'empereur. Mais est-il possible de préciser l'époque de leur promulgation? On ne peut y arriver que par induction, car les textes sont muets sur ce point. Il existe au Code Théodosien plusieurs lois qui frappent le diocèse d'Afrique de contributions extraordinaires, et qui sont toutes datées de la veille des calendes d'avril[1]. Or, de la loi 8 *De extraord.*, il résulte que si des réquisitions extraordinaires étaient nécessaires, sans cependant avoir un caractère d'urgence, le préfet devait en avertir l'empereur, qui dans l'indiction de l'année suivante en tenait compte. Les réquisitions imposées à l'Afrique doivent donc coincider avec la loi de l'indiction, qui aurait été ainsi rendue au mois de mars de chaque année, c'est-à-dire six mois avant le commencement de l'exercice financier.

---

[1] L. 29, *De ann.* — L. 1, *De indict.* — L. 26, *De erog. milit.* — L. 63, *De cursu publico*, etc.. etc.

Il y avait probablement un édit d'indiction spécial à chaque préfecture, pour en fixer le contingent. Cette opinion nous paraît du moins confirmée par plusieurs textes. La loi 4, *De ann.*, *Cod. théod.*, semble bien indiquer cette multiplicité des indictions, lorsqu'en imposant aux empereurs l'obligation d'écrire de leur main le taux de la prestation elle s'exprime en ces termes : « *Quæ manu nostræ delegationibus inscribuntur* ». De même, dans l'Action de grâces d'Eumène à Constantin, on peut voir. la preuve de l'existence d'un édit particulier pour la préfecture des Gaules. Nous y lisons en effet que les Éduens ne pouvaient en droit strict se plaindre de l'impôt qui les écrasait, parce qu'ils possédaient réellement les terres qui étaient portées à leur nom sur le cens, et parce qu'ils étaient soumis à l'impôt commun à toute la Gaule. « *Quum et agros qui adscripti fuerint haberemus, et Galliani census formula communi teneremur.* » Or, ce ne devait pas être là une circonstance particulière à la Gaule, mais commune à toute la préfecture. Une Constitution de Théodose et de Valentinien vient à l'appui de ces citations, en disant que plusieurs délégations sont publiées[1]. Cette division de la loi de finances, et cette fixation spéciale des divers contingents des préfectures, n'a rien de surprenant. Elle est en parfaite conformité avec le système général de l'administration romaine. Les préfectures n'étaient pas de simples divisions administratives, comme les diocèses et les provinces ; chacune d'elles formait une grande unité distincte, ne se rattachant à aucune autre, et qui réunissait dans une circonscription déterminée toutes les branches du gouvernement.

Mais si par suite de la multiplicité des indictions il intervenait une répartition entre les préfectures, dans chacune d'elles l'impôt était de quotité, c'est-à-dire que l'édit fixait pour chaque *caput* une prestation d'une somme déterminée de *solidi*. C'était là l'avantage en même temps que la justification de toutes les opérations compliquées qui avaient

---

1. L. 2, *De indict.*, *C. Just.*

amené la détermination de la matière imposable. On connaissait en effet le nombre des *capita* entre lesquels chaque préfecture était répartie. Il suffisait de dresser préalablement le budget de l'Empire, de se rendre un compte exact des sommes qu'exigeaient pour l'année les besoins de l'État, et de diviser la somme mise à la charge de la préfecture par le nombre des *capita* formés sur son territoire, pour connaître la quote-part afférente à chacun d'eux ; on désignait cette quote-part sous le nom de *modus indictionis*. Une expédition de chaque matrice ayant été expédiée aux Archives impériales, l'empereur savait exactement le nombre des *capita* des préfectures ; il déterminait lui-même d'après le budget qu'il arrêtait le *modus indictionis*. Non-seulement il s'était réservé le droit de faire cette détermination, mais il devait encore la constater par écrit. Le pouvoir impérial s'était imposé cette obligation dans l'intérêt des contribuables et par mesure de précaution contre les exactions de ses agents. En effet, des courtisans avides, des administrateurs corrompus se seraient permis de modifier le taux fixé et de l'élever à leur profit, tandis que s'il était écrit de la main de l'empereur, il aurait fallu altérer l'écriture impériale, et la gravité d'un pareil sacrilége arrêtait les plus téméraires. Nous verrons plus loin que les fonctionnaires surent néanmoins trouver des expédients, grâce auxquels ils se livrèrent aux plus scandaleux abus.

L'imposition et la répartition, ces deux opérations fondamentales de tout impôt foncier, se faisaient donc en prenant le *caput* pour base d'appréciation. Les avantages d'un pareil système sont faciles à comprendre : d'abord l'imposition directe du *caput*, convertissant l'impôt foncier en impôt de quotité, coupait court à toutes les difficultés des répartitions successives entre les divisions administratives ou autres. Il ne pouvait donc y avoir lieu, comme chez nous, ni aux réclamations du département contre le contingent qui lui est assigné, ni de l'arrondissement contre la somme mise à sa charge par le conseil général, ni des communes contre la taxation des conseils d'arrondissement. Dans le système romain, tous ces rouages compliqués n'existent pas ; il n'y a qu'une seule répartition à faire : c'est la répartition dans la commune ; et nous verrons plus loin que, grâce encore au *caput*, elle est des plus simples et en quelque sorte mathématique. D'ailleurs les domaines réunissaient presque toujours sous l'Empire plusieurs *capita ;* et quand on avait affaire à de petites propriétés, le nombre des propriétaires réunis dans un seul *caput* n'était pas ordinairement très-considérable, car le chiffre de mille *solidi*, valeur de l'unité imposable qu'on peut évaluer environ à 12,000 francs, était une somme assez minime. D'un autre côté, on savait à l'avance quel serait le montant des recettes et on était certain de pouvoir assurer le fonctionnement des services publics, puisque le nombre des *capita* était parfaitement déterminé. Le système romain réunissait donc les avantages que présentent et l'impôt de quotité et l'impôt de répartition, tels que nous les comprenons aujourd'hui. C'était l'emploi du *caput* comme base de l'impôt qui avait permis d'atteindre ce résultat. Ce *caput*, déterminé par des procédés analogues dans tout l'Empire, avait la même valeur cadastrale correspondant partout à la valeur réelle d'après une base uniforme, et par suite on pouvait partout le taxer justement à la même somme.

Le système que nous venons d'exposer est confirmé par un grand nombre de textes, soit classiques, soit juridiques, entre lesquels paraît exister un parfait accord. Que la prestation fixée pour chaque *caput* varie, ou que la prestation soit imposée à un certain nombre de *capita* réunis, la méthode est toujours la même ; c'est un chiffre ou une prestation imposée directement soit à un *caput*, soit à plusieurs *capita* pris en masse ; mais il n'est jamais question de répartitions successives entre les divisions administratives de l'Empire. Ainsi la loi 32, *Cod. Théod., De erog. milit.*, explique que certaines prestations destinées aux appointements des *rectores provinciæ* se payaient à raison d'un *solidus* pour cent vingt *capita*, plus tard pour soixante et enfin pour treize. La loi 3, *Cod. Théod., De mu...... vest.,* exige l'équipement d'un

7

soldat par trente *capita*, et fixe le chiffre de l'exonération à trente-six *solidi* par homme. Ammien Marcellin est encore plus concluant. Au livre XVI, chap. v, de son ouvrage, parlant de l'empereur Julien, il s'exprime en ces termes : « *Quid pro-fuerit, anhelantibus extrema penuria Gallis, hinc maxime cla-ret, quod primitus partes eas ingressus, pro capitibus singulis tributi nomine vicenos quinos aureos reperit flagitari, decedens vero septenos tantum munera universa complentes, ob quæ tan-quam solem sibi serenum post squalentes tenebras offulsisse, cum alacritate et tripudiis lætabantur.* » Ainsi il est positif qu'en Gaule, au temps de Julien, on demandait à chaque *caput* vingt-cinq, puis seulement sept *solidi*. — La Novelle de Valentinien *De Pentapolis* ordonne de payer sept *solidi* par mille, « *septem solidis per millenas nuper indictis,* » c'est-à-dire sept *solidi* par *caput*. Une autre Novelle de Majorien porte qu'il sera payé deux *solidi* par *caput*, « *binos per ju-gum vel millenos solidos* ». Enfin la Novelle 128, c. 1, énonce formellement qu'on indiquait dans l'édit d'indiction le con-tingent afférent à chaque *jugum* : « *Quantum pro unoquoque jugo fiscalium causa imminet.* » On peut donc établir avec quelque certitude que l'édit d'indiction rendu chaque année imposait à chaque *caput* une somme déterminée de *solidi*, et que dans d'autres cas, entre autres pour les prestations desti-nées aux armées, la somme était imposée non plus à chaque *caput*, mais à une réunion variable de *capita*, ce qui revient à dire que l'impôt était de quotité.

L'objection la plus sérieuse qui ait pu être faite contre notre système, c'est que l'édit d'indiction, en fixant le contin-gent de chaque *caput*, ne parle jamais que d'une somme d'argent. L'impôt foncier romain comprenait pourtant aussi des prestations en nature. Les textes prouvent bien que ces prestations avaient subsisté comme nous l'avons déjà dit, même après les réformes opérées par Auguste dans l'as-siette de l'impôt. En premier lieu, on peut citer le titre même du sujet dans les Codes de Justinien et de Théodose, qui a pour rubrique *De annonis et tributis*. Si le mot *tri-*

butum indique un paiement en argent, le mot *annona* implique au contraire l'idée d'une redevance en nature. L'existence de cette dernière est d'ailleurs formellement attestée par deux Novelles de Justinien. La Novelle 128, c. 1, contient le passage suivant : « *Indicantes quantum unicuique provinciæ sive civitati pro unoquoque jugo, aut villis, aut centuriis, aut alioquolibet, tam in specie quam in auro fiscalium causa imminet : indicantes quoque specierum æstimationem secundum mensuram in unoquoque loco tenentem, et quidquid ex his arcam inferri, aut in unoquoque dari aut expendi oportet.* » La Novelle 17, c. 18, parlant du montant des impôts, dit aussi formellement : « *Et datorum quantitatem sive in speciebus, sive in auro.* »

L'usage des prestations en nature était tellement inhérent au système romain, que nous le voyons encore en vigueur sous la domination des Goths, qui, comme on le sait, avaient non-seulement conservé aux vaincus leur droit privé, mais s'étaient de plus approprié leur droit public. Cassiodore, dans une lettre adressée aux habitants de l'Istrie, en fait foi en ces termes : « *Commeantium attestatione didicimus, Istriam provinciam a tribus egregiis fructibus sub laude nominatam divino munere gravidam vini, olei, vel tritici, præsente anno fecunditate gratulari. Et ideo numeratas species in tot solidos dare, pro tributaria functione, qui vobis de præsenti prima indictione repetuntur : reliqua vero propter solemnas expensas reliquimus devotæ provinciæ* [1]. »

Il est donc certain que l'impôt fixe, normal, régulier, s'acquittait en argent et en nature, sans qu'on puisse connaître la proportion dans laquelle figuraient ces deux éléments. Les commentateurs sont divisés sur ce point ; mais, quelle que soit l'opinion qu'on adopte à cet égard, il est toujours assez difficile de s'expliquer comment l'édit d'indiction ne contient jamais qu'une somme d'argent à fournir par chaque *caput* [2].

---

1. *Varia*, XII, xxii.
2. Novell. 128, c. 1, Just. — Nov. 23 de Théodose.

Pour correspondre avec l'impôt en nature, il aurait dû toujours indiquer, avec le *modus indictionis* déterminé en *solidi*, le nombre de *species*, c'est le mot consacré pour désigner les prestations en nature que devait chaque *caput*.

On a conclu de là que l'impôt n'avait point le caractère d'un impôt de quotité; et que ces *species*, qui pour beaucoup d'interprètes forment la part la plus considérable de l'impôt, ne pouvaient être que réparties par des opérations successives entre les diocèses, les provinces et les curies. Il nous semble qu'on peut pourtant démontrer que le système des *species* n'était nullement incompatible avec l'habitude de taxer chaque *caput* à une somme d'argent. Ammien Marcellin, dans un texte que nous avons déjà cité, nous dit qu'au départ de Julien les Gaules ne payaient plus que sept *solidi* par *caput* « *munera universa complentes* ». — Ces quelques mots nous semblent jeter beaucoup de lumière sur la question qui nous occupe, puisqu'ils indiquent que dans la somme fixée en *solidi* pour chaque *caput* étaient comprises les taxes foncières en nature ou en argent. — Le mécanisme de ce mode d'impôt est facile à expliquer. L'indiction portait, nous le supposons, que chaque *caput* serait taxé à sept *solidi;* sur ces *solidi*, trois devraient être acquittés en nature et quatre en argent. A l'indiction était jointe une estimation dont les textes attestent l'existence, indiquant combien de boisseaux de blé, de vin, de viande, etc., représentait un *solidus*. La Novelle 128, déjà citée, est très-explicite sur ce point : « *Indicantes quoque specierum æstimationem secundum mensuram in unoquoque loco tenentem,* » et met bien en évidence ce fait que la prestation en nature est évaluée en argent dans la cote. On pourrait peut-être prétendre que c'est parce que les contribuables avaient la faculté de convertir en argent leurs prestations en nature; mais c'était là un bénéfice exceptionnel (*adhæratio*). C'était pour mieux apprécier les charges de la propriété qu'on évaluait le tout en numéraire.

CHAPITRE II

Publication.

L'édit signé par l'empereur en caractères de pourpre[1], et contenant le *modus indictionis* écrit de sa main, était envoyé au chef-lieu de chaque préfecture. Comme toute loi[2], il devait y être, aussitôt après sa réception, insinué, c'est-à-dire transcrit dans le registre des actes publics. Il n'était exécutoire qu'à cette condition. C'est là l'origine du droit d'enregistrement invoqué par nos parlements sous l'ancienne Monarchie française. Mais il ne suffisait pas de transmettre l'édit d'indiction aux magistrats chargés de le faire exécuter, il fallait aussi porter le *modus indictionis* à la connaissance des contribuables. Pour cela[3], dès que l'indiction était parvenue au préfet du prétoire et avait subi l'insinuation, ce magistrat rendait à son tour un édit dans lequel il insérait une copie de l'acte d'indiction. Cet édit était affiché, par les soins du chef des *officiales* des bureaux du préfet, dans les endroits les plus fréquentés, tels que les places publiques, les marchés; à Rome, le forum de Trajan, ainsi que le montrent plusieurs lois du Code Théodosien. On devait le lire aussi dans les prétoires des tribunaux, dans les basiliques et même dans les églises[4].

Lorsque ces formalités étaient remplies, le préfet du prétoire faisait opérer dans ses bureaux la fixation du contingent de chaque diocèse. Cette opération était des plus faciles,

1. Gibbon, *H. de la décad. de l'Emp.*, c. xvii.
2. Novelle de Just. 152.
3. *C. Th.*, 1 16, *De cohort. al.* — Le titre *De decur. et silent.*, Novel. de Valentinien, *De testament.*, etc., etc.
4. L. 20, *C. Th.*, *De episc.*

puisque le *modus indictionis* ainsi que le nombre des *capita* de chaque diocèse était déjà connu. C'était une simple formalité, qui n'avait rien d'une répartition telle que nous la pratiquons aujourd'hui.

Ces délégations spéciales ainsi confectionnées et indiquant la cotisation de chaque *jugum*, les prestations en nature et le prix des *species* fixé d'après les poids et les mesures de chaque pays, la partie de l'impôt qui devait aller à la caisse publique et celle qui devait être employée dans la province, devaient être adressées aux diocèses, où elles étaient successivement insinuées[1] et publiées. Il résulte des textes que cette publication devait avoir lieu au mois de juillet de chaque année. En effet, une loi 34, *De ann.*, *C. Th.*, donne aux contribuables du diocèse d'Afrique quatre mois pour faire la *collatio auri*, c'est-à-dire le paiement de la contribution en numéraire, à partir de la publication de l'édit d'indiction. Or la loi 3, *De collat. fund.*, *C. Th.*, qui est aussi relative à l'Afrique, énonce que la *collatio auri* devait s'effectuer dans l'espace de quarante jours : du 10 avant les calendes de décembre, c'est-à-dire le 20 novembre, à la veille de celles de janvier. D'où il suit qu'en comptant quatre mois avant le 20 novembre, on arrive au 20 juillet, c'est-à-dire deux mois avant le commencement de l'année financière, qui, nous l'avons vu, était fixé au mois de septembre. La Novelle 128 est aussi très-explicite à ce sujet.

Une loi 3, *De indict.*, indique pourtant le mois de mars comme date de la publication en Égypte. Non-seulement cette loi 3 serait difficile à concilier avec les textes que l'on vient de lire, mais comment admettre que l'édit général d'indiction, dont nous avons fixé la date au mois de mars, pût être publié dès cette époque dans les diocèses? Nous pensons qu'il faut y voir la consécration d'un privilége particulier à l'Égypte. Par une singularité dont nous ne connaissons point les motifs, l'exercice financier paraît avoir

---

1. Nov. 128, c. 1.

commencé dans ce pays au mois de mai. Peut-être était-ce parce que le mois de mai y coïncidait avec la fin de la moisson et des récoltes, comme le mois de septembre dans les autres pays. — Quoi qu'il en soit, la loi 3, *De indict.*, rendue en juin 436, énonce qu'en Égypte les publications doivent être faites deux mois avant le 1er mai, et la loi 4 du même titre, rendue la même année et adressée comme la précédente au préfet du prétoire de l'Orient, ordonne de publier les expéditions de l'indiction avant le commencement de l'exercice. Ces deux textes indiquent bien par leur rapprochement que le mois de mai était le commencement de l'année financière en Égypte, et que là aussi les publications avaient lieu deux mois avant l'ouverture de l'exercice.

Après la publication au diocèse, qui devait durer deux mois, avait lieu la publication à la province. C'est bien ce que disent la loi 3, *C. Th.*, *De indict.*, qui rend responsables du défaut de publication les *officiales* des *rectores provinciæ*, la Novelle 128 qui prononce la destitution et une amende contre le *rector* négligent à ce sujet, et enfin la loi 4, *C. Th.*, *De indict.*, qui ordonne de faire la publication de la délégation spéciale à chaque province. Aucun texte ne fait mention de l'insinuation de l'édit fiscal au chef-lieu de la province, mais nous savons que les *rectores provinciæ* recevaient des insinuations, par exemple celles des cahiers des *legati*, ambassadeurs envoyés par les villes et les provinces à l'empereur, celles des donations [1], etc., et il n'y a pas de raison de croire qu'il y eût exception pour la loi d'impôts. — La publication qui s'effectuait dans chaque province dès le commencement de chaque indiction, c'est-à-dire en septembre, devait durer deux mois [2]. Pour l'Égypte, ce délai partait du 1er mars, date de l'année financière.

Les *officiales* du *rector provinciæ* dressaient le contingent des cités de la même manière que ceux du *vicarius* dressaient

---

1. *C. Th.*, 3, 15, *De legat. C. Th.*, 1, 3, 6, 8, *De donat.*
2. Nov. 128.

le contingent des provinces. Le soin de la publication, dans chaque cité, était confié au *defensor civitatis*, magistrat supérieur de la cité. Les affiches restaient aussi apposées pendant deux mois, mais il ne paraît pas que ces deux mois aient couru de la fin des publications au chef-lieu de chaque province. On peut au contraire affirmer, en combinant la Novelle 128 avec la loi 3, *De indict.*, que la publication des délégations spéciales à chaque cité se faisait en même temps que celle de la délégation spéciale à la province, de telle sorte qu'au 1er novembre de chaque année toute publication devait être achevée. — Il est aussi probable que les délégations devaient être insinuées dans chaque cité par-devant les *defensores civitatis*.

Enfin une répartition individuelle entre les contribuables s'accomplissait dans les cités qui formaient le dernier échelon de la hiérarchie administrative.

Dans le naufrage universel des institutions républicaines, la cité avait cependant gardé, même aux derniers temps de l'Empire, ses assemblées délibérantes et ses magistrats élus. Il y existait tout un système d'institutions vivaces pour la gestion des intérêts locaux et la garantie des droits particuliers ; mais au régime démocratique de la période républicaine avait succédé le gouvernement d'une aristocratie municipale qui constituait la curie. Cette curie, que l'on pourrait assimiler à la bourgeoisie ou à la classe moyenne de nos sociétés, et dont les membres portaient le nom de décurions, était assez nombreuse, car elle était composée de tous les propriétaires qui possédaient au moins vingt-cinq arpents. Elle formait une sorte de Sénat qui devait délibérer sur toutes les affaires municipales et nommer les magistrats.

Dans cette assemblée on distinguait une classe supérieure que la langue officielle appelait les principaux ou les honorés, *principales, honorati, optimates* [1]. C'étaient sans doute

---

1. L. 5, 6, 75, 77, 85, 117, etc., *De decur.*; 59, *De curs. publ.*; 4, 33, *De suscept.* C. Th.

ceux qui avaient rempli les plus hautes fonctions de la cité. Il n'est guère douteux qu'une grande fortune ne fût un titre pour faire partie de cette classe supérieure. De même que les petits propriétaires figuraient de droit parmi les *curiales*, les grands propriétaires comptaient de droit parmi les principaux [1].

C'était sur ces *principales* que reposait le soin de la répartition de l'impôt entre les contribuables de la cité. « *Ab his distributionum omnium forma procedit,* » dit la loi 5, *C. Th., De his quæ adm.* [2]. De nos jours, les répartiteurs, dans chaque commune, sont également choisis parmi les notables de la commune.

Si, comme nous l'avons dit, l'impôt romain était un impôt de quotité, c'est-à-dire si la loi d'indiction fixait directement le nombre de *solidi* imposés à chaque *caput*, cette répartition individuelle, *adscriptio, partitio*, devait simplement consister à rechercher combien de *capita* ou de fractions de *capita* possédait chaque propriétaire foncier. C'est bien ce que disent les textes ; par exemple, la loi 5, *C. Th., De itin. mun. :* « *Possessores muneribus... pro jugorum numero vel capitum quæ possidere noscuntur, adstringi cogantur.* » — La loi 10, *C. Th., De annon.*, énonce que la répartition a lieu *pro modo professionis*, c'est-à-dire par *capita*, puisque c'est la *professio* qui forme le *caput*. Les *principales* n'avaient donc qu'à rechercher dans les tables du cens le nom de chaque propriétaire et à en rapprocher le nombre de *capita* qui lui étaient assignés. Cela fait, ils attribuaient à chacun autant de fois le *modus indictionis* qu'il y avait de *capita* inscrits à son nom. Si le contribuable n'avait pas au cens un nombre exact de *capita*, mais plusieurs *capita* et une fraction, ou seulement une partie de *caput*, comme on savait que chaque *caput* valait mille *solidi*, il était aisé de déterminer la portion à payer pour la

---

1. Inscription de Carnussium dans Orelli, n° 3,721.
2. *Adde* 117, 173, *De decur.;* 1, *De privileg. dom. Aug.;* 2, *De act. et conduct. C. Th.*

fraction du *caput*, au moyen de l'estimation qui accompagnait toujours la *professio censualis*. Par exemple, le *modus indictionis* était de cinq *solidi* par *caput* et Primus était inscrit au cens pour un *caput* et demi. Le *caput* valant 1 000, le demi *caput* 500, cela donne 1 500 *solidi*. Chaque 1 000 *solidi* payant cinq, Primus devra sept *solidi* et demi d'impôt. Il suffisait donc de déterminer la proportion de l'*æstimatio censualis* avec le *caput*.

Ce système, comme il est facile de s'en convaincre, était fait de manière à laisser le moins de prise possible à l'arbitraire; mais il ne tarda pas à être faussé par la mauvaise foi de ceux qui étaient chargés de l'appliquer. La fraude la plus ordinaire consistait à ne pas tenir compte du *modus indictionis* et à faire une répartition dans laquelle on grevait les petits propriétaires au profit.des *Potentes*, personnages importants par leurs fonctions ou leur fortune [1]. On chercha par une pénalité sévère à réprimer ces abus. Les *principales* furent déclarés passibles de la peine du fouet plombé [2] dans le cas où ils n'auraient pas observé le *modus indictionis* ou se seraient livrés à des répartitions contraires à la loi. On donna en même temps aux contribuables le moyen de reconnaître les fraudes commises à leur préjudice en leur accordant le droit d'exiger, de ceux qui avaient la garde des registres relatifs à l'impôt, la représentation des tables cadastrales, des registres de répartition et des délégations de l'indiction [3]. Malgré ces sages prescriptions, les malversations continuèrent et il fallut, pour sauvegarder les intérêts des contribuables, faire surveiller la répartition par les *rectores provinciæ*, absolument comme nos rois furent forcés de confier aux intendants toutes les répartitions de l'impôt, par suite des abus que commettaient les élus des paroisses. En vertu de ces modifications,

---

1. Salvien le dit expressément : « Ce sont les riches qui parfois ajoutent de leur propre mouvement à la charge du tribut, et ce sont les pauvres qui paient pour eux. »

2. *De decur.*, *C. Th.*, l. 117.

3. Novelle 128, c. 4, Just.

la répartition une fois faite dut être insinuée dans les actes du *rector provinciæ*, afin, dit la loi 173, *C. Th.*, *De decur.*, qu'il la confirmât par son autorité, mais en réalité pour qu'il pût la contrôler. Aussi cette approbation était-elle entourée de précautions minutieuses. Les *rectores* étaient obligés, sous leur responsabilité, d'inscrire de leur main la contribution de chaque propriétaire; on les forçait ainsi à vérifier chaque cote individuelle, ce qui était une garantie pour le contribuable.

CHAPITRE III

Charges accessoires à l'impôt foncier.

Le taux de l'impôt foncier, quoique décrété tous les ans par l'*indictio*, était toujours à peu près uniforme. Cette contribution porte en effet dans un grand nombre de textes les noms de « *solita, ordinaria indictio, prisca consuetudo,* ou autres analogues. Des circonstances extraordinaires, la guerre par exemple, pouvaient cependant augmenter notablement les dépenses de l'Empire et mettre le budget en déficit. Dans ce cas, l'impôt ordinaire (*munera ordinaria*) pouvait être accru par un décret extraordinaire ou *superindictio*. Cette surimposition, que l'on pourrait rapprocher de nos centimes additionnels au principal de la contribution directe, s'ajoutait à la contribution ordinaire et était répartie en même temps qu'elle et dans les mêmes formes.

Outre la *superindictio*, car cet impôt extraordinaire avait aussi pris le nom de l'édit qui l'établissait, il existait d'autres charges qui sont désignées dans les textes sous le nom de *munera extraordinaria*, et qu'il ne faut pas confondre avec la *superindictio*. On trouve en effet souvent ces deux classes d'impositions opposées l'une à l'autre. Par exemple la loi 5, *De extraordinariis,* exemptant les fonds du domaine privé de l'empereur de toutes les impositions qui ne sont pas ordinaires, s'exprime ainsi : « *Nec ad sordida, vel extraordinaria munera vel superindictiones aliquas* ». La loi met bien ici les deux derniers genres de charges en regard. La loi 40, *De episcopis,* établit la même opposition :

« *Nihil extraordinarium superindictumve.* » Enfin les lois 5, *Cod. Théod.*, *De ann.*, et 2, *Cod. Théod.*, *De indict.*, ont soin d'indiquer que les prestations qu'elles demandent ne sont pas des *extraordinaria*, mais doivent être rangées parmi les *canonica* ou *ordinaria munera;* et l'une de ces lois va même jusqu'à dire que ce qui est exigé *superindictorum nomine* ne l'est pas *extraordinariorum.* — Cela nous paraît concluant.

Ce qui différencie ces deux impositions, c'est que le *superindictum* est un supplément d'impôt ajouté à la prestation ordinaire et se confondant avec elle, tandis que les *extraordinaria* ont plutôt le caractère de réquisitions forcées. On les voit en effet exigées *pro rerum necessitate*[1], c'est-à-dire quand le besoin s'en faisait sentir. Ce besoin est la limite même de la prestation ; on ne peut rien demander au delà, et s'il se trouve que toute la réquisition n'a pas été employée, l'excédant doit être imputé à la décharge des contribuables dans l'indiction de l'année suivante[2]. Enfin les *munera extraordinaria*, au lieu d'être, comme le *superindictum*, imposés à tout possesseur qui paye l'impôt ordinaire, ne sont le plus souvent attribués qu'à certaines classes de personnes limitativement déterminées, ou à certaines portions de pays[3].

La guerre était une des causes les plus fréquentes des réquisitions extraordinaires[4]. Les provinces et les cités y avaient aussi recours, tantôt pour la construction des nombreux et magnifiques édifices qui s'élevèrent à cette époque sur tous les points de l'Empire[5], tantôt pour nourrir la plèbe oisive ou lui offrir des amusements dispendieux[6]. L'approvisionnement de la maison impériale, les voyages des magistrats, les logements militaires, y donnaient également lieu.

---

1. L. 2, *De decur. et silent. C. Th.*
2. L. 29, *De annon.*, et l. 1, *De indict. C. Th.*
3. L. 3, *De ponderat.* — Saint Basile, lettre CCXXVII.
4. L. 5, 15, *De extraord.* L. 4, *De collat. fund. C. Th.*
5. Voir les titres *De canone publico, De annonis civicis. C. Th.*
6. *De expens. lud.*

Comme les prestations ordinaires en nature, elles consistaient
en blé, vin, cuivre, fer, chevaux, etc., et même en argent,
imposé soit directement, soit par conversion (*adhæratio*) de
la réquisition [1].

Les textes nous présentent une troisième classe de charges accessoires à l'impôt foncier, les *sordida munera*, qui se
rapprochent beaucoup des *extraordinaria*, et leur sont même
souvent associés, notamment dans la rubrique du titre *De extraordinariis et sordidis muneribus*. La ressemblance est même
si grande qu'il arrive parfois que la même prestation soit
rangée tour à tour dans les *extraordinaria* et dans les *sordida;* par exemple, les corvées destinées à la réparation des
chemins sont données pour *sordida*, par les lois 15 et 18, *De
extraord.*, pour *extraordinaria* par la loi 10 du même titre.
De plus, dans les lois qui traitent des immunités, les *sordida*
sont presque toujours énoncés pêle-mêle avec les *extraordinaria*. — En présence d'une si grande analogie, il n'est guère
permis de douter que les causes et le mode d'imposition ne
fussent les mêmes pour les uns et pour les autres; et l'on
peut dire que les *sordida* n'étaient que des *extraordinaria*
d'un caractère particulier.

Ce caractère qui rangeait les *sordida* à part dans la classe
des *extraordinaria munera*, c'était une sorte d'idée humi-
liante qui s'attachait à eux, et produisait, comme on le verra
plus loin, certaines conséquences au point de vue des immunités. Mais on n'est guère d'accord sur les prestations qui
avaient cet aspect; car certaines charges, comme nous l'avons
dit, sont appelées tantôt *extraordinaria*, tantôt *sordida*. Dans
cette incertitude, il semble prudent de s'en tenir à l'énumération limitative des lois 14, 15, 18, *Cod. Théod.*, *De extraord.*,
qui se trouvent dans un titre spécialement consacré à la matière. Nous allons citer ces *munera* en donnant quelques
détails sur les plus intéressants :

1° L'*obsequium calcis excoquendæ*, c'est-à-dire l'obligation

---

1. *C. Th.*, l. 29, *De indict.*

imposée aux possesseurs de terres de cuire la chaux nécessaire au service public ;

2° La *capitularia et temonaria functio.* Ce *sordidum* est
composé de deux parties distinctes : l'une, la *capitularia functio*, est la prestation du service militaire ; l'autre, la *temonaria
functio*, est le prix qu'on devait payer pour être libéré de ce
service. — Le service militaire, en effet, qui sous la République était une obligation personnelle des citoyens, avait été
transformé par les empereurs en un impôt pesant sur la propriété foncière [1]. Tout possesseur du sol fut astreint, non pas à
être soldat lui-même, mais à fournir un soldat. Le nombre des
hommes qu'il fallait donner était proportionnel, comme l'impôt foncier, à l'étendue et à la valeur des terres, c'est-à-dire
au nombre de *capita* possédés. Mais ce n'était jamais le propriétaire qui devait servir de sa personne. Il donnait un
colon, un client, même un esclave pourvu qu'il commençât
par l'affranchir. Lorsque le gouvernement avait plus besoin
d'hommes que d'argent, il exigeait que cet impôt fût payé en
nature, c'est-à-dire que les propriétaires livrassent le nombre
voulu de soldats. Quand il avait plus besoin d'argent que
d'hommes, il permettait, souvent même il prescrivait qu'il
fût payé en argent (*adhæratio*). — Dans ce cas, le propriétaire, au lieu de fournir un conscrit (*tironem*), avait à verser
l'or de la conscription (*aurum tironicum*). — Le prix était fixé
par les règlements. Il était ordinairement de 25 *solidi* par
homme, sans compter les frais de premier habillement et de
nourriture. Celui qui ne possédait pas le nombre de *millenæ*
suffisant pour être imposé jusqu'à concurrence d'un soldat,
payait sa part proportionnelle de l'*adhæratio*, ou bien, si la
prestation était exigée en nature, on réunissait sa possession
à celle de ses voisins jusqu'à ce qu'on eût obtenu une valeur
égale au nombre de *millenæ* auquel on imposait la fourniture
d'un soldat [2]. Nous retrouverons des dispositions analogues
dans les Capitulaires de Charlemagne ;

1. L. 7, *C. Th.*, *De tir.*
2. Voir tout le titre *De tiron.*, au *C. Th.*

3° La *carbonis præbitio*, fourniture de charbon ;

4° La *collatio sumptuum*, fourniture des frais de route aux *legati* envoyés à l'empereur pour lui exposer les plaintes des provinces et des cités [1], et aux *allecti*, fonctionnaires du fisc, dont il est question plus loin ;

5° *Materiæ, lignorum, tabulatorum præbitio ;* réquisitions pour les flottes et les armées [2] ;

6° *Præbitio operarum et artificum*, c'est-à-dire les réquisitions de bras et d'ouvriers ; ce que dans notre ancien droit on nommait les corvées. Les causes les plus fréquentes de ces réquisitions étaient la conduite et la surveillance des chevaux ou des animaux payés à titre d'impôt, le transport des *species* ou prestations en nature destinées au fisc, les réparations des routes et ponts, *itinerum vel pontuum sollicitudo*, pour lesquels on exigeait aussi des fournitures de matériaux [3]. Cette dernière corvée cessa même d'être un *munus sordidum* par l'effet de deux lois de l'an 412 et de l'an 423, et atteignit à dater de cette époque tous les possesseurs de fonds, les églises, les personnes illustres, et même la maison impériale. Ce nouveau système paraît avoir été dicté par l'état déplorable où se trouvaient les routes, et, une fois adopté, on ne paraît plus s'en être départi. Un Capitulaire de Charlemagne atteste que les églises étaient encore astreintes au moyen âge à cette réparation des chemins et routes ;

7° *Publicarum vel sacrarum ædium construendarum causa ;* réquisitions et corvées pour la construction des édifices publics et des résidences impériales. On peut y joindre les *adjumenta*, prestations de chevaux et de voitures pour le même but ;

8° *Pollinis conficiendi cura, panis excoctio, pistrini obsequium ;* réquisitions de blé, de farine, de fabrication et de cuisson du pain.

---

1. Sidoine Apoll., l. V, épit. xx, et liv. XVIII, § 12, *Dig., De mun.*
2. L. 15, 18, *De extraord.*
3. Novelle 17, c. 4.

9° *Paraveredorum et parangiarium præbitio;* réquisitions de chevaux et de voitures sur les routes de traverse et sur les routes militaires. Ces sortes de réquisitions complétaient le *cursus publicus* et les *angariæ* qui étaient les réquisitions appliquées pour les chemins publics seulement, et rangées parmi les *extraordinaria*[1].

Il serait intéressant d'étudier en détail ces réquisitions de transport, que l'on peut regarder comme l'origine des postes. Mais les limites de ce travail s'y opposent. Qu'il nous suffise de dire que les empereurs avaient apporté un soin spécial à régler le *cursus publicus* et ses annexes. Un grand nombre de textes contiennent des mesures relatives au nombre des animaux et des voitures à fournir, au poids de la charge, et surtout aux personnes qui ont le droit d'exiger ces réquisitions. Mais cette réglementation minutieuse ne put prévenir les abus. La Novelle 128, c. 22, et la Novelle 1 de Majorien nous montrent tous les magistrats et jusqu'aux plus petits fonctionnaires imposant aux contribuables des réquisitions de chevaux et de voitures, et même des prestations en argent pour leur séjour dans les villes. Ces exactions devinrent une plaie pour l'agriculture. Les empereurs prononcèrent les peines les plus sévères, même la mort, contre les concussionnaires, sans pouvoir les arrêter : la corruption étant partout, les meilleures lois devaient rester inefficaces[2].

Comme les contributions ordinaires, les *munera extraordinaria* et les *munera sordida*, qui n'étaient qu'une forme spéciale des *extraordinaria*, étaient répartis proportionnellement au nombre de *capita* et de fractions de *caput* possédés par chaque propriétaire. Nous avons déjà vu comment la mauvaise foi des *Principales* chargés de la répartition des *ordinaria* avait amené l'intervention du *rector*. Une mesure plus radicale fut prise à l'égard des *extraordinaria*. La dis-

1. Voir Nov. 128, c. 22.
2. L. 11, 35, 38, 14, *De cursu publico, C. Th.*

tribution en fut entièrement retirée aux décurions. On comprend en effet que la fraude fût encore plus facile dans la répartition de ces réquisitions qui ne s'adressaient qu'à un nombre plus restreint de contribuables, et avaient un caractère intermittent. Les lois 3 et 4, *C. Th.*, *De extraord.*, nous ont conservé les règles qui étaient suivies à ce sujet. Le premier principe qu'elles posent, c'est la défense de confier la répartition aux *Principales* : « *Extraordinariorum munerum non est principalibus committenda... distributio.* » — Ceci est formel. Ce sont les *Rectores provinciæ* qui doivent faire euxmêmes l'*adscriptio* : « *Distributionem ipsi celebrent,* » et en écrire de leur main les principales dispositions au moyen de l'encre encaustique. Nous avons dit qu'il en était de même lorsqu'ils procédaient à la vérification des cotes de l'impôt ordinaire. Il faut donc supposer que dans la pratique on avait trouvé quelque moyen de simplification; autrement l'on ne pourrait comprendre que le même homme ait pu suffire à une pareille besogne.

Quoi qu'il en soit, et pour en revenir aux *extraordinaria*, la première énonciation que les *Rectores* devaient inscrire était le nom des contribuables; mais à cet égard il y avait un ordre qui leur était prescrit, et dont ils ne devaient jamais s'écarter. Ils devaient porter d'abord comme débiteurs les contribuables riches, — *potiores;* — puis, si cette catégorie ne fournissait pas un chiffre assez élevé, comprendre les citoyens d'une fortune médiocre; et enfin, en cas d'insuffisance, s'adresser aux petits propriétaires. — C'était, comme on le voit, une sorte d'application de l'impôt progressif. Après les contribuables, les *Rectores* devaient inscrire la nature des prestations, leur quantité et valeur en argent par chaque *caput* ou fraction de *caput;* et la loi prend soin de nous en donner un exemple : combien de transports, — *quantæ angariæ;* — combien de corvées, — *quantæ operæ*. Enfin il était enjoint aux *Rectores* d'inscrire à la fin des registres le mot *recognovi*, pour indiquer qu'ils avaient relu tout le travail et corrigé les erreurs qui avaient pu s'y glisser.

Ces *extraordinaria*, dont nous venons de terminer l'étude, furent un des vices les plus graves de la fiscalité romaine. Les prestations en nature sont toujours très-onéreuses par le temps qu'elles enlèvent à l'homme, par le trouble qu'elles apportent dans ses habitudes, par les vexations auxquelles elles se prêtent. Le despotisme des empereurs les rendit intolérables. Jamais, en effet, sous ce régime déplorable, les contribuables ne savent s'ils sont complétement libérés, jamais ils ne peuvent jouir en paix du fruit de leurs travaux. Après les impôts ordinaires viennent les impôts extraordinaires ordonnés par décrets subits et imprévus ; après les impôts extraordinaires, les surcharges ajoutées par les gouverneurs des provinces et les fonctionnaires de toute sorte, levées anormales, illicites, qui se répètent sans cesse et finissent par passer à l'état de tradition.

L'empereur Julien, comprenant l'étendue du mal, essaya d'y remédier. Dans les lois 7 et 8, *C. Th.*, *De extraord.*, il fait défense à tout juge de province de se permettre aucune imposition, et en réserve exclusivement le droit à l'empereur. Dans le cas d'absolue nécessité, il autorise les préfets du prétoire à les employer, mais ils doivent en référer de suite à l'empereur, afin qu'il convertisse en loi par sa sanction les lettres de préfecture. Il faut croire que cette réforme n'eut pas plus de succès que tant d'autres que nous avons citées, et que, dans le désordre des derniers temps de l'Empire, les empereurs continuèrent à trouver dans les *extraordinaria* un moyen commode de subvenir aux dépenses et les magistrats d'augmenter leurs ressources ; car on voit les successeurs de Julien édicter plusieurs lois destinées à réprimer des abus qui renaissaient sans cesse[1].

---

1. L. 20, *C. Th.*, *anno* 395. *De extraord.* — L. 2, *De act.*, *C. Th.*, 365. — L. 14, *C. Th.*, *De proxim. comit.*, 407. — L. 23, *De ann.*, *C. Th.*, *an.* 393. — L. 2, *De privileg.*, *C. Th.*, *ann.* 391, etc.

CHAPITRE IV

Des immunités.

Le principe de l'égalité devant l'impôt, de la contribution universelle de tous les citoyens, sans privilége ni remise, est nettement établi dans les édits des empereurs. « *Civilia munera per ordinem pro modo fortunarum sustinenda sunt,* » dit une constitution de l'empereur Antonin. Mais comme il arrive souvent, à côté d'un beau principe, proclamé au grand jour, surgissent les exceptions, et ici elles sont tellement nombreuses qu'on peut se demander ce que devient la règle.

C'est qu'un grand changement s'était fait dans la constitution romaine. Au principat des Césars, établi sur une société nivelée par les guerres civiles et les luttes du forum, avait succédé, sous Dioclétien, une véritable monarchie orientale, avec ses dignitaires, sa cour, ses grands officiers et une multitude d'ordres, de classes et de titres. Ces premières distinctions en entraînèrent d'autres plus importantes. A mesure qu'on s'élevait dans cette hiérarchie sociale, on se croyait le droit de laisser retomber sur les autres une plus large part des charges publiques. On voit alors s'engager une lutte curieuse entre le *jus* et le *beneficium principale*, entre le droit d'une part et la grâce impériale de l'autre : du côté du droit, les nécessités financières qui s'accordent avec le principe d'égalité ; du côté de la grâce impériale, les exigences de la hiérarchie administrative. Le droit fut presque toujours vaincu, et les immunités envahirent tout le système financier romain.

A quel point en vinrent les abus, c'est ce que nous montrent les écrivains de la fin de l'Empire. « Julien, nous dit Ammien Marcellin[1], si attentif à diminuer les impôts, ne se permit jamais d'accorder des remises, et l'humanité même fut la source de cette apparente sévérité : l'expérience lui avait appris qu'elles n'étaient qu'une nouvelle occasion de favoriser les riches. » Et plus tard Salvien, dans son Traité de la Providence[2], s'exprimait en ces termes : « Les honneurs accordés à un petit nombre entraînent la dévastation du patrimoine de tous.... on bouleverse le monde pour faire vivre avec éclat quelques hommes.... Le tribut des riches accable les pauvres, et les plus faibles supportent les charges des forts..... On décrète de nouvelles charges, on décrète de nouvelles indictions ; les puissants décrètent ce que paieront les pauvres. Les riches décrètent ce qui sera la perte d'une foule de malheureux. Quant à eux, ils ne souffrent en aucune manière de ce qu'ils ont décrété..... Soyez donc les premiers, ô riches, à contribuer, vous qui êtes les premiers à décréter l'impôt. Soyez les premiers en largesses réelles, vous qui êtes les premiers en libéralités verbales. Toi qui donnes du mien, donne aussi du tien. Il serait sans doute plus équitable que, prétendant seul à la faveur, tu supportasses seul la dépense. Mais accordons que les pauvres payent par décret des riches..... quoi de plus injuste que de vous voir seuls exempts d'une charge que vous imposez à tous? » Ces plaintes éloquentes restèrent sans effet.

Nous ne nous occupons ici que de l'impôt foncier; et nous avons déjà indiqué qu'il se subdivisait en impôt ordinaire, impôt extraordinaire et impôt sordide. Il reste à montrer comment ces trois sortes de prestations furent atteintes par les immunités.

---

1. Livre XVI, chap. v, cité par Pastoret, tome XIX des *Ordonn.*, p. 30.
2. *De gubernatione Dei*, livres IV et V.

Comme on l'a fait observer en termes heureux, il y a sous ce rapport entre ces trois sortes d'impôts une subordination rigoureuse. « Ce sont des ordres plutôt que des classes, non des lignes parallèles, mais des cercles concentriques. Les exempts qui se trouvent dans le cercle le plus petit se trouvent également dans les deux autres, ceux du second dans le troisième, mais non ceux du troisième dans le second, ni ceux du second dans le premier [1]. »

Ainsi l'immunité des charges ordinaires a pour conséquence l'immunité des charges extraordinaires [2] et des charges sordides.

C'est le privilége dont les empereurs se montrèrent le plus avares. Il n'est établi d'une manière générale qu'en faveur :

1° Des vétérans et seulement pour les terres qui leur ont été concédées [3] ;

2° Des villes qui jouissent du *jus italicum* [4].

Sous le règne de Constantin [5], les églises obtinrent également cette immunité pour les biens dont elles étaient propriétaires; mais elle leur fut bientôt retirée. Saint Ambroise le déclare dans un de ses discours : « Si le prince demande le tribut, nous ne le refusons pas... Les terres de l'Église paient le tribut [6]. » Un édit de 359, rendu par Constance, le constate également. Il ajoute même qu'au concile d'Ariminium le clergé avait demandé à être exempté de l'impôt sur les *juga*, mais que l'empereur repoussa cette prétention.

Les personnes qui avaient obtenu l'immunité des *munerum publicorum* n'en devaient pas moins l'impôt foncier, bien que cet impôt fût un *munus publicum*. C'est que l'on considérait que ces personnes avaient obtenu l'immunité pour elles, non pour le fonds; elles n'étaient donc qu'exemptes

---

1. Clamageran, *Hist. de l'impôt en France*, t. I.
2. L. 6, *De vacat. et excus.*, *Dig.*, et l. 8, § 3.
3. *De veter.*, *C. Th.*, 3. 5, 6, et *Dig.*, l. 6, *De mun. et honor.*
4. Voir livre I.
5. *Cod Théod.*, l. 1, *De episc.*
6. Id., *Com.* de Godefroy.

des *munera publica personnalia*. Une Constitution d'Alexandre est formelle à cet égard : « *Qui immunitatem munerum publicorum consecuti sunt onera patrimoniorum sustinere debent* [1]. » Le texte suivant de Paul n'est pas moins explicite : « *Ab his oneribus, quæ patrimonio vel possessionibus indicuntur, nulla privilegia præstant vacationem* [2]. »

Étaient exempts des charges extraordinaires : les préfets du prétoire, les gouverneurs de province, les proconsuls, les secrétaires de l'empereur et en général les *illustres*, les *archiiatri;* les *navicularii;* les *fundi rei privatæ* concédés en emphytéose aux particuliers ; les églises à qui cette exemption ne fut accordée que par degrés ; les fonds par lesquels passaient les aqueducs publics.

Quelques personnes étaient exemptes de certaines de ces charges. Par exemple : — de la restauration des édifices publics étaient exempts les *procuratores domus Cæsaris;* — de la prestation des chevaux et des *tirones*, une foule de dignités et d'offices inférieurs : les *silentiarii* et les décurions qui avaient accompli leur service, les femmes et les fils des *archiiatri;* — de la seule prestation des *tirones*, les *agentes in rebus* et les *palatini sacrarum largitionum*, — etc.

Étaient exempts des charges sordides certains fonctionnaires inférieurs et les peintres en 374.

Il faut cependant observer que ces immunités ne furent pas toujours respectées. Dans les besoins pressants, on frappa tous les possesseurs, en déclarant charges ordinaires tout ou partie des charges extraordinaires. « Personne ne doit jouir de l'exemption des charges extraordinaires, dit l'empereur Valentinien en 390; tout le monde doit contribuer à ces charges, sans distinction de mérite ni de personne... Il suffit, pour faire sortir de la condition commune les priviléges dus au mérite ou aux dignités, d'accorder l'exemption des charges sordides. » Mais ces mesures prenaient fin avec les nécessités qui les amenaient.

1. L. 2, *C. J.. De mun. patrim.*
2. L. 10, *De vacat. et excus.*, Digest.

Enfin, après ces immunités accordées à des classes de citoyens, venaient les immunités accordées à des individus. Le Code Théodosien renferme tout un titre qui leur est relatif. On y voit que l'empereur donne à des particuliers des terres appartenant au fisc, avec exemption d'impôts; ou qu'il dispense certains possesseurs de tout ou partie de l'impôt, soit en faisant transporter leur part contributoire d'un territoire à l'autre (*translatio*), soit en commuant les charges qui pèsent sur eux en d'autres charges moins lourdes (*commutatio*), soit en les faisant estimer à un prix inférieur (*adhæratio*).

La faiblesse des empereurs et l'avidité des grands rendirent ces concessions si ruineuses pour le Trésor, que l'on fut forcé de les retirer en partie et d'astreindre tous ces privilégiés à une redevance.

CHAPITRE V

Recouvrement de l'impôt.

Sous la République, l'impôt était affermé à des compagnies de publicains, qui obtenaient, moyennant une redevance fixe, de le percevoir à leur profit. Ce mode de perception disparut, à mesure que le système de l'impôt basé sur le produit moyen du sol se répandit : et le recouvrement de la contribution foncière finit par être confié aux curies, sur qui reposait également le soin de la répartition.

Pour cela, les décurions nommaient des collecteurs ou *susceptores*, dont ils étaient responsables. Le plus souvent même ils les choisissaient dans le sein de la curie, « *ne longinqui itineris difficultate susceptor abductus et curiæ suæ desit, et rei familiaris detrimenta sustineat* ». Ces collecteurs ne restaient en charge qu'une année, à moins que la coutume de la cité, ou le petit nombre des membres de la curie, n'exigeât qu'ils restassent en charge deux ans. C'était au gouverneur de la province à veiller à leur changement, d'après une constitution de Valentinien et Valens.

Les collecteurs ne pouvaient lever l'impôt qu'après avoir reçu la matrice des rôles, où étaient indiqués les noms des contribuables, la désignation de leurs biens, leur cotisation, la cause de l'impôt, et généralement tous les renseignements qui servaient à vérifier la légitimité de la perception.

En général les impôts se payaient en trois termes : aux, calendes de janvier, à celles de mai et à la fin de l'indiction, c'est-à-dire en août [1]. Dans chaque bureau de recette (*mensio* ou *statio*) étaient des poids et des mesures en pierre ou en bronze, afin que chaque contribuable, sachant exactement ce qu'il donnait au collecteur, pût échapper à ses exactions [2].

Le collecteur, à chaque paiement, devait délivrer une quittance (*apocha*, *securitas*) au contribuable ; elle devait indiquer le jour, le consul, le mois, le nom, la cause de l'imposition, la somme payée en argent, les objets fournis en nature etc. [3]. Les quittances ainsi délivrées faisaient preuve du paiement et on ne pouvait y opposer l'exception *non numeratæ pecuniæ* [4]. Il suffisait au contribuable de montrer les quittances de trois années continues (*trium cohærentium annorum*) pour établir en sa faveur la présomption qu'il avait payé les années précédentes, et cette présomption ne tombait que devant la preuve contraire [5].

Si les contribuables ne s'exécutaient pas, le gouverneur de la province envoyait d'abord des agents de recouvrement appelés tantôt *apparitores*, tantôt *ducenarii*, *centenarii*, ou d'autres d'un degré plus infime, espèce de garnisaires, nommés *minuscularii* [6]. Si cela ne suffisait point, les biens meubles et immeubles du contribuable pouvaient être mis en vente après un délai de deux mois, en vertu d'un simple ordre du *judex*. Cette vente, contre laquelle on ne pouvait invoquer de causes de rescision, avait lieu en public, dans la forme ordinaire des adjudications [7].

L'universalité des biens des contribuables était soumise à l'hypothèque tacite du Trésor : *Universa bona eorum qui censentur vice pignorum tributis obligata sunt* [8]. Cette hypothèque suivait les biens entre les mains des tiers, et il n'était pas

---

1. C. 13, C. J., *De ann. et tribut.*
2. C. J., 1. 9, *De suscept.*
3. L. 1, C. J., *De apochis.*
4. L. 4, *Cod. Titul.*
5. *Id.*
6. C. Th. et J., 1. 1, *De exaction. C. Th.*, 1. 3, *De indulg. debit.*
7. C. Th., 1. 1, 2, *De distract. pignor.*, et C. Just., 2, 3, *S. propt. public.*
8. L. 1, C. Just., *in quib. caus. pign. tacit.*

même permis d'insérer dans les actes de ventes ou de donations librement faites des clauses ayant pour objet de soustraire le nouveau propriétaire au paiement des impôts arriérés [1]. Quant aux impôts postérieurs à l'acquisition, il était également interdit de les mettre à la charge du vendeur, en vertu de la maxime : « *Dominum qui fructus capit, tributa exigi justum est* [2]. »

Nous avons déjà vu que si un propriétaire abandonnait son fonds pour ne pas payer l'impôt, on pouvait l'attribuer à un tiers, sans que celui-ci fût tenu des impôts arriérés. L'ἐπιβολή fournissait une autre garantie.

On usait de moyens encore plus rigoureux. Ainsi un édit de Constantin [3] défend qu'on emploie, pour forcer les contribuables au paiement de l'impôt, le fouet, le cachot souterrain, le supplice des poids et autres tortures corporelles. Ces cruautés ne cessèrent point pour cela, comme le démontre un nouvel édit de Constance, fils de Constantin, et la fameuse sédition d'Antioche excitée par la barbarie des exacteurs. Ammien Marcellin, parlant de l'obstination des Égyptiens, nous apprend que chez eux c'était une honte de ne pas montrer un corps livide de plaies, comme preuve d'un refus à outrance de payer l'impôt. Zozime et Salvien attestent aussi que ces mœurs barbares n'avaient pas cessé de leur temps.

Ces garanties ne parurent pas encore suffisantes : nous avons déjà dit comment dans chaque cité l'élite des propriétaires fonciers se trouvait constituée en corps et comme réunie en un faisceau. Après avoir chargé les curies de la répartition et de la levée de l'impôt, on imagina de les rendre responsables de son recouvrement, de telle sorte que la fortune personnelle des décurions pût réparer les non-valeurs. La part des membres de la curie dans les charges commu

---

1. Voir le titre *Sine censu vel reliquis fundum comparare non posse. C. J.* et *C. Th.*

2. L. 4, *C. Th., Sine censu.*

3. *C. Just.*, l. 2, *De exact.*

nes s'accroissait ainsi de tous les ravages exercés par la
dépopulation, par la misère publique, par l'invasion des Barbares, par la ruine de toutes les institutions sociales. Pour
cela, tous leurs biens étaient de plein droit obligés au fisc.
Voici comment s'exerçait ce privilége : on s'adressait d'a-
bord à ceux qui avaient été directement chargés de la perception, puis à ceux qui les avaient cautionnés; puis, en troisième lieu, à ceux qui avaient nommé les *exactores;* puis,
finalement, aux autres décurions qui n'avaient pris aucune
part à [la levée de l'impôt[1]. C'est à cause de cette garantie
que les biens des décurions étaient inaliénables, sauf le cas
où ils pouvaient justifier de l'utilité de l'aliénation.

On comprend qu'ainsi enchaînés au recouvrement de
l'impôt par les liens d'une solidarité étroite et d'une responsabilité rigoureuse, les décurions se soient empressés de fuir
la curie et ses ruineux honneurs. Mais les empereurs, de leur
côté, prirent de nombreuses mesures pour les y retenir. On déclara que ni la milice, ni le monachisme, ni les ordres, ni
les dignités achetées ne pouvaient en exempter. En vain re-
nonçaient-ils à leur rang pour se confondre avec les simples
plébéiens ; en vain cherchaient-ils un abri dans la maison
des grands, dans les diverses corporations, dans le désert
même, la législation impériale était toujours là avec ses rigueurs pour les remettre dans leurs chaînes[2]. Il ne leur est
pas permis d'abdiquer leur charge en vendant leurs biens,
il ne leur est pas permis de quitter la ville pour la campagne, ils sont prisonniers dans les limites de leur municipe.
Le contribuable est *immobilisé* au profit du fisc! Ce système
déplorable amena la ruine des curies, qui furent supprimées
par l'empereur Majorien.

Au-dessus des *susceptores* des curies étaient dans chaque
province deux collecteurs généraux appelés aussi *susceptores*[3]. L'un d'eux encaissait les impôts proprement dits, l'autre

1. L. 54, *C. Th.*, *De decur.* — L. 8, *C. Just.*, *De suscept.*
2. *C. Th.*, liv. XII, tit. i, lois 63, 55, 50, 25.
3. *C. Th.*, loi 30. — *C. Just.*, l. 13, *De suscept.*

les revenus du domaine de la couronne et de la maison de l'empereur. Le premier de ces collecteurs, le seul dont nous ayons à nous occuper ici, était nommé, nous dit un texte, *in celeberrimo cœtu provinciæ*[1], c'est-à-dire, sans doute, par les délégués des curies dans ces assemblées qui se tenaient de temps à autre dans les provinces. C'est probablement entre les mains de ce collecteur général que les *susceptores* particuliers des curies faisaient leur versement, car nous ne pouvons admettre, comme le fait M. Baudi de Vesme[2], qu'il n'y ait eu que deux collecteurs par province.

Les percepteurs remplissant une charge publique ne touchaient aucun traitement, mais ils prélevaient sur les prestations en nature un *epimetron*, mesure en sus, dont le taux varia souvent[3].

Tous les trois mois, ils devaient dresser un état des sommes reçues, état qui était publié dans la cité et expédié au préfet du prétoire, afin de rendre les fraudes impossibles[4]. Quant aux sommes payées par les contribuables, les *exactores* devaient les verser au fisc, non pas en écus, mais en lingots d'or[5]. La refonte avait lieu aux frais du contribuable. Les denrées étaient expédiées aux greniers publics et mises sous la garde des *præpositi horreis*.

Les fonds provenant de l'impôt entraient dans la caisse du *rationalis* qui se trouvait au chef-lieu de chaque province. Ils n'en pouvaient plus sortir pour acquitter les dépenses sans un mandat de l'un des ordonnateurs (*nisi jussione sublimium potestatum*)[6]. C'était sans doute le préfet du prétoire qui était investi de cette attribution.

Le contrôle financier était également sous la direction générale du préfet du prétoire[7] qui, comme nous l'avons vu,

---

1. *C. Th.*, 20. — *C. Just.*, l. 8, *De suscept.*
2. *Mémoire sur l'impôt romain*, nᵒˢ 76, 77.
3. *C. Th.*, 21. *C. J.*, 9, *De suscept.*
4. *C. Th.*, 173, *De decur.*; 27, *De suscept.*
5. *De suscept.*, 1, 13, *C. Th.*
6. *C. Th.* et *C. J.*, l. 2, *De his quæ ex publ. coll.*
7. *C. Th.*, 32, *De suscept.*

faisait la répartition de l'impôt entre les provinces. Dans chacune de ces subdivisions administratives, il y avait à côté du gouverneur un employé des bureaux, nommé *Tabularius*, qui tenait un compte d'écritures d'administration[1], parallèle au compte des deniers du *susceptor*, ce qui servait de contrôle.

1. *Dig.*, l. 1, § 6, *De extraord. cognit.*

CHAPITRE VI

Réclamations et remises.

En étudiant l'assiette de l'impôt foncier, nous avons dit que les réclamations individuelles à cet égard se portaient devant les censiteurs, avec appel devant les juges ordinaires, et recours en dernier ressort au préfet du prétoire. Les réclamations collectives devaient être adressées à l'empereur qui statuait sur le rapport du péréquateur. Mais l'appel n'était point admis contre les décisions du *judex*, qui avaient pour objet de contraindre les contribuables au paiement de leurs cotes[1].

Lorsque l'impôt ne pouvait être recouvré, malgré toutes les garanties qu'on avait accordées au fisc, les empereurs prenaient le parti d'en faire remise[2]. Ces remises n'avaient pas toujours la même étendue; quelquefois elles s'appliquaient à tous les contribuables ; d'autres fois, quelques provinces ou même seulement quelques corporations en bénéficiaient. Enfin tantôt elles avaient lieu pour le passé, lorsque le recouvrement des impôts était impossible, tantôt elles avaient lieu pour l'avenir, parce que certaines provinces avaient été dévastées par les Barbares, ou qu'une partie de leur territoire était devenue déserte. Lorsque les remises avaient lieu pour l'avenir, elles constituaient un dégrèvement.

---

1. *C. Th.*, 1. 6, 8, 12, 13, 19. *C. J.*, 1. 4. — *Quorum appell. non rec.*
2. *C. Th.*, au titre *De indulg. debit.*

Les textes nous ont conservé de nombreux exemples de ces remises et de ces dégrèvements. Constantin dégreva les Éduens de 7,000 *capita*, et il leur fit en même temps remise des paiements des arriérés de cinq ans. Julien ne fut pas moins généreux à l'égard de la Gaule. On a déjà vu qu'à son arrivée dans ce pays chaque *caput* payait vingt-cinq *aurei* d'impôt foncier, tandis qu'à son départ il n'en supportait plus que sept. Si considérable que soit cette réduction, elle ne peut cependant pas être comparée à celle qu'Alexandre Sévère accorda à tous les citoyens. D'après Lampride, il réduisit l'impôt de telle sorte que le contribuable qui avait à payer *dix aurei* sous Héliogabale n'eut plus qu'à donner le tiers d'un *aureus* pour se libérer. Quelle idée peut-on se faire, observe judicieusement M. Serrigny, de la forme d'un gouvernement sous lequel un bon prince peut réduire au trentième les impôts établis par un mauvais; ou mieux encore, sous lequel un prince méchant et insensé peut trentupler les impôts qui suffisaient à un prince juste et raisonnable?

On peut aussi citer les dégrèvements accordés à la Campanie en 395 et 418 par l'empereur Honorius, et les remises faites par les Novelles 147, 148, 163 de Justinien.

CHAPITRE VII

Évaluation de l'impôt foncier romain.

Il serait intéressant d'établir la somme totale de l'impôt
foncier payé pour la partie de la Gaule qui correspond à la
France actuelle. M. de Savigny l'a essayé. Le point de départ du système du grand jurisconsulte allemand est un passage de l'*Action de Grâces* d'Eumène à Constantin. De ce
texte, que nous avons déjà cité, il résulte que le territoire des Éduens comprenait 32,000 *capita*, que Constantin
leur fit remise de 7,000, de sorte qu'il ne comprit plus que
25,000 unités imposables. La population totale de la France
étant de 24 millions d'habitants, et celle du territoire des
Éduens de 500,000 habitants, en supposant, avec M. de
Savigny, la population proportionnelle au sol, le territoire
éduen formait la quarante-huitième partie de la Gaule. Si
donc on prend pour base la somme de 25,000 *capita* assignée par Constantin aux Éduens, on trouvera pour le territoire de la Gaule 1,200,000 *capita*.

Quant au contingent de chaque *caput*, il nous est fourni
par Ammien Marcellin, qui rapporte qu'à l'arrivée de Julien
dans notre pays, chaque *caput* payait 25 *aurei*, tandis qu'à
son départ il n'en payait plus que 7. Multipliant le nombre
de *capita* par 25 ou par 7, suivant qu'on cherche le total de
l'impôt avant ou après le départ de Julien, on trouverait, au
premier cas, 30,000,000 d'*aurei*; au second, 8,400,000.

Il ne reste plus, pour comparer l'impôt que payait la

Gaule sous Julien à l'impôt que paye aujourd'hui la France, qu'à connaître la valeur de l'*aureus*. D'après M. de Savigny, l'*aureus* de Constantin vaudrait un peu plus de 13 francs. — Chaque *caput* aurait donc payé 325 francs au commencement de l'administration de Julien et 91 à la fin, soit pour la France entière 390,000,000 avant Julien et 99,000,000 après lui.

Le chiffre serait même encore supérieur, si l'on calculait sur la base de 32,000 *capita* pour le territoire éduen, en tenant compte des 7,000 *capita* retranchés par Constantin.

Quelle que soit l'autorité de M. de Savigny, sa théorie nous paraît plus curieuse que bien fondée. Rien n'établit d'une manière certaine, que la population de ce territoire éduen, dont nous ne connaissons pas même les limites précises, fût exactement la quarante-huitième partie de celle de la Gaule. En serait-il ainsi, qu'on ne pourrait rien en conclure ; car il est impossible d'admettre que le nombre des *capita* ait été dans chaque province parfaitement en proportion du nombre des habitants. Comment croire d'ailleurs qu'un empereur ait pu subitement réduire de 300 millions la contribution foncière dans une seule province ? Mais ce dégrèvement eût produit un déficit énorme dans le budget de l'Empire, dont les dépenses n'étaient point diminuées. Aussi rejetons-nous absolument l'opinion du jurisconsulte allemand.

M. Dureau de La Malle, qui a aussi cherché à évaluer l'impôt foncier dans l'Empire romain, est tombé dans un excès contraire, en prétendant que chaque *caput* ne payait annuellement que deux *solidi* d'impôt, et en outre un demi-*solidus*, à titre de centimes additionnels, pour frais de l'assiette et de la perception. Outre que, s'il en était ainsi, on ne comprendrait guère les plaintes des populations, ce système est contraire aux textes, et même à la Novelle de Majorien sur laquelle s'appuie M. de La Malle, car cette Novelle ne donne nullement ce chiffre comme formant la totalité de l'impôt. M. de La Malle n'a du reste pas cherché à fixer le total de l'impôt en Gaule ou dans les autres provinces.

Il nous semble qu'on en sera toujours réduit aux conjectures à cet égard. Les textes sont bien vagues; on ne peut même pas tous les admettre sans faire quelques réserves. Voici, par exemple, Ammien qui nous dit que le *caput* était taxé à vingt-cinq *solidi* lors de l'entrée de Julien en Gaule ; vingt-cinq *solidi* pour mille, c'est 2 $^{1}/^{2}$ p. 0/0. Or la terre la mieux cultivée ne produit guère plus. — Quoi qu'on nous raconte des exigences de la fiscalité romaine, nous ne saurions croire qu'elles soient allées jusqu'à absorber tout le revenu des immeubles. Si le texte d'Ammien n'a pas été altéré, il faut supposer que ce chiffre n'était pas celui de l'impôt ordinaire, mais de quelque contribution de guerre, ou de quelque espèce d'emprunt forcé. — D'un autre côté, il est souvent difficile de savoir si les constitutions des empereurs mentionnent tous les impôts. — On a donc des bases trop fragiles pour établir une évaluation sérieuse du total de l'impôt foncier en Gaule ou dans l'Empire romain.

Nous terminons ici l'étude de l'impôt foncier romain. Nous allons, au livre suivant, exposer les transformations qu'il subit aux mains des Barbares, qui au ve siècle remplacèrent les Romains dans la Gaule.

LIVRE IV

L'IMPOT FONCIER EN FRANCE

DEPUIS LA CHUTE DE L'EMPIRE ROMAIN JUSQU'A L'AVÉNEMENT DE LA FÉODALITÉ

CHAPITRE PREMIER

Conséquences de l'invasion des Francs sur l'impôt foncier.

La littérature historique du dernier siècle est remplie des controverses ardentes et passionnées qui se sont élevées sur les caractères de l'invasion franque en Gaule et sur ses conséquences. Il y avait, en effet, un grand intérêt, sous un régime où il n'existait aucune constitution écrite, où les institutions politiques et sociales étaient entièrement fondées sur la tradition, et où par suite la recherche des origines paraissait être la recherche du droit lui-même; il y avait, dis-je, un grand intérêt à connaître comment s'était formée et avait grandi la Monarchie française, d'où étaient sorties les classes privilégiées, quels étaient leurs droits primitifs, quel avait été dans les commencements le sort du tiers État, c'est-à-dire de l'immense majorité de la nation. La question de l'impôt se rattachait naturellement à ces études. Si en effet le système savant et compliqué des finances romaines a été conservé par

les Francs, on est forcé d'admettre que les droits des propriétaires, ou au moins de la propriété, auront été respectés ; en
d'autres termes, que la nation conquise payant aux Francs
les mêmes contributions qu'aux empereurs aura joui en droit
de la possession paisible et de la libre disposition de ses biens.
Il faudra aussi conclure de là qu'il y a des citoyens plus ou
moins libres, mais enfin des citoyens et non des serfs, attendu que le serf acquitte des redevances privées et non des
impôts publics et qu'il est comptable à son maître et non au
souverain.

Si, au contraire, l'impôt cessant d'être une contribution
publique est descendu à l'état de cens, le citoyen ou
le contribuable sera descendu en même temps au rang de
censitaire et aura ainsi passé de la liberté à la servitude,
Alors il se sera formé au-dessous du Franc vainqueur et conquérant, ancêtre du baron féodal, une nouvelle classe de
personnes, un nouveau gouvernement, une nouvelle société.
On comprend donc que cette question ait vivement préoccupé
les écrivains qui ont cherché dans l'étude des origines de
la France la justification des prétentions féodales ou des
revendications démocratiques.

Nous n'avons à exposer de ces systèmes divers, qui remplissent plusieurs in-folios, que la partie qui se rattache à
l'organisation financière de la Gaule après la conquête. Nous
allons passer successivement en revue les principaux écrivains qui ont traité cette matière.

Le premier dont nous parlerons, et qui n'est pas le moins
original, est le comte de Boulainvilliers. Selon ce gentilhomme d'un esprit étroit, et profondément pénétré de la conviction d'une inégalité native entre la noblesse et le tiers
état, la conquête aurait eu pour effet « de réduire en servitude
les Gaulois, dont les *Français* furent maîtres et seigneurs.
Depuis cette époque, les *Français originaires* ont été les véritables nobles et seuls capables de l'être ». Ils jouissaient à ce
titre de l'exemption de toutes les charges pécuniaires, tandis
que les Gaulois, privés de tout droit politique et en grande

partie du droit de propriété, furent destinés par les conquérants au travail et à la culture des terres. L'impôt foncier disparut entièrement pour faire place à des redevances privées,
établies au profit du vainqueur.

Publiée en 1727, la théorie de Boulainvilliers, qui faisait
descendre l'aristocratie de la race conquérante et justifiait
ainsi ses priviléges, trouva de nombreux contradicteurs
dans les rangs du tiers État. Le plus célèbre fut l'abbé Dubos.
Dans sa vaste Histoire de l'établissement de la Monarchie
française, Dubos s'attache à prouver qu'il n'y a point eu de
conquête à l'origine, que les Francs sont venus en Gaule
comme alliés des Romains, qu'après la chute de l'Empire les
rois francs exercèrent la souveraineté dans les mêmes conditions que les empereurs romains dont ils reçurent d'ailleurs
l'investiture; qu'il n'y eut donc ni vainqueurs ni vaincus,
mais qu'au contraire les Francs et les Gallo-Romains vécu-
rent avec des lois différentes sur un pied d'égalité, qu'ils
étaient également admis à tous les emplois et soumis à tous
les impôts [1]. Les priviléges de la noblesse sont donc des
usurpations postérieures à l'établissement des Francs.

Montesquieu faisait une critique fort juste de ces deux
systèmes, lorsqu'il disait dans l'Esprit des lois : « M. le comte
de Boulainvilliers et M. l'abbé Dubos ont fait chacun un
système dont l'un semble une conjuration contre le tiers État
et l'autre une conjuration contre la noblesse. Lorsque le
Soleil donna à Phaéton son char à conduire, il lui dit : Si vous
montez trop haut, vous brûlerez la demeure céleste; si vous
descendez trop bas, vous réduirez en cendres la terre. N'allez
point trop à droite, vous tomberiez dans la constellation du
Serpent; n'allez point trop à gauche, vous iriez dans celle de
l'Autel. Tenez-vous entre les deux [2]. »

Il est malheureux que Montesquieu n'ait pas toujours
pratiqué ce beau précepte. Il est trop visible qu'il garde toute

1. Livre VI, ch. I, II, VIII, IX, X, XI, XIV, XVI.
2. Voir *Esprit des lois*, livre XXX.

sa bienveillance pour l'écrivain grand seigneur, et toute sa sévérité pour le publiciste plébéien. Ce n'est pas à dire qu'un grand
nombre des critiques de Montesquieu, critiques aussi vives
qu'ingénieuses, soient sans fondement. Mais l'illustre écrivain,
qui avait plus souvent feuilleté les Capitulaires que les vieilles
chroniques qui leur servent de commentaires, se refuse à
reconnaître sous les Mérovingiens l'existence d'un impôt
territorial assis sur la généralité des propriétés foncières, et
perçu régulièrement par le prince, comme maître du territoire et chef de la nation conquérante. Il prétend, et nous
démontrerons plus loin son erreur, que les charges de cette
nature qui pesaient sur les Gallo-Romains furent converties
sous les Barbares en services militaires ; et il ne veut voir
dans les mots *census* et *tributum* qu'on lit à chacune des
pages de Grégoire de Tours, dans le texte des lois barbares,
dans les formules de Marculf et les autres monuments contemporains, que des redevances purement seigneuriales, de
véritables rentes, payées au propriétaire par le colon à qui est
abandonnée la jouissance de la propriété, mais jamais l'indication d'un tribut public payé au nom du prince.

Mably, à un point de vue bien différent, affirme aussi la
disparition de l'impôt : « Ces douanes, dit-il[1], ces cens, ces
capitations, et pour tout dire en un mot tous ces tributs que
l'avarice et le faste des empereurs avaient exigés de leurs
sujets tombèrent en oubli sous le gouverment des Français. »

Ces controverses, renouvelées avec éclat pendant la Restauration par les Montlausier, les Guizot, les Thierry, sont
aujourd'hui entrées dans le domaine de la science pure et de
la critique désintéressée. La question de l'impôt barbare
n'en a pas moins conservé un vif intérêt historique. Nous
allons donc en parler avec quelques détails.

On se représente ordinairement au début de l'histoire de
France une immense irruption de Germains, et on se figure
volontiers la Gaule envahie, écrasée, asservie. Il n'en fut

---

1. *Observations sur l'hist. de France*, livre Ier, chap. II.

pourtant point ainsi. Qu'il y ait eu au moment de l'établissement des Francs de nombreux actes de colère et de vengeance, c'est ce qu'on ne peut contester ; mais on ne trouve aucune trace d'un asservissement en masse de la population gauloise. Tous les documents, au contraire, attestent que cette population resta dans les mêmes conditions sociales où elle se trouvait à l'arrivée des Germains. Le droit de propriété ne fut lui-même pas contesté aux Gallo-Romains ; s'il y eut quelques spoliations, elles furent toutes locales ; les terres du domaine public, qui était passé des empereurs aux mains des rois, suffisaient à récompenser largement tous les guerriers. On n'a jamais pu trouver, en ce qui concerne les Francs, un seul mot qui se rapporte à des terres enlevées aux Gaulois et partagées entre les conquérants.

Il était tout naturel que, laissant la propriété aux mains des Gallo-Romains, les Francs aient perçu l'impôt dont elle était chargée. On ne voit point pourquoi ils auraient accordé un dégrèvement aux vaincus. Les rois mérovingiens, qui prétendaient gouverner à la manière romaine et continuer l'Empire, avaient les mêmes besoins que leurs prédécesseurs. Ils trouvaient pour y faire face une administration financière tout organisée, et ils n'avaient qu'à profiter du savant mécanisme que leur léguait le génie romain. — Aussi l'impôt foncier continua-t-il à être perçu au nom du roi, comme il l'était au nom de l'empereur, sur toutes les terres possédées par les Gallo-Romains. C'est là en effet ce que les textes de l'époque mérovingienne rendent manifeste.

Dans un diplôme accordé par Clovis au monastère de Micy, situé près d'Orléans, nous lisons : « Tout ce qui appartient à notre fisc entre les lits des fleuves, nous le livrons absolument et sans réserve par la sainte confarréation et par l'anneau, et nous en cédons la propriété complète sans péage, sans exaction, — *absque tributis, naulo et exactione.* » Les mots *tributis* et *exactione* ne sauraient faire double emploi, et si l'un signifie que le donateur renonçait à exiger aucune rente ou revenu de la propriété dont il se dépouillait,

il faut que l'autre désigne l'exemption du tribut public. —
Comme l'a très-bien fait remarquer M. Guérard dans son Introduction au Polyptyque d'Irminon, le mot *exactio* était sa-
cramentel en cette matière, et il n'y a pour le voir qu'à
ouvrir le Code Théodosien; tandis que *tributum* s'employait
déjà au temps de Grégoire de Tours [1] pour désigner les redevances de colons à propriétaires.

Dans son Histoire de l'Église de Reims, Flodoard, après
avoir rapporté que le roi Dagobert avait accordé une immunité complète à l'archevêque Rigobert en faveur de son
église, ajoute : « L'archevêque lui rappela que l'Église de
Reims avait joui d'une pleine et entière immunité de toutes
les charges publiques — *functionum publicarum*, — sous les
rois ses prédécesseurs depuis les temps du seigneur Remy
et du roi Clovis. [2] » Il est bien évident que ces *functiones publicæ* du texte nous reportent aux impôts romains, aux *functiones publicæ* du Code et n'ont pas un autre sens [3].

Des évêques réunis en synode dans la cité d'Auvergne
écrivaient aussi dans des termes pareils à Théodebert, roi
d'Austrasie, pour le prier de laisser la libre jouissance de
leurs biens à ceux d'entre les sujets de ses oncles Caribert
et Clotaire qui se trouvaient possessionnés dans ses États,
à condition de lui payer comme au souverain les tributs dont
ces biens étaient frappés : « C'est pourquoi, disent-ils, nous
vous adressons nos très-humbles supplications, vous priant
de vouloir bien nous accorder en vue de Dieu ce que nous
vous demandons ; de telle sorte que les recteurs des églises,
et même les séculiers, etc., etc., — jouissent en paix de ce qui
leur appartient et n'aient à payer *que le tribut que chacun doit
au prince dans le lot duquel sa propriété est située.* Pour nous,
nous croyons que votre Trésor ne peut qu'y gagner, si la
propriété respectée, et mise à l'abri de toute violence, ac-

---

1. *De gloria confess.*, c. III.
2. *Hist. remens. eccles.*, II, XI.
3. C. Th., livr. XI, tit. I, loi 36.

quitte comme de coutume *les charges ordinaires qui pèsent sur elle.* » — Théodebert fit lui-même, d'après Grégoire de Tours, remise aux Églises d'Auvergne « de tous les *tributs* dont elles étaient redevables envers son père [1]. »

Sous le règne de Chilpéric, nous voyons le duc de Bretagne céder au roi la ville de Vannes, en s'engageant, à condition qu'on lui en accordât le gouvernement, à payer tous les ans les tributs que devait cette ville [2].

Il y a aussi dans Grégoire de Tours un passage d'autant plus concluant qu'il met en opposition ces deux choses qu'on a souvent confondues : le tribut public perçu au nom du prince, et les revenus particuliers du roi et des membres de la famille royale. Nous voyons au chapitre v du livre VI que la reine Frédégonde, faisant à sa fille des présents magnifiques, ajouta que tout cela était le produit du revenu de ses terres, et que rien ne sortait du Trésor public.

Le même auteur nous dit, dans son ouvrage *De gloriâ confessorum* [3], que l'empereur Léon, sur la demande de l'archidiacre de Lyon qui avait guéri sa fille, accorda à la cité la remise du tribut. « C'est pourquoi, ajoute le chroniqueur, on ne paie aujourd'hui aucun tribut au prince à une distance de trois mille autour des murs. *Unde circa muros urbis illius in tertio millario tributa non redduntur in publico.* » Donc on payait ailleurs. Ce dernier texte est intéressant, en ce qu'il établit bien clairement qu'il s'agit d'un tribut, dans l'acception qu'avait ce mot sous l'Empire, et non pas d'une simple rente due aux Francs, comme propriétaires du sol.

Dans un autre passage, Grégoire de Tours n'est pas moins explicite : « Le roi Clotaire, dit-il, avait ordonné par un édit que toutes les Églises de France paieraient au fisc la tierce partie des fruits [4]. » Il est bien certain que les Églises des Gaules n'appartenaient pas au roi. Ce n'était donc pas un propriétaire

---

1. Grég. de Tours, *Hist. des Francs*, III, et appendice.
2. Grég. de Tours, livre V, ch. xxvii.
3. 63.
4. Grég. de Tours, IV, ii.

qui exigeait un cens privé, mais un souverain qui établissait un impôt public.

Avec l'impôt foncier, les rois francs conservèrent le cadastre qui lui servait de base ; et ils firent même procéder à plusieurs révisions et recensements, afin de le tenir au courant des mutations de la propriété. Chilpéric, par exemple, ordonna des *descriptions* nouvelles et aggravantes dans tout son royaume [1]. Pour ces opérations, on employait des agents spéciaux, nommés *descriptores*, qui sont les mêmes que les *censitores* et les *peræquatores* du Code Théodosien. — L'historien auquel nous faisons de si fréquents emprunts nous a conservé, dans une page souvent citée à propos du sujet qui nous occupe, des détails intéressants sur le rôle de ces agents du fisc barbare [2].

« Le roi Childebert, dit Grégoire de Tours, envoya à Poitiers, en qualité de commissaires pour le cadastre, Florentin, maire du palais, et Romulf, comte, afin que, raison faite des changements survenus, le peuple pût payer au roi le cens qu'il avait payé du temps de son père. *Ut populus censum quem tempore patris reddiderat, facta ratione innovaturæ, reddere deberet.* — Les envoyés procédèrent par ordre, déchargèrent les pauvres et les faibles et soumirent au cens public ceux qui, conformément à la justice, devaient être soumis au tribut. Puis ils vinrent à Tours. Mais lorsqu'ils voulurent imposer aux habitants l'obligation du tribut, disant qu'ils avaient en mains le livre d'après lequel l'impôt avait été soldé sous les rois précédents, nous répondîmes : « Il « est très-certain que du temps de Clotaire il fut fait un recen- « sement et que les livres furent portés au roi ; mais les regis- « tres furent brûlés, parce que le roi avait la crainte du saint « évêque Martin… » — Et, plus loin, l'historien ajoute : « Main- « tenant il est en votre pouvoir de suivre ou non le recense- « ment du tribut ; mais prenez garde de ne point nuire au roi,

---

1. Grégoire de Tours, *Histoire des Francs*, V, xxv.
2. *Id.*, IX, xxx, *Hist. des Francs.*

« en agissant contre son serment. » Les envoyés répondirent :
« Voilà en nos mains le registre en vertu duquel ce peuple est
« imposé. » Or je dis : « Ce livre n'a point été apporté du Trésor
« du roi et n'a point fait autorité depuis plusieurs années... » —
Nous envoyâmes des messagers au roi pour avoir sa décision
sur ce point ; mais bientôt nous reçûmes des lettres royales
portant que par respect pour saint Martin le peuple de
Tours ne serait pas soumis au recensement. »

Il résulte bien de ce texte que l'exemption de la ville de
Tours, si vivement contestée, était chose exceptionnelle ; que
c'était en vertu des livres du recensement que l'impôt était
perçu ; que ces registres, qui tenaient compte de tous les
changements, étaient déposés au Trésor royal ; qu'enfin le cadastre subsistait encore, comme un des derniers débris de
l'organisation romaine.

CHAPITRE II

Modifications de l'impôt. — Immunités de l'Église et des Francs.

L'invasion des Francs amena cependant dans le mécanisme administratif de la Gaule des modifications inévitables, dont le contre-coup se fit sentir dans le régime financier. La royauté n'offrait plus qu'une pâle image du pouvoir impérial, et son rôle était très-effacé. De nombreux rouages avaient disparu de la machine gouvernementale, et le ressort de l'administration avait été brisé. Il n'y avait plus ni préfectures ni bureaux; les formes répondant à cette organisation devaient donc disparaître avec elle. Comme les empereurs, les rois mérovingiens continuèrent à décréter les impôts de leur bonne volonté; mais ils ne suivirent pas les formes régulières de l'indiction périodique et des délégations successives adressées au diocèse, à la province, à la cité. Si, comme nous l'avons vu, ils conservèrent le cadastre, ils n'en transformèrent pas moins l'impôt direct en une véritable taxe sur le revenu. Le passage de Grégoire de Tours déjà cité en contient la preuve formelle : « Le roi Clotaire avait décrété que toutes les Églises de son royaume paieraient au fisc le tiers des produits de leurs propriétés. »

En même temps disparaissent et l'*adjectio* et la *compensatio*, et surtout cette solidarité monstrueuse qui liait les décurions à tous leurs concitoyens. Chacun n'a plus que sa part à supporter dans les charges publiques. Les attributions de la curie deviennent purement civiles ; et c'est le comte chargé de gouverner la cité au nom du prince qui prend la place dangereuse qu'elle occupait vis-à-vis du fisc, et perçoit l'impôt sous sa responsabilité.

Les textes ne laissent aucun doute à cet égard. Ainsi l'on voit, dans Grégoire de Tours, le comte Macco, à Poitiers, se rendre auprès du roi pour verser entre ses mains ce qu'il devait au fisc [1], et le comte Becco, en Auvergne, présider à la répartition et au recouvrement du tribut [2]. Il parle aussi d'un *Medardus* qu'il appelle tribun, d'un autre qualifié *tribunitiæ potestatis virum*, — c'est-à-dire, selon dom Bousquet [3], une sorte d'officier fiscal subordonné au comte. — Les attributions fiscales des comtes sont d'ailleurs parfaitement indiquées dans la formule par laquelle ils étaient investis de leur dignité. L'obligation de faire porter chaque année au Trésor du prince tous les produits qui lui revenaient dans les limites du comté y est clairement mentionnée : « *Et quidquid de ipsa actione in fisci dictionibus speratur, per temet ipsum, annis singulis ærari is nostris inferatur.* » *Formules* de Marculf, VIII [4].

Le comte n'était pas un simple agent fiscal, intermédiaire entre le prince et les contribuables. Il· prenait en quelque sorte à ferme l'impôt qu'il faisait ensuite rentrer à ses risques et périls. — Ainsi le comte Pœonius, à Auxerre, envoie son fils à la cour pour renouveler le bail de sa charge [4]. Il arrivait aussi que le comte sous-affermât à son tour les tributs, dont il restait responsable vis-à-vis du fisc. Quelquefois même, soit que l'impôt rentrât difficilement, soit qu'il y eut intérêt à faire des avances au fisc, on voit le comte emprunter de l'argent aux juifs, pour être en mesure de verser l'impôt. On peut lire à ce sujet la singulière aventure du juif Armentarius, dont Grégoire de Tours nous a conservé le souvenir [5].

---

1. *H. des Fr.*, X, xxx.
2. *Miracles de saint Julien*, xvi.
3. III, xlii, *H. des Fr*.
4. *Ibid.*, IV, xli.
5. *Ibid.*, VII, xxiii.

Comme au temps des Romains, l'impôt était acquitté soit en nature, soit en argent, selon la volonté du prince. « Le vin que l'on doit fournir pour notre maison, lit-on au Code Théodosien [1], nous ordonnons, conformément au décret de notre frère Constant, que tous les possesseurs de l'Italie soient tenus d'y contribuer. » — L'on trouve une prestation analogue sous Chilpéric qui décida que tout possesseur de terres payerait une amphore de vin par arpent. Il est probable que les contribuables avaient conservé la faculté de se libérer en argent.

L'usage était encore de faire la publication des rôles au premier mars, époque où jadis les empereurs rendaient l'indiction : « Le roi Chilpéric fit faire de nouveaux recensements... De son côté le peuple limousin, se voyant accablé d'un pareil fardeau (il s'agit de cet impôt des amphores dont nous venons de parler), se rassembla le jour des calendes de mars et voulut mettre à mort Marc le Référendaire qui avait reçu l'ordre de dresser les nouveaux rôles. » On peut voir aussi dans ce sens un autre passage au chapitre v de l'*Histoire* de Grégoire de Tours [2].

. C'est une question fort controversée que celle de savoir si les terres possédées par les Francs en Gaule furent exemptes de l'impôt. D'après les mœurs dont témoigne Tacite, les Germains ne payaient pas de tribut. Rien ne prouve que cet usage n'ait pas été transporté sur le sol conquis. — Cette immunité se trouvait d'ailleurs en rapport avec l'origine des terres occupées par les Francs. Ils s'emparèrent en effet, non des propriétés privées, mais des terres du fisc, et ces terres, qui n'étaient pas comprises dans le cens, et soumises à l'impôt avant l'invasion germanique, durent à plus forte raison conserver leur immunité avec leurs nouveaux possesseurs. De cette immunité vint probablement la dénomination primitive de franc-alleu, que l'on donne aux propriétés exemptes

---

1. Liv. XI, tit. i, l. 6.
2. § 4.

de toute charge publique. On voit d'ailleurs de très-bonne
heure les rois faire des tentatives pour mettre des impôts sur
des hommes et sur des terres qui se croyaient en droit de n'en
supporter aucun.

Ces tentatives amènent des révoltes, notamment en 547,
en 578, en 584. Non-seulement les Francs, soutenus par le
souvenir de leur ancienne indépendance, résistent et refusent
de payer l'impôt pour les alleux, mais ils veulent même tenir
en toute franchise les terres qu'ils ont obtenues depuis la
conquête à un titre quelconque. Leur prétention triomphe et
se change en droit, car la nouvelle organisation de la monarchie ne permet pas de la combattre efficacement. En 615,
dans l'assemblée tenue à Paris, Clotaire II, promet de révoquer toutes les charges indûment imposées aux propriétés.
« *Ut ubicunque census novus impie addictus est et a populo
reclamatur justa inquisitione misericorditer emendetur.* »
(Édit. Chloth. 2, § 8, dans Baluze, t. I, p. 23.) Mais ces
charges se renouvellent aussitôt que le roi est assez fort pour
écraser les résistances.

Les biens de l'Église ne furent pas affranchis d'une manière générale, mais il y eut en leur faveur une série de concessions particulières. Le premier monument authentique de
ce genre est le diplôme de Clovis, de l'an 497, en faveur du
monastère de Réomé. (*Diplomat.*, I, xxx, édit. Pardessus). La
preuve que l'immunité n'était pas générale et de plein droit
sous les Mérovingiens ressort de l'*Histoire de Grégoire de Tours*
et de plusieurs formules qui contiennent l'exemption. (Grég.
de Tours, IV, II, et Marculf, *Formul.*, I, II, III.) — Mais
l'exemption devint progressivement une habitude publique,
et l'on peut dire que, dès la fin de l'époque mérovingienne,
l'Église était en possession d'un privilége qu'elle devait conserver pendant plusieurs siècles.

CHAPITRE III

Transformation de l'impôt.

L'impôt romain subsista donc avec certaines modifications, pendant les premiers temps qui suivirent la conquête, mais il ne devait pas tarder à se perdre entre les mains barbares incapables de faire mouvoir les savants rouages de l'administration romaine. D'autres influences se réunirent pour le détruire, et le tribut payé au souverain ne tarda pas à se transformer en une redevance privée payée au propriétaire de la terre. Nous allons indiquer les causes principales de cette révolution fiscale.

Ce furent d'abord les immunités. On a déjà vu que sous la loi romaine les gens considérables (*Potentes*) obtenaient l'affranchissement de certaines charges publiques. Le petit propriétaire trouva un moyen fort simple de profiter de ces immunités. Il vendait son domaine à l'immuniste, qui le lui restituait immédiatement à titre de fermage perpétuel, en se réservant seulement une redevance, mais plus faible que celle que le prétendu vendeur eût payée au fisc.

Il y eut une cause plus désastreuse encore pour le Trésor du roi dans l'attribution d'impôts faite à des particuliers à titre de récompense, attribution qui s'opérait le plus ordinairement par l'abandon de la faculté de percevoir au nom et lieu du fisc les droits imposés dans telle ou telle *villa...* Déjà il y avait eu sous les empereurs des délégations d'impôts accordées à des personnes privées et devenant entre leurs mains une propriété transmissible par succession et même par vente ou donation[1]. Les rois barbares suivirent cet exemple. Ainsi, en 629, le roi Dagobert accorde à l'Église de Saint-Denis la création d'une foire favorisée de plusieurs priviléges, et il termine la concession en abandonnant à l'abbaye tous les droits que le fisc aurait pu, selon l'usage, prétendre sur le marché[2]. On trouve aussi une donation faite par Sigebert II, en 656, de la recette des impositions sur certains fleuves. L'impôt sur la propriété foncière dut subir le même sort. Nous en avons pour preuve la cession faite à l'Église de Tours de tout le tribut payé autrefois par la ville au souverain, cession consacrée par une charte : « *Omnem censum qui reipublicæ solvebatur ad integrum, Dagobertus rex eidem Ecclesiæ indulsit atque per chartam confirmavit.* » — Texte de la Vie de saint Éloi, cité par M. Guérard dans ses Prolégomènes du Polyptique d'Irminon. — Le polyptique de Wissembourg offre un autre exemple de cette transformation. On y voit l'impôt cédé à l'abbaye par le roi, et devenant un cens privé. Il faut ici bien le remarquer, les colons ne payaient pas seulement au monastère pour leurs personnes et pour les manses qui leur avaient été concédés à charge de redevance, ils payaient aussi un tribut pour les biens qui leur appartenaient en propre. C'était bien la *capitatio terrena* romaine, tombée dans le domaine privé.

Enfin nous avons vu que l'une des principales fonctions des comtes était de verser chaque année le produit des impôts dans le Trésor public. Ces charges étaient à la nomination du roi, et les émoluments qui en dépendaient consistaient surtout dans l'abandon fait aux titulaires d'une partie des redevances perçues. Cette part s'élevait ordinairement au tiers. Ils ne devaient compte ainsi que des deux autres tiers : c'est cette dernière portion que les lois de l'époque

---

1. Voir, par exemple, *Code Théod.*, l. XII, titre I, loi 25.
2. *Biblioth. de l'École des Chartes*, IX.

appellent *pars regia*. Les profits attachés à ces charges les rendaient donc précieuses ; aussi leurs titulaires, à l'exemple des détenteurs de bénéfices, cherchèrent à les garder et réussirent de même à les rendre viagères, puis héréditaires, en même temps qu'il envahissaient la portion dont ils devaient compte au roi. Ces usurpations reçurent une consécration légale, sous les Carlovingiens, par le Capitulaire de Kiersy.

On a prétendu que dès la période mérovingienne la transformation de l'impôt public en cens privé était définitivement accomplie. En effet, à partir de Dagobert, aucune loi, aucun Capitulaire ne mentionne plus ni recensement des cités, ni révision cadastrale, ni intervention des officiers royaux. En même temps qu'on voit disparaître les livres de recensement, on voit apparaître les polyptiques ou registres censiers des monastères, et plus tard les livres terriers des seigneurs. Les mots de *census* et de *tributum* ont presque partout la signification d'une redevance privée. — D'ailleurs depuis la mort de Dagobert, en 638, jusqu'à l'année 805, c'est-à-dire pendant une période de cent trente-sept ans, aucun texte ne mentionne d'une manière expresse le cens public. On peut donc croire qu'il a été brusquement emporté par la révolution carlovingienne ou qu'il est insensiblement tombé en désuétude à la faveur des désordres de l'époque. Quant il reparaît sous le règne de Charlemagne et de ses successeurs, on s'accorde généralement à le considérer comme une redevance privée et on refuse de lui reconnaître les caractères d'un impôt public.

Nous nous permettrons pourtant, quelque grande que soit l'autorité des maîtres [1] qui ont adopté cette opinion, de faire quelques réserves sur ce point. Nous admettons bien que dès lors l'impôt public ait perdu la plupart des caractères qui le distinguaient des redevances privées, mais non pas qu'il se soit confondu entièrement avec elles. Si pen-

---

1. MM. Guérard, *Polyptique d'Irminon* ; Lehuerou, *Administration des Mérovingiens ;* Laferrière, *Hist. du droit.*

dant plus d'un siècle et demi on se tait sur le cens public, c'est que le décret d'imposition est devenu inutile et que l'impôt est réglé par la coutume ; or la coutume n'est autre chose que l'acte de l'autorité suprême continué, sans être renouvelé d'une manière expresse. Mais d'autre part le tribut se trouve réduit à sa plus simple expression, puisqu'il peut être perçu sans l'intervention directe et immédiate du pouvoir central, au nom de la coutume, par les puissants (*Potentes*), qui ont dans leurs domaines l'exercice de la souveraineté et des droits qui s'y rattachent, ou qui ont reçu la délégation de l'impôt.

Il subsiste cependant encore une distinction entre le cens public et le cens privé ; et cette distinction suffit pour modifier la situation du tributaire. Celui qui paye tribut à titre d'impôt le paye en vertu d'un ordre de l'autorité perpétué par la tradition, mais il n'a consenti aucun amoindrissement, aucune aliénation de son fonds ; il reste propriétaire incommutable. Celui qui paye tribut à titre de redevance privée le paye en vertu d'un contrat, soit qu'il ait remis sa propriété entre les mains d'un autre pour en obtenir protection, et en ait ensuite repris la possession à charge de servir une rente au propriétaire, soit qu'il l'ait reçue à titre de libéralité sous ces conditions. Il n'a jamais eu ou il a perdu l'exercice du droit de propriété [1].

Les textes de l'époque carlovingienne nous paraissent indiquer clairement la persistance du cens traditionnel, coutumier, payé à titre d'impôt, soit au roi, comme souverain, soit à ses délégataires. Le Capitulaire de 805, promulgué par Charlemagne, nous dit : « *Census regalis undecunque legitime exicbat volumus ut inde solvatur sive de propria persona hominis sivede rebus.* » (Art. 20.) — Cette disposition est insérée au milieu d'un grand nombre d'autres qui concernent l'intérêt public ; et d'ailleurs il n'est pas possible de donner aux mots de *census regalis* la signification de cens privé, et de l'appli-

---

1. Clamageran, *Hist. des impôts en France*, tome Ier, chap. iii du livre II.

quer aux produits de la propiété privée... Dans un autre Capitulaire de 812, il est ordonné « *ut missi dominici census nostros diligenter inquirant, undecunque venire antiquitus ad partem regis solebant.* » — *Pars regis* ne put s'entendre que d'une redevance fiscale. — Un autre Capitulaire de l'an 819 n'est pas moins explicite : il décide (art. 7) que si une terre tributaire, dont le tribut revenait au prince selon la coutume, a été livrée à l'Église ou à tout autre, celui qui l'aura reçue devra payer intégralement le tribut tel qu'il était perçu, à moins qu'il ne puisse exhiber un acte de confirmation en vertu duquel le tribut lui aura été remis. — Il s'agit bien ici d'un cens royal ; le tributaire n'est pas à la discrétion du prince, il dispose de la chose à son gré. Cela est encore plus évident si l'on rapproche cet art. 2 de l'art. 4 du même Capitulaire, où il est question d'un cens privé constitué par un contrat. On pourrait citer encore un grand nombre de textes que l'on trouve épars dans les Capitulaires, jusqu'en 877, où le Capitulaire de Kiersy proclame l'hérédité des offices. Dès lors les officiers du roi deviennent les grands vassaux de la couronne, c'est-à-dire de petits souverains à peu près indépendants. Le cens royal, dont ils retenaient déjà, comme nous l'avons dit, une grande partie, tombe tout entier en leurs mains ; ils n'ont plus de comptes à rendre : la Féodalité est fondée.

Mais si, sous les Carlovingiens, le propriétaire foncier cessait insensiblement d'être soumis à l'impôt public envers le roi, pour n'être plus tenu qu'à des redevances privées envers le seigneur propriétaire, un service public se conservait pourtant intact. Nous voulons parler du service militaire, qui, sous la dynastie carlovingienne comme sous la loi romaine, est fourni par la propriété foncière. Un Capitulaire de 811 statue que tout homme qui a en toute propriété ou en bénéfice quatre manses en pleine culture sera obligé de marcher en personne ; que celui qui n'a que trois manses se joindra à un autre qui n'en a qu'un, et que ce dernier contribuera pour le quart aux frais de la campagne.

Le propriétaire de deux manses devait faire un accord

semblable avec un autre propriétaire de la même condition, et enfin celui qui n'en avait qu'un seul était équipé et défrayé par trois de ses pairs qui restaient chez eux. Ces conditions pouvaient d'ailleurs varier suivant les besoins de l'État ; mais l'impôt du sang, comme on dit aujourd'hui, ne pesait généralement que sur la propriété territoriale et ce n'était que dans les plus graves circonstances qu'on descendait jusqu'aux hommes libres qui n'avaient ni propriété ni bénéfice.

Un grand fait doit être signalé enfin dans l'histoire financière de cette époque. Nous voulons parler de l'établissement régulier et définitif de la dîme.

De bonne heure, l'Église l'avait réclamée comme un droit, et sous les Mérovingiens elle réussit quelquefois à l'obtenir, mais à titre d'exception. (Sirmond., *Concil. Eccl. Gall.*, p. 343, t. Ier.) La dîme ne devint universelle et permanente que sous Charlemagne, par le Capitulaire de Francfort, rendu en 794. Plusieurs autres Capitulaires suivirent à peu d'années de distance pour en régler l'exercice. Des mesures de contrainte étaient prises contre les récalcitrants. On commençait par leur refuser l'entrée de l'église, puis on les jetait en prison. La dîme était due non-seulement sur tous les produits de la terre, sans distinction, mais même sur tous les animaux qui naissent sur son sein. (*Carol.* II *Convent. Ticin.*, 876.) On pouvait l'acquitter en argent si l'évêque y consentait ; mais la législation varia sur ce point.

On faisait trois parts du tout. La première était affectée à l'entretien de l'église, la deuxième aux pauvres et voyageurs, la troisième au clergé. Mais cette attribution n'était pas toujours invariable, car quelquefois l'évêque intervenait comme quatrième co-partageant. La dîme appartenait à l'église paroissiale, c'est-à-dire à celle où l'on baptisait, et chaque église paroissiale exerçait son droit, dans une circonscription déterminée, sur toutes les habitations qui s'y trouvaient comprises.

Cet impôt du dixième sur les produits du sol, cette dîme dont le nom seul soulève encore après un siècle les colères de nos populations rurales, ne s'établit pas sans résistance. On en a la preuve dans une lettre d'Alcuin à Charlemagne : « Que votre piété, lit-on, considère s'il est bon d'imposer le joug de la dîme à des peuples encore grossiers dont la foi date d'hier (il s'agit des Saxons); si les apôtres, instruits par le Christ lui-même et envoyés dans tout l'univers avec mission de prêcher, ont jamais exigé cet impôt de la dîme; nous savons bien que la dîme de notre revenu est chose excellente, mais il vaut mieux la perdre que de renier la foi. Nous qui sommes élevés dans la foi catholique, nous avons une peine infinie à payer la dîme de nos biens. A plus forte raison une foi encore tendre, un cœur enfant, un caractère parcimonieux et avare. » — On continua d'ailleurs sous les Carlovingiens à accorder de nombreuses immunités aux terres qui appartenaient aux églises, et à les dispenser de la plupart des redevances privées.

LIVRE V

L'IMPOT FONCIER
DEPUIS L'ÉPOQUE FÉODALE JUSQU'EN 1789

CHAPITRE PREMIER

Établissement de la taille.

La féodalité avait, comme on l'a fort bien fait observer, pour caractère principal le morcellement absolu de la souveraineté. C'était une confédération de petits despotes, inégaux entre eux et ayant les uns envers les autres des devoirs et des droits, mais investis dans leurs propres domaines sur leurs sujets personnels et directs d'un pouvoir arbitraire et absolu. Sous un pareil régime, il ne peut plus être question d'un impôt général et public; il n'y a plus que des droits particuliers et féodaux. Les uns affectent directement le manant ou vilain et l'assujettissent au service personnel : tels sont les corvées, les droits de gîte, le service militaire; les autres se perçoivent sur les choses publiques, tels que les péages, les droits de halle et de marché. D'autres s'appliquent à certaines jouissances, comme les droits d'herbage, de pacage, de glandée, etc.; enfin un très-grand nombre frappent les biens et les possessions, tels que les cens, les lods et ventes, les reliefs, etc., etc. « Le seigneur enferme tous ses manants comme sous voûtes et gonds ; du ciel à la terre, tout est à lui : forêts chenues, oiseau dans l'air, bête au buisson, l'onde qui coule, la cloche dont au loin le son roule [1]..... »

En vertu de leur souveraineté, les seigneurs s'arrogeaient le droit de lever des taxes sur les habitants de leurs domaines, indépendamment des redevances que ceux-ci leur devaient comme colons, serfs, concessionnaires de terres. Parmi ces taxes figurait en première ligne la *taille*. — Les uns font venir ce mot de *tagliare, couper*, parce qu'on pratiquait des entailles dans des morceaux de bois pour marquer les paiements [2]. D'après les autres, *taille, talia*, viendrait de *taliare*, pris dans le sens de *diviser*, comme *tributum* de *tribuere*. Quoi qu'il en soit, le nom apparaît pour la première fois dans les actes du xi° siècle, et la chose existait sans doute dès le siècle précédent. Une charte de 1060 la range au nombre des coutumes injustes et des instruments d'oppression. « *Quasdam injustas consuetudines, taliam videlicet, et omnes alias oppressiones* [3]. » — Elle était levée sur les serfs, souvent même sur les sujets de toute condition, une ou plusieurs fois par année, à la volonté du seigneur (*talia ad voluntatem* [4]). Le taux en était aussi arbitraire que la perception.

Placé au sommet de la hiérarchie féodale, le roi n'avait aucun pouvoir réel hors de ses propres domaines, et ce n'était que dans leurs limites qu'il pouvait percevoir directement sur ses sujets des tailles ou autres taxes. Mais comme un des principaux caractères de la vassalité consistait à fournir des subsides au suzerain, dans des cas déterminés par la coutume, et que le roi, en qualité de souverain fieffeux de tout le royaume, était le centre de toutes les obligations féodales, l'usage s'introduisit d'asseoir une taxe générale sur tous les fiefs et dans toutes les terres des

1. T. cité par Championnière, *Traité des eaux courantes*, liv. II, chap. iii.
2. Moreau de Beaumont, *Mémoire sur les impositions*, t. II, mém. I.
3. Boutaric, *la France sous Philippe le Bel*, l. X, chap. ii, p. 258.
4. Guérard, § 135. — Pastoret, préface du tome XVI des *Ordonnances*.

seigneurs, lorsque le roi avait des guerres à soutenir.

Vassal du roi et tenu comme tel à des prestations pécuniaires, chaque seigneur était maître dans son territoire et y procédait par conséquent lui-même à la levée de la taille ordonnée par le roi, comme s'il s'agissait d'une taille seigneuriale imposée par le seigneur dans les limites de son propre fief. Cette taille frappait toutes les personnes ; seuls les nobles et les prêtres en étaient exempts. Beaumanoir atteste leur privilége dans ses *Coutumes de Beauvoisis :* « Sont exceptés, dit-il, gentilshommes, lesquels ne s'entremêlent de marchander (faire le commerce), ainchois se chevissent (mais se nourrissent) de leur hiretage que ils tiennent en franc fief, — et seigneurs ou clercs qui ne marchandent pas, ainchois se chevissent des francs fiefs qu'ils ont en sainte Église ou chief qui sont au service le roi. »

Mais cette taille n'était pas purement personnelle ; c'était aussi, et c'est en cela qu'elle nous intéresse, une taxe foncière, en ce sens qu'elle était due à raison des biens et imposée proportionnellement aux possessions des taillables. — Une déclaration de leurs héritages et de leurs biens était exigée de ceux qui étaient soumis à cette contribution. La confiscation de tout ce qui avait été dissimulé était prononcée au profit du roi ou du seigneur, selon que la taille était imposée par l'un ou par l'autre. Les nobles, les ecclésiastiques étaient imposés pour les biens qui leur venaient, à quelque titre que ce fût, de personnes roturières. — La maison même du gentilhomme était soumise à l'impôt s'il ne l'habitait pas. « Si gentilhomme avait maison qui lui fut encheoiste en sa terre le roi, ou chastel a baron qui soit talliable, en quelque manière que le gentil l'ait, soit d'éritaige, soit d'échoite ou autre chose, elle est taillable ; se il y fait estage pour lui, pourcoi il la tiegne en sa main elle ne sera plus taillable ; mais se il l'avait louée ou affermée à homme coustumier, il ne la porrait pas garantir de taille[1].... »

---

1. *Établissements de saint Louis*, t. I, c. xciii.

D'après les déclarations, les officiers du seigneur dressaient un rôle et dénonçaient à chaque habitant ce qu'il devait payer. « *Tunc autem taliam esse impositam intelligimus, quando denuntiatum est alicui, vel domui suæ quantum debeat solvere* [1]. » Saint Louis avait établi que dans les villes de son domaine la taille serait assise « par trente ou quarante hommes, ou plus ou moins, élus par le conseil des prêtres, des autres hommes de religion, ensemble des bourgeois et autres prud'hommes selon la quantité et la grandeur des villes [2] ».

La taille royale ne fut donc aussi à l'origine qu'une taille seigneuriale perçue dans tous les fiefs au profit du roi. Les premières traces de cet impôt général remontent au xiie siècle, alors que la nation commence à se reconstituer lentement sous le double effort des rois et du peuple, et que Philippe-Auguste et ses successeurs assurent la prééminence effective du fief royal sur tous les grands feudataires. Ainsi dans l'ordonnance de 1190, connue sous le nom de Testament de Philippe-Auguste, on lit une défense aux prélats et aux hommes du roi de faire aucune remise de la taille, tant qu'il sera outre-mer, combattant pour le service de Dieu.

Après saint Louis, qui eut aussi recours à cet impôt, la royauté finit même par s'emparer du droit de percevoir directement la taille hors de ses domaines et sur les habitants des fiefs des seigneurs. C'est bien ce qui résulte des lettres adressées en 1325, par Charles le Bel, à ses commissaires députés dans les bailliages de Caen et du Cotentin, et aux baillis de ces bailliages. Nous y voyons que les barons se plaignaient que les commissaires du roi, en se transportant sur leurs terres, n'eussent appelé ni eux ni leurs gens pour les aider et conseiller dans la mission qui leur avait été donnée d'asseoir et de percevoir des tailles. — On était alors dans cette période de réaction féodale qui suivit la mort de Philippe le Bel, et il fut fait droit aux plaintes des barons.

1. Ordonn. de 1214, dans Mor. de Beaumont.
2. *Établissement de saint Louis.*

Les tailles auxquelles avait recours le roi pour les besoins de l'État n'étaient point d'ailleurs permanentes. On en trouve la preuve dans les lettres que Louis X accorda en 1315 aux habitants de la Normandie, lettres connues sous le nom de Charte normande. Il y est dit notamment que le roi ne lèvera en Normandie que ses revenus ordinaires, et n'exigera que les services qui lui sont dus, qu'il ne pourra lever tailles, subventions, ou impositions, ou exactions quelconques, si une grande nécessité ne le requiert.

En 1302, les États Généraux entrent en scène. D'abord instruments passifs des volontés du roi, qui les convoque pour y trouver un appui contre la féodalité et surtout pour se procurer des subsides, ils prennent une influence prépondérante au milieu des désastres qui signalent le commencement de la guerre de Cent Ans. En 1355, ils exigent des garanties de bonne administration et un contrôle sévère sur le maniement des finances. Pour cela ils élisent neuf personnes, trois de chaque ordre, avec le titre de généraux ou surintendants, en les chargeant d'ordonner tout ce qui concerne la levée de l'aide qu'ils accordent. Cette aide, qui consiste en une taxe sur les ventes et un impôt sur le sel, est remplacée en 1356 par un impôt direct établi sur le revenu réel des immeubles, pensions ou gages. Pour sa perception, il y a à Paris six députés généraux élus par les États, qui ont la direction générale de l'aide. Dans chaque cité, trois députés, un de chaque État, avec un receveur sous leurs ordres, sont désignés pour lever l'impôt. Ces députés nomment dans chaque paroisse des collecteurs qui iront dans les maisons recevoir les déclarations. Pareilles mesures furent renouvelées les années suivantes. De là, le nom de pays d'Élections donné aux provinces où les tailles étaient ainsi réparties par des commissaires élus, nom qui subsista alors même que ces commissaires furent choisis par le roi lui-même.

La taille avait encore le caractère d'une contribution extraordinaire, levée seulement dans les grandes nécessités publiques. Charles VII la rendit permanente et perpétuelle. Ce fut une ordonnance de 1439, intitulée : *Lettres de Charles VII pour obvier aux pilleries et vexations des gens de guerre*, et rendue à la suite d'une convocation des États à Orléans, qui établit cette innovation. Le motif dominant en fut le besoin de pourvoir à l'entretien des corps permanents de gendarmerie et d'archers constitués à cette époque pour remplacer les milices qu'on levait dans les temps de guerre, troupes mal disciplinées, et qui, comme l'indique même la rubrique de l'ordonnance, dévastaient le pays qu'elles auraient dû défendre.

Le texte de l'ordonnance ne déclare pourtant point d'une manière formelle que la taille sera désormais permanente et pourra être perçue sans le consentement des États, mais dans les articles 43 et 44 nous voyons que la taille ne peut être levée que « de l'autorité du roi. » Cette autorité est nécessaire, mais elle suffit ; rien ne dit qu'elle doive être corroborée par une autre autorité qui serait celle des États généraux. — Aussi n'eut-on plus recours aux États pour la levée de la taille ordinaire, mais seulement lorsqu'il fut nécessaire de frapper une addition au brevet annuel.

L'ordonnance de 1439 eut une autre conséquence non moins importante que celle que nous venons d'indiquer. Nous avons vu comment la taille s'était peu à peu étendue de cette portion du domaine que le roi possédait à titre de seigneur direct à cette portion qu'il possédait à titre de seigneur suzerain. Mais la taille levée au nom du roi n'avait pas absorbé la taille levée au nom du seigneur féodal. Celle-ci subsistait à côté de celle-là et tendait par conséquent à amoindrir les produits qu'elle donnait. Les Lettres de Charles VII mettent fin à cet état de choses, en retirant aux seigneurs ce qui leur reste de l'ancienne taille féodale pour le remettre au roi, qui possède alors la taille dans toute sa plénitude, sans réserve ni partage d'aucune sorte. Dès lors l'impôt dont nous avons montré les démembrements successifs, puis la disparition après l'entrée des Francs en Gaule, est entièrement reconstitué entre les mains de la royauté.

On comprend qu'une aussi grande innovation ait suscité de vifs mécontentements dont Commines s'est fait l'écho quand il nous dit : « Le roi Charles fut le premier... lequel gaigna et commença ce point que d'imposer tailles en son pays sans le consentement des États... Mais à ce qui est advenu et adviendra, il chargea fort son âme et celle de ses successeurs et mit une cruelle plaie sur son royaume qui longtemps saignera, et une terrible bande de gens d'armes de soulde qu'il institua à la guise des seigneurs d'Italie. »

Plus tard, on ajouta à la taille deux nouvelles impositions de même nature. La première fut établie par François Ier afin de pourvoir à la solde de nouveaux corps de troupe ; on l'appela *grande crue*. La seconde, dite *taillon*, eut pour but d'augmenter la solde des gens de guerre. Elle date de Henri II. Le taillon et la grande crue étaient confondus dans le même brevet. On les a quelquefois comparés aux *Superindicta* de l'impôt romain.

Nous ne pouvons analyser ici toutes les ordonnances royales qui jusqu'à la fin du xviiie siècle furent rendues sur l'assiette et la répartition des tailles. — Nous nous bornerons à citer[1] les ordonnances de 1445 et 1452, qui fixent le siége des Élus dans les pays d'Élections et leur attribuent compétence pour toutes les causes civiles et criminelles concernant les impôts ; l'ordonnance de 1543 qui crée seize recettes générales pour recevoir indistinctement les deniers provenant du domaine, des tailles et autres subsides. Henri II établit plus tard dix-sept recettes générales et plaça dans chacune un Trésorier et un Général des finances. De là le nom de *Généralité* donné à chaque partie du territoire où le Trésorier et le Général des finances devaient exercer leurs fonctions. Henri III mit enfin les charges de Trésoriers et de Généraux de finances sous le titre de Trésoriers de France.

Après la paix de Vervins, un édit de Henri IV, rendu en 1600, régla les tailles d'une manière générale. Le but

---

1. Voir Moreau de Beaumont, *Mémoires sur l'impôt*. 1er mémoire.

principal de cet édit fut de faire garder l'égalité par les Élus entre les paroisses et par les Assécurs dans chaque paroisse entre les contribuables; de faire cesser les surcharges résultant de la multiplicité des exemptions, de remédier aux longueurs et aux frais des contestations et des poursuites.

Plusieurs ordonnances de Louis XIII réglèrent les pouvoirs des Trésoriers de France et statuèrent sur les exemptions de la taille, qui tendaient à devenir de plus en plus nombreuses. Une ordonnance de 1663, sous le ministère de Colbert, fixa le temps dans lequel les rôles devaient être faits. En 1716-17-23, on régla le choix et la dénomination des collecteurs; en 1728, certaines questions de domicile; en 1759, on simplifia la procédure à suivre en cas d'opposition aux cotes d'office. Les édits en matière de taille, qui suivent jusqu'à la Révolution, sont presque tous relatifs aux priviléges. Les circonstances politiques et la pénurie du Trésor forcèrent quelquefois de les suspendre. Un édit de 1766 en supprima un grand nombre.

Nous allons maintenant exposer avec quelque détail l'organisation de la taille, telle qu'elle résultait de ces nombreux actes législatifs.

CHAPITRE II

Division de la France en matière financière. — Pays d'élections soumis à la taille personnelle.

Les anciens commentateurs n'étaient guère d'accord sur la définition de la taille. Les uns, comme Moreau de Beaumont, y voyaient un tribut ordinaire levé tous les ans par le roi sur ses sujets. D'autres, comme Gauthier de Biauzat, plus frappés du caractère exceptionnel que la taille avait eu à son origine, se refusaient à la ranger parmi les impôts ordinaires et permanents. « C'est, disaient-ils, un impôt accordé aux besoins de l'État et réparti sur les gens du peuple sans contribution de la part des ecclésiastiques, des nobles et des privilégiés. » Quoi qu'il en soit de ces dissentiments, il est certain que la taille était ce que dans le langage moderne nous appellerions une contribution directe de répartition, perçue en vertu de rôles nominatifs, assise quelquefois sur l'industrie, quelquefois sur les créances, mais toujours en même temps sur la propriété foncière. C'est à ce titre qu'elle nous occupe.

Au point de vue de cet impôt, la France se divisait en pays de taille réelle et en pays de taille personnelle. La base de cette distinction consistait en ce que, dans les pays de taille réelle, la répartition était faite proportionnellement au revenu porté dans les évaluations cadastrales, tandis que, dans ceux de taille personnelle, il n'y avait pas de cadastre et la part contributive était fixée annuellement au moyen d'estimations arbitraires et variables. De plus, dans la taille personnelle, les exemptions étaient accordées à la personne du contribuable noble ou ecclésiastique ; dans le système de la taille réelle, au contraire, l'exemption était accordée aux biens nobles, que le possesseur fût gentilhomme ou roturier. — Mais quels étaient les pays de taille réelle et de taille personnelle ?

Nous avons déjà dit comment après la disparition des États-Généraux les élus désignés par ces assemblées pour la surveillance et le recouvrement de l'impôt furent nommés par le roi dont ils devinrent les officiers. Les pays d'élections gardèrent leur dénomination, bien qu'elle fût devenue impropre, et ils finirent par former vingt grandes généralités : Paris, Amiens, Soissons, Orléans, Tours, Bourges, Moulins, Riom, Lyon, Poitiers, Limoges, Bordeaux, la Rochelle, Rouen, Caen, Alençon, Grenoble, Montauban, Auch.

Mais certaines parties du royaume, telles que le Languedoc, la Provence, la Bretagne, soit en vertu des traités, soit par une faveur spéciale, conservèrent leurs États provinciaux, et avec eux l'usage de nommer leurs députés au *fait des impositions*. Enfin nos derniers rois réunirent à la couronne quelques pays qui avaient leurs priviléges particuliers. De là dans l'ancienne France trois groupes bien distincts : 1° généralités d'élections ; 2° pays d'États ; 3° pays cédés ou conquis. Nous allons les passer successivement en revue.

La taille était personnelle dans les pays d'élections, sauf dans les généralités de Montauban, Auch, Grenoble et dans les élections d'Agen et de Condom, où elle était réelle.

Le roi arrêtait tous les ans en son conseil, vers le mois de février, un état des sommes à imposer pour l'année suivante dans les vingt généralités. Cet état, nommé brevet, contenait le détail de l'imposition par généralité. Aussi disait-on des pays d'élections qu'ils étaient compris au brevet général de la taille, tandis que les pays d'États étaient hors de ce brevet. On en faisait pour chaque généralité deux extraits qui étaient expédiés au commencement de juillet, l'un à l'intendant, l'autre aux officiers du bureau des finances de la généralité, afin que l'intendant et ces officiers donnassent leur avis sur la répartition qui devait être postérieurement faite de la somme totale imposée sur leur généralité entre chacune des élections dont elle était composée.

Cette sous-répartition entre les élections avait aussi lieu en conseil du roi. A cet effet, on faisait expédier des lettres patentes en forme de commission pour imposer dans chaque élection les sommes portées par le brevet, et celles dont l'imposition avait pu être ordonnée depuis l'arrêté du brevet par des arrêts particuliers. Cette commission, adressée à l'intendant de la généralité et aux officiers de l'élection, rappelait les dispositions principales des règlements d'après lesquels l'assiette et la répartition des sommes dont elle ordonnait l'imposition devaient être faites. Elle indiquait aussi les quatre termes auxquels l'imposition devait être payée, c'est-à-dire le premier quartier au premier décembre, le second au dernier février, le troisième au dernier avril, le quatrième au dernier octobre. A partir de 1768, la sous-répartition entre les élections cessa d'être faite en conseil du roi, et les commissions furent dressées par l'intendant de la généralité.

Après que le contingent de l'élection était connu, il fallait encore le diviser entre les paroisses dont la réunion formait cette élection. Au mois d'août de chaque année, les officiers de chaque élection se distribuaient donc la totalité des paroisses qui se trouvaient dans leur ressort. Ils devaient se transporter dans chacune d'elles pour y vérifier l'état des récoltes, des cotes perdues ou surchargées [1]. L'intendant, de son côté, procédait à un pareil travail, ainsi que le receveur des tailles qui avait un intérêt essentiel à ce que la répartition fût faite avec équité, puisque de cette circonstance dépendait la facilité des recouvrements. A l'aide de tous ces renseignements, il était dressé un état où l'on consignait tous les éléments nécessaires pour opérer une répartition équitable

---

1. Les officiers de l'élection étaient même primitivement chargés de cette répartition, mais ils avaient perdu cette attribution, et leur rôle était devenu purement consultatif. Les charges de ces officiers furent érigées en titre d'office.

entre les paroisses. Ce tableau qui, selon Moreau de Beaumont, formait la base et le plumitif des départements [1] de chaque année pour chaque élection, contenait, en plusieurs colonnes, la nature des terres, le nombre des taillables, des exempts et privilégiés, etc., etc., et était lu et signé par l'intendant, les trésoriers de France, les commissaires pour la taille, les officiers de l'élection, les subdélégués et les receveurs des tailles.

On se plaint vivement de nos jours de l'inégalité qui existe entre nos départements et nos communes, en ce qui concerne la répartition de l'impôt foncier. Si avec un cadastre général de tout le pays par parcelles, une estimation assez exacte du revenu des propriétés de chaque commune par rapport aux autres propriétés de la même commune, il a été encore impossible d'arriver à la détermination précise de la part d'impôt que doit supporter équitablement un département ou une commune, on comprendra combien devait être profonde l'inégalité entre les paroisses et par suite entre les élections, dans les pays de taille personnelle, où l'impôt était réparti au moyen d'évaluations annuelles et variables, au lieu d'être réparti au *prorata* d'évaluations cadastrales, et où, comme nous le verrons plus bas, la répartition même, entre les contribuables de la paroisse, de la part afférente à ladite paroisse soulevait les plus vives réclamations.

« Il ne faut pas être versé dans la matière de la taille tarifée (qui était un progrès sur la taille arbitraire) [2], nous dit Turgot, pour savoir que les estimations entre les fonds de terre situés dans différentes paroisses n'ont aucune proportion les unes avec les autres. On serait bien heureux que la proportion fût établie d'héritage à héritage dans la même paroisse; mais sa disproportion de paroisse à paroisse est si reconnue, que depuis l'établissement de la taille tarifée dans la province il n'a pas été possible de prendre ces estimations

---

1. L'opération de répartir la taille entre les paroisses de l'élection constituait *le département*.

2. Voir plus loin, page 170.

pour base de l'opération du département[1].» Ailleurs il ajoute :
« Cette répartition est purement arbitraire, puisque l'intendant en décide seul au département... On prend toujours
pour base la répartition de l'année précédente, en ayant
égard aux diminutions d'usage pour raison de grêle ou
autres accidents. On a aussi égard aux diminutions accordées
les années précédentes et qu'on fait rentrer en augmentation,
quand le temps pour lequel elles étaient accordées se trouve
expiré. Les défauts de cette opération viennent de ce qu'on
manque de moyens pour connaître la force des paroisses.
Les premières répartitions ont été faites anciennement, on
ignore sur quels principes, mais probablement d'une manière arbitraire et un peu à l'aveugle. » — Et Boisguilbert
nous dit aussi [2] qu'il n'est pas extraordinaire de voir une
paroisse de cent feux et d'une contenance de quinze cents
arpents de terre payer beaucoup moins que la paroisse qui
n'en contient que la moitié.

La somme que devait chaque paroisse une fois fixée, le
mandement en était adressé aux maires, échevins, syndics,
marguilliers et habitants. On mettait en marge, en tête, les
noms des collecteurs nommés pour l'année, celui des commissaires pour faire le rôle s'il y en avait, et au-dessous le
nom et la demeure de l'élu qui devait vérifier le rôle.

Enfin dans chaque paroisse avait lieu une dernière répartition entre les contribuables, au moyen de rôles individuels.
C'était là surtout qu'éclatait la différence entre les élections
soumises à la taille personnelle et celles qui subissaient la
taille réelle, car toutes les répartitions successives dont nous
venons de parler étaient communes à toutes les généralités.

A l'origine, la taille personnelle était assise sur les *facultés
présumées* de chaque habitant, dont l'appréciation était faite
par les asséeurs désignés parmi les habitants de la paroisse
d'après leurs propres connaissances, les déclarations des

1. Turgot, *Lettre aux commissaires des tailles*. Dans la Collection des Économistes, OEuv. de Turgot, I, page 513.

2. *Le Détail de la France*, chap. IV. — Collect. des Économistes, tome III.

imposés ou les renseignements souvent trompeurs fournis par les tiers. En 1583, on modifia ces règles et la taille ne **porta** plus que sur les biens de toute nature que tout habitant exploitait tant en propre qu'à loyer [1]. Mais la taille n'en continua pas moins à être répartie d'après les estimations des asséeurs, qui « arbitraient en leur âme et conscience les biens des contribuables ». D'où le nom de taille arbitraire donné à la taille personnelle ainsi répartie.

Ces asséeurs n'avaient souvent ni les lumières ni la volonté nécessaires pour bien opérer, et ils subissaient facilement toutes les petites influences locales. Le taux auquel ils imposaient les contribuables n'était fondé sur aucun principe ni sur aucune proportion. Leurs opérations ne renfermaient ni détail ni motif. Les édits des mois de mars 1600 et janvier 1634, et la déclaration du 13 avril 1761, leur enjoignaient, il est vrai, d'insérer dans leurs rôles, à chaque cote, la condition du cotisé et tous ses biens et exploitations par articles séparés, afin qu'on pût reconnaître par la lecture du rôle si la cote avait été bien assise et si les cotes de chaque rôle étaient en proportion les unes avec les autres; mais cette proportion n'aurait pu être établie que par des évaluations exactes des objets sur lesquels portait le taux. En l'absence de règles fixes, il était impossible d'y parvenir.

On imagina, en 1600, de charger les asséeurs de la taille du recouvrement de l'impôt, ou, comme on disait alors, de la collecte des deniers ; on crut que les asséeurs seraient par là intéressés à asseoir l'imposition sur les contribuables les plus aisés, afin d'en assurer le recouvrement. Mais, comme le fait observer Turgot, il arriva alors que « la facilité du paiement devenant le seul principe de la répartition, chacun évita de mettre au jour sa richesse, on apprit à se laisser accabler de frais avant de payer sa taxe, et l'on peut assurer qu'une grande partie des désordres de la taille arbitraire tient à cette cause [2] ».

---

1. M. Batbie, *Mémoire sur l'impôt*, page 141.
2. *Lettre sur la taille*.

Ces désordres étaient grands en effet. « La taille, dit le contrôleur général en 1772, dans une lettre citée par M. de Tocqueville [1], arbitraire dans sa répartition, solidaire dans sa perception, personnelle et non réelle dans la plus grande partie de la France, est sujette à des variations continuelles par suite de tous les changements qui arrivent chaque année dans la fortune des contribuables. »

En 1779, l'assemblée du Berry, quoique composée en grande partie de privilégiés, fait entendre ses doléances : « Comme tout le monde veut éviter la charge de collecteur (qui est en même temps asséeur), il faut que chacun la prenne à son tour. La levée de la taille est donc confiée tous les ans à un nouveau collecteur, sans égard à la capacité ou à l'honnêteté; aussi la confection de chaque rôle se ressent du caractère de celui qui le fait. Le collecteur y imprime ses faiblesses, ses craintes, ses vices. — Comment, d'ailleurs, y réussirait-il bien? Il agit dans les ténèbres, car qui sait au juste la richesse de son voisin et la proportion de cette richesse avec celle d'un autre? Cependant l'opinion seule d'un collecteur doit former la décision, et il est responsable sur tous ses biens et même par corps de la recette. »

C'étaient les intendants qui, en envoyant aux administrations paroissiales la commission qui portait fixation du contingent paroissial, désignaient les contribuables chargés d'asseoir et de recouvrer la taille. En 1787, ces attributions furent de nouveau séparées ; l'opération de la répartition fut confiée aux assemblées municipales, et ce furent ces assemblées qui firent confectionner les rôles de 1789 et de 1790 [2].

Depuis l'année 1715, d'ailleurs, les intendants intervenaient dans la répartition individuelle au moyen des rôles d'office. Comme on venait de réduire le nombre des personnes exemptes d'impôt, il était à craindre que les anciens privilé-

---

1. *L'Ancien Régime et la Révolution.*
2. M. Batbie. *Mémoire sur l'impôt avant* 1789.

giés n'eussent assez d'influence sur les collecteurs pour se soustraire à l'application de la loi nouvelle. En conséquence, on donna aux intendants le droit d'imposer d'office ceux qui n'auraient pas été taxés par les asséeurs-collecteurs. La mesure ne devait durer que deux ans, mais les intendants se conservèrent dans l'exercice de cette faculté. La taxe d'office finit même, dans certains cas, par devenir une faveur pour les contribuables; par exemple, à l'égard de ceux à qui ce privilége avait été conféré par des créations d'offices qui n'exemptaient pas de la taille, mais qu'on ne voulait pas laisser à la discrétion des collecteurs, de crainte qu'ils ne les surchargeassent, ou bien encore à l'égard des incendiés qui, par la cote d'office, étaient soumis à une taxe moins considérable que celle qu'ils auraient due. Pour que les collecteurs eussent connaissance de ces taxes, on en faisait mention sur les départements de l'élection et le mandement de la paroisse. C'était devant l'intendant qui les fixait qu'on pouvait y faire opposition.

Les attributions des asséeurs pris dans la paroisse, déjà atteintes par les cotes d'office, furent encore réduites par la création des commissaires aux rôles. Les intendants chargés de faire confectionner les rôles envoyaient des commissaires pour préparer leur rédaction, et quoique, en définitive, la décision appartînt aux asséeurs, cependant les règlements voulaient qu'on mentionnât au procès-verbal si la taxe avait été fixée d'une manière conforme ou contraire à l'opinion du commissaire. Sa qualité lui donna peu à peu une telle influence que les asséeurs finirent par se borner à enregistrer ses décisions. « Les asséeurs veulent-ils résister, disait la cour des aides, parce qu'ils trouvent l'imposition mal faite? on emploie les voies les plus dures pour les y contraindre. On a vu des collecteurs traînés dans les prisons sur un simple ordre du commissaire de ce rôle et y rester jusqu'à ce qu'ils eussent obéi. »

La taille personnelle était imposable au domicile du taillable. Ainsi, pour former la cote d'un propriétaire qui possédait des fonds dans différentes paroisses, il fallait connaître l'estimation de chacun de ces fonds dans ces paroisses, pour les taxer dans celle où le propriétaire était imposé. Cette disposition facilitait les fraudes et était une source de graves injustices, car, lorsque les taillables possédaient de grandes propriétés ailleurs qu'au lieu du domicile, le contingent paroissial se trouvait fixé d'après une somme de propriétés qui ne concouraient pas toutes à la répartition individuelle. C'est pour éviter cette iniquité qu'on décida, sur la demande de Turgot, alors intendant du Limousin, que les propriétés au-dessus de 25 arpents seraient taxées au lieu de la situation.

D'après la déclaration du 16 août 1683, les taillables qui veulent transférer leur domicile d'une paroisse dans une autre doivent faire annoncer leur départ à l'issue de la messe paroissiale, et le faire signifier aux habitants ou au procureur-syndic de la paroisse. Ils doivent ensuite aller déclarer au greffe de l'élection de la paroisse où ils veulent s'établir le nom de la paroisse qu'ils quittent, leur cote, profession, etc. Les actes de translation de domicile sont enregistrés au greffe de l'élection.

Ceux qui avaient rempli ces formalités étaient encore imposés pendant deux ans dans la paroisse qu'ils quittaient ; après ce délai, ils étaient taxés dans leur nouvelle résidence pour une somme au moins égale à celle qu'ils payaient dans l'ancienne.

En général, pour pouvoir être imposé dans une paroisse, il fallait y avoir acquis domicile par an et jour ; mais si un taillable n'était imposé nulle part on le taxait à l'exercice qui suivait son arrivée.

CHAPITRE III

Taille proportionnelle.

Les abus qui se produisaient dans la répartition de la taille arbitraire, malgré les mesures prises pour les éviter, inspirèrent l'idée de modifier l'assiette de cet impôt par l'établissement de la taille proportionnelle.

Cette sorte de taille différait de la taille arbitraire en ce que l'estimation des biens-fonds et des facultés mobilières n'était plus laissée à l'arbitrage des asséeurs-collecteurs, mais était le résultat des déclarations des habitants appuyées de titres et pièces justificatives, vérifiées par la contradiction et quelquefois par rapport à l'étendue des terres par l'arpentage. Elle différait de la taille réelle en ce que la condition de la personne continuait à décider de l'exemption et de l'assujettissement, et en ce que les facultés mobilières y figuraient pour une part importante, tandis que dans les pays de taille réelle les compoix cabalistes ne produisaient que des sommes minimes.

Tandis que, dans la taille personnelle arbitraire, on évaluait en bloc les facultés mobilières ou immobilières du taillable, la taille proportionnelle se divisait en deux parties : l'une que l'on appelait personnelle et qui portait sur les revenus provenant du travail journalier de l'industrie des artisans et commerçants, des fermiers et propriétaires qui vendaient des denrées autres que celles produites par le fonds ; la seconde, dite réelle, qui était assise sur le revenu foncier. — On commençait par déduire du contingent paroissial la part relative à l'industrie, et le reste était réparti proportionnellement à la rente territoriale. L'arbitraire continuait bien à subsister sur l'estimation des facultés mobilières et de l'industrie, qui seront toujours difficiles à saisir, mais il disparaissait quant à la partie de la taille qui frappait sur les propriétés ou sur leur revenu.

On ne se bornait point, en effet, comme dans la taille arbitraire, à estimer les biens, tenures, facultés et commerce de chaque habitant de la paroisse. Mais, d'après cette estimation, on formait un tarif pour chaque nature de biens ou de commerce. Ce tarif devait être porté assez haut pour que les totaux de chaque nature réunis ensemble formassent une somme au moins aussi forte que le montant de la taille qui était à imposer dans la paroisse.

Le tarif une fois fait, on imposait chaque taillable pour chaque nature de biens qu'il possédait, suivant sa déclaration et le taux porté au tarif. On pouvait donc, dans ce système, tenir un compte plus exact, non-seulement de la valeur des fonds, mais même de la proportion entre les différents fonds, c'est-à-dire de leur valeur relative, chose essentielle pour appliquer équitablement l'impôt.

La partie de la taille proportionnelle qui était assise sur les terres se divisait en taille d'exploitation et taille d'occupation ou de propriété. La première, qui s'élevait ordinairement aux deux tiers, correspondait aux profits du fermier, et la seconde au revenu du propriétaire. Elle était due en entier par celui qui exploitait sa propre terre, et on ne la divisait que pour les fonds exploités par fermage. Turgot, qui trouva la taille proportionnelle établie par son prédécesseur à l'intendance de Limoges, M. de Tourny, mais qui lui donna tout son développement et la fit prévaloir contre les résistances des officiers des élections, explique bien dans sa **Lettre** aux commissaires des tailles une partie de ce système : « La taille tarifée établie en Limosin n'est ni la taille réelle des pays d'États, ni la taille personnelle des autres provinces d'élections. Comme la taille réelle, elle a pour base une estimation des fonds, d'après laquelle l'imposition se répartit dans chaque paroisse ; mais comme tous les règlements sur la taille, qui avaient force de loi dans la province, étaient et sont encore relatifs à la taille personnelle établie anciennement en Limosin, comme dans les autres pays d'élections, l'on a été gêné par les règlements, et l'on n'a pu adopter le principe de taxer les fonds sous le nom du propriétaire. On a donc continué d'imposer le colon ou fermier, comme dans les pays de taille purement personnelle. Cependant, comme on a considéré que le propriétaire, à moins qu'il ne fût privilégié, était aussi soumis à la taille pour le revenu qu'il tire de son fonds, l'on a partagé la' taille d'un fonds en deux parties, dont l'une, supportée par le cultivateur sous le nom de taille d'exploitation, fait les deux tiers de l'imposition réelle du fonds ; l'autre tiers, sous le nom de taxe de propriété, est supporté par le propriétaire, à moins qu'il ne soit privilégié, auquel cas l'héritage ne supporte que les deux tiers de l'imposition totale ; le reste retombe à la charge des autres habitants. »

En matière de taille proportionnelle, toute exploitation donne lieu à l'imposition dans le lieu de la situation des biens. Il n'y a que le montant de la taille purement personnelle qui reste assis au lieu du domicile, quelle que soit d'ailleurs la situation des biens.

La taille proportionnelle dont on fit le premier essai à Lisieux en 1717 était établie dans deux généralités, la Champagne et le Limosin, lorsque la déclaration du 7 février 1760 vint lui donner, avec une plus grande extension, une organisation plus complète. L'art. 6 de cette déclaration veut « que des commissaires envoyés sur les lieux prennent les connaissances les plus étendues sur la consistance du terrain de chaque paroisse, sur ses différentes cultures et productions, leur prix et valeur courants ». — Notre intention, dit l'art. 7, étant de rendre à l'avenir la répartition de la taille sur les biens-fonds certaine et invariable, autant que les circonstances pourront le permettre, nous voulons qu'il soit fait pour chaque fonds de terre une taxe. » — On voit donc que la taille personnelle des pays d'élections tendait de plus en plus à prendre un caractère de réalité, c'est-à-dire à porter directement sur le bien, considéré comme matière imposable, au lieu de frapper les facultés de la personne.

Les généralités de Paris, de Tours, du Berry, cherchèrent aussi dans les années qui précédèrent la Révolution à échapper à l'arbitraire par une estimation exacte et précise des revenus des contribuables, et par l'établissement de tarifs uniformes. En ce qui touche la propriété, on calcula surtout le produit, déduction faite des frais de culture, et c'est ce produit que l'on voulut prendre pour base. A la fin de l'ancien régime, beaucoup d'administrations provinciales entraient dans cette voie.

Dans les provinces de taille proportionnelle, les commissaires procédaient d'office à la confection des rôles, et on en donnait pour motif que la répartition, ayant des bases fixes, était censée faite par la loi même dont le commissaire aux rôles n'avait que l'application à faire.

Le rôle ainsi fait devait contenir dans son préambule toutes les opérations qui avaient été exécutées pour parvenir à trouver les proportions et le tarif de chaque nature de biens. — Ces biens devaient être détaillés à chaque cote, ainsi que le taux auquel était imposé chaque objet, afin qu'il fût toujours possible de vérifier si la proportion entre les contribuables avait été exactement observée.

De quelque manière qu'il eût été procédé à la confection du rôle, soit en taille arbitraire, soit en taille proportionnelle, il devait en être fait une minute et une expédition, le tout sur papier timbré. Le montant total devait être rappelé à la fin du rôle, et toutes les sommes devaient y être écrites en toutes lettres.

La clôture contenait *fait et arrêté*, avec le nom du lieu où le rôle avait été fait et la date du jour où il avait été arrêté.

Lorsque le rôle était arrêté, les collecteurs en portaient la minute et l'expédition, avec le mandement de la taille de la paroisse, chez l'élu dont le nom était indiqué en tête du mandement. Cet élu vérifiait le rôle et le rendait exécutoire. L'expédition et le mandement étaient rendus aux collecteurs. La minute restait au greffe de l'élection.

Les oppositions aux rôles comprenaient les *demandes en abus*, lorsque les collecteurs avaient commis quelque délit dans la confection des rôles, les demandes en *radiation de cote*, lorsqu'un particulier concluait à ce que la cote à lui ouverte au rôle lui fût rayée, les *demandes en modération*, lorsqu'on sollicitait un dégrèvement à la suite de pertes et accidents, et en *surtaux*, lorsqu'on se plaignait d'avoir été surchargé. Ces oppositions se portaient en premier ressort devant les officiers de l'élection. L'opposant devait joindre à sa requête l'état de ses biens et la quittance du receveur des tailles pour les deux premiers quartiers de l'imposition. On pouvait faire appel devant la cour des aides de la province.

Lorsque la cour des aides prononçait la réduction ou la radiation de la cote, on en remboursait celui qui avait obtenu la décharge ou modération au moyen d'une réimposition sur les autres contribuables.

Les collecteurs des tailles qui, comme on l'a vu plus haut, étaient en même temps asséeurs, devaient être désignés par les habitants de la paroisse; « mais, nous dit Turgot [1], ce prétendu choix est une illusion. La collecte est trop onéreuse pour que personne veuille s'en charger librement. Bien loin de choisir, on est obligé de faire un tableau suivant lequel chacun passe à son tour. » C'était en effet une dure obligation; car les collecteurs étaient garants de la perception, et jusqu'au ministère de Turgot les receveurs des tailles purent décerner contre eux des contraintes solidaires. Comme le fait très-bien observer M. Batbie dans son Mémoire sur l'impôt avant 1789, leur condition était analogue à celle des

---

1. *Lettre aux commissaires des tailles.*

curiales romains du Bas-Empire, et ces derniers n'étaient plus malheureux qu'à cause de la permanence de leur infortune. Les collecteurs des tailles n'étaient en effet nommés que pour un an, et après leur sortie de charge ils ne pouvaient être renommés dans les bourgs et villes qu'après trois ans, et dans les villes murées qu'après cinq ans.

Cette charge restait pourtant encore bien lourde. « Comme le recouvrement, lisons-nous dans le *Détail de la France* de Boisguilbert[1], est une des corvées les plus désagréables qu'on puisse imaginer, les collecteurs, en quelque sorte qu'ils soient, ne la veulent faire que tous ensemble et marchant par les rues conjointement, de manière qu'aux endroits où il y en a sept on voit sept personnes, au lieu de se relever, marcher continuellement par les rues, et comme la taille ne se tire pas d'une année, à beaucoup près, on voit les collecteurs de l'année présente marcher ou plutôt saccager d'un côté, pendant que ceux de l'année précédente en usent de même d'un autre. »

Responsables sur leurs biens du recouvrement de la taille, les collecteurs apportaient une dureté impitoyable dans leurs opérations. Dans la seule élection de Villefranche, on comptait 106 porteurs de contrainte et autres recors, toujours en chemin. « Les tailles sont exigées, dit Vauban dans sa *Dîme royale*, avec une grande rigueur... Il est même assez ordinaire de pousser les exécutions jusqu'à dépendre les portes des maisons, après avoir vendu ce qui en était dedans, et on en a vu démolir pour en tirer les poutres, les solives et les planches, qui ont été vendues en déduction de la taille. » L'intérêt du taillable était d'ailleurs de résister jusqu'au dernier moment au collecteur qui dans la répartition de l'impôt frappait d'autant plus fort les contribuables qu'ils payaient plus facilement. — Dans ses *Confessions*, Rousseau raconte qu'étant un jour entré chez un paysan il s'étonna de la défiance avec laquelle il était reçu. « Enfin, dit-il, il prononça en frémissant

____

1. Collect. Guillaume, tome III, p. 186.

les mots terribles de commis, de rats de cave, il me fit entendre qu'il cachait son pain à cause des tailles et qu'il serait un homme perdu si l'on pouvait se figurer qu'il ne mourait pas de faim. » Déjà Vauban avait écrit : « Il y en a qui sont exposés au froid et à la pluie avec un habit qui n'est que de lambeaux, persuadés qu'ils sont qu'un bon habit serait un prétexte pour les surcharger l'année suivante. »

Il y avait un certain nombre de privilégiés exempts de l'office de collecteurs. C'étaient, outre ceux qui étaient exempts de la taille, les septuagénaires parce que leur âge les exemptait de la contrainte par corps en matière civile, les avocats et les médecins, les syndics des paroisses, les marguilliers pendant l'année de leur charge, et certains officiers.

Au-dessus des collecteurs se trouvait un receveur des tailles de l'élection, entre les mains duquel les taxés d'office faisaient directement leurs paiements, et les collecteurs leurs versements. Ce receveur pouvait, comme on l'a dit, décerner des contraintes contre les collecteurs. Ces contraintes étaient rendues exécutoires à l'élection, puis elles se mettaient entre les mains d'un huissier qui poursuivait les collecteurs, sauf leur recours contre les contribuables. Pour faciliter ce recours, on envoyait des garnisons dans les paroisses. (Décl. du 13 avril 1761.) En cas de dissipation des deniers par les collecteurs, le receveur des tailles avait aussi ce qu'on appelait le droit de solidité ; c'est-à-dire que, par un règlement de 1630, il était autorisé à prendre quatre habitants parmi les plus haut taxés et à les attaquer solidairement pour remplacer le montant de la dissipation, sauf à ceux-ci à se venger sur les biens du collecteur dissipateur et en cas d'insuffisance à se pourvoir pour obtenir un rejet sur la paroisse, dont ils ne pouvaient souvent être remboursés qu'au bout de plusieurs années.

Le receveur des tailles devait verser chaque mois le montant des impôts recouvrés. Le receveur général employait une partie de ces fonds à payer les charges assignées sur la recette générale par un état arrêté tous les ans en conseil, et qu'on appelait état du roi. Il adressait l'excédant au Trésor.

CHAPITRE IV

Il est bon, a dit Montesquieu qu'il y ait des exemptions dans un gouvernement monarchique, parce que ce gouvernement suppose des prééminences, des rangs, et une noblesse à laquelle doivent être attachées des préférences et des distinctions, suites nécessaires de l'honneur, principe de ce gouvernement.

Une de ces distinctions attachées à la noblesse de l'ancien régime était l'exemption de la taille.

Un texte de Beaumanoir que nous avons cité dans un chapitre précédent nous indique bien que cette exemption remontait à l'origine même de l'impôt, alors que la taille n'était qu'une contribution extraordinaire. « Sont exemptés, dit-il, gentilshommes lesquels ne s'entremêlent de marchander, ainchois (mais) se chevissent (se nourrissent) de leur heritage qu'ils tiennent en franc fief de seigneurs, ou clercs qui ne marchandent pas, ainchois se chevissent des francs fiefs qu'ils ont en sainte Église, ou chiefs qui sont au service le roi. » Mais les nobles étaient cependant soumis à la taille par rapport aux biens qui leur venaient à quelque titre que ce fût de personnes roturières : les lettres patentes de Charles V, de juin 1372, celles de Charles VI, de 1392 et 1401, enfin Beaumanoir lui-même sont très-explicites à cet égard. Leur qualité aussi ne les dispensait pas de contribuer aux dépenses communes dans la ville qu'ils habitaient.

L'exemption des nobles subsista quand Charles VII eut rendu la taille permanente. « Les tailles, dit Moreau de Beaumont, établies pour payer les frais de la guerre, ne devaient pas être supportées par ceux qui allaient à la guerre, qui devaient y servir, qui y servaient à leurs dépens, et qui par leurs dépenses et la perte de leur sang, contribuaient plus que tout autre sujet à la dépense de la patrie et à l'entretien de la chose commune. »

Nous avons déjà signalé la différence qui existait entre la taille réelle et la taille personnelle au sujet des exemptions en matière de taille. — Dans les pays de taille personnelle, où l'exemption était attachée à la personne, l'exemption devenait en partie illusoire toutes les fois que les terres des nobles étaient affermées. Le métayer et le fermier du noble étaient en effet imposés à la taille comme celui des autres taillables. Les fermiers faisaient entrer dans le prix du fermage la taille qu'ils auraient à payer, de telle sorte que, par la loi d'incidence, la taxe était mise à la charge du propriétaire. Cependant, comme le remarque M. Batbie, pour les bonnes terres, l'activité de la concurrence permettait au seigneur de dominer les fermiers, et d'éloigner le rejet de la taille par incidence. Quoi qu'il en soit, en cette matière, l'inégalité qu'on voit nuit plus que celle qu'on ressent ; et la barrière qui séparait la noblesse des autres classes, quoique très-facilement franchissable, restait ainsi toujours fixe et visible, toujours reconnaissable à des signes éclatants et odieux à qui restait dehors.

Les nobles trouvèrent d'ailleurs le moyen de soustraire leurs fermiers à la taxe, en affermant leurs terres par des baux clandestins. Pour remédier à ces abus, les règlements de 1634 et 1643 limitèrent l'exemption des nobles à une seule de leurs fermes. L'édit de 1667 compléta ces mesures. « Nous ordonnons, y est-il dit, que lesdits ecclésiastisques, gentilshommes, chevaliers de Malte, ne pourront tenir par leurs mains qu'une ferme dans la même paroisse, et sans fraude : savoir le labour de quatre charrues sans qu'ils puissent jouir de ce privilége que dans une paroisse. »

Il résultait donc de cet édit que tous ceux qui jouissaient des priviléges de la noblesse pouvaient faire valoir en exemption de toute imposition taillable une ferme de quatre charrues, qui, à en croire Turgot dans ses observations au garde des sceaux sur la suppression de la corvée [1], portait ordinairement dans les environs de Paris à peu près deux mille francs d'impositions.

Les mêmes privilégiés ne payaient absolument rien pour les bois, prairies, vignes, étangs, terres encloses qui tenaient à leur château, de quelque nature qu'elles fussent. C'était là un privilége fort considérable.

Dans les provinces où l'on avait voulu établir la taille proportionnellement, on avait imaginé de partager l'imposition entre le propriétaire taillable et son fermier ou colon. Dans quelques provinces, on faisait payer aux fermiers la moitié de l'imposition mise sur la terre, sous le nom de taille d'exploitation, l'autre moitié aux propriétaires, sous le nom de taille de propriété ; dans d'autres provinces, on avait mis la taille d'exploitation aux deux tiers, et la taille de propriété au tiers. Il en résultait que dans ces provinces les nobles, outre l'exemption dont ils jouissaient sur ce qu'ils faisaient valoir par eux-mêmes, jouissaient encore de l'exemption de la moitié ou du tiers sur les terres qu'ils donnaient à loyer.

Lorsqu'un noble était imposé à la taille, il devait, pour obtenir sa décharge, se pourvoir directement à la cour des aides, parce que les élus ne pouvaient connaître des titres de noblesse.

Le clergé jouissait d'une exemption analogue à celle de la noblesse. « Il répugnait, disait M. de Narbonne dans un mémoire adressé à l'Assemblée du clergé de 1775 [2], à notre constitution nationale qu'un impôt qui ne frappe pas sur la noblesse affectât le clergé, qui a la préséance sur elle. La

---

1. OEuvres de Turgot, tome Ier. Collection des Économistes.
2. *Procès-verbaux des Assemblées du clergé de France*, tome XVIII, page 236.

cotisation aux tailles est un signe de roture, que les preuves mêmes d'une noblesse antérieure ne peuvent pas effacer. Cette seule réflexion rend absolument étrangère au premier ordre de l'État une imposition établie sur la classe des citoyens la moins distinguée. »

Les ecclésiastiques, tant séculiers que réguliers, avaient donc aussi le privilége d'exploiter de leurs mains ou par leurs domestiques, jusqu'à concurrence de quatre charrues, pourvu qu'elles fussent situées dans la même paroisse; c'est-à-dire qu'ils ne pouvaient pas engranger dans deux paroisses distinctes; car rien n'empêchait qu'ils ne pussent, en n'engrangeant que dans une seule paroisse, exploiter des terres situées dans des paroisses contiguës.

Mais les ecclésiastiques séculiers ne jouissaient de ce privilége à l'égard de leur patrimoine que pour les immeubles à eux échus en ligne directe soit par succession, soit par donation, mais non pour leurs acquêts ou pour les biens à eux échus par succession ou donation en ligne collatérale.

Quant aux biens ecclésiastiques, ce privilége n'avait lieu, tant à l'égard du clergé séculier que régulier, qu'en ce qui concernait l'ancien patrimoine de l'Église, et non pour les acquisitions. — Le clergé ne pouvait pas non plus user de son droit d'exemption pour exploiter des terres dont il était preneur à bail. Mais les curés étaient exempts de taille pour les dîmes de leurs paroisses qu'ils prenaient en ferme. (Arrêt du règlement de 1724 et Assemblée du clergé de 1775.)

Enfin nous lisons dans un édit de 1766 : « L'intention du roi est que, dans les pays où la taille est personnelle, les ecclésiastiques jouissent de l'exemption de quatre charrues pour les fonds nouvellement acquis, comme pour ceux d'ancienne acquisition, lorsqu'ils en ont payé l'amortissement et que ces fonds sont mis à leur bénéfice, mais sans que cette exemption puisse s'étendre à leurs biens patrimoniaux. » Les fermiers et métayers des ecclésiastiques devaient d'ailleurs la taille d'exploitation.

Les commensaux des maisons royales, c'est-à-dire ceux

qui possédaient des charges « ayant bouche à la cour, ou gages couchés sur l'état de la maison » du roi, de la reine, des princes et princesses royales, tels que les officiers de vénerie, louveterie, etc., etc., jouissaient aussi de l'exemption des quatre charrues.

Certaines villes, notamment Lyon et Paris, avaient des priviléges plus ou moins étendus.

Enfin un grand nombre d'offices de judicature et de finance donnaient droit à l'exemption. Mais il n'y eut jamais rien de bien fixe à cet égard. L'exemption fut tantôt retirée, tantôt rendue à ces offices, selon les nécessités financières du moment. Ainsi la déclaration du 17 août 1757 et celle du 13 juillet 1764 suspendaient pendant la guerre et trois années après la paix tous les priviléges relatifs à la taille, à l'exception de ceux qui étaient attachés aux officiers des cours et compagnies supérieures, et à différents grades militaires.

Un édit du mois de juillet 1766, considérant « que la multiplicité des offices auxquels le privilége d'exemption de taille a été accordé successivement a donné lieu souvent à des représentations sur le préjudice qui en résultait pour les contribuables », fixa d'une manière limitative les exemptions : « Que le clergé, la noblesse, les officiers de nos cours supérieures, ceux des bureaux des finances, nos secrétaires et officiers des grandes et petites chancelleries, pourvus des charges qui donnent la noblesse, jouissent seuls à l'avenir du privilége d'exemption de taille d'exploitation dans notre royaume, conformément aux règlements qui ont limité l'étendue de ce privilége... Maintenons et gardons nos officiers commensaux, ceux des élections et ceux qui parmi les officiers de judicature et de finance étaient exempts de taille dans le privilége d'exemption de taille personnelle. »

D'après le même édit, les prévôts, lieutenants et exempts des compagnies de maréchaussée doivent jouir de l'exemption de taille personnelle, dans le lieu où leur service exige résidence de leur part ; quant aux habitants des villes franches, ils paieront la taille pour les exploitations qu'ils possèdent dans les paroisses taillables. « Voulons néanmoins que les bourgeois de notre bonne ville de Paris ne puissent être imposés à la taille pour raison de leurs châteaux ou maisons de campagne, et de l'exploitation qu'ils pouront faire des clos fermés de murs, fosses ou haies joignant immédiatement lesdits châteaux ou maisons de campagne. »

A ces priviléges relatifs aux tailles, il faut ajouter ceux qui ont été accordés aux membres de l'université de Paris par l'édit du mois d'octobre 1775.

CHAPITRE V

De la taille réelle dans la généralité de Montauban.

Dans les généralités de Montauban, d'Auch et de Grenoble, et dans les élections d'Agen et de Condom, la taille était réelle, c'est-à-dire que dans ces pays, pourtant soumis au régime général des élections, elle se réglait d'après la situation des immeubles, sans tenir compte du domicile des propriétaires. C'était aussi la nature des biens et non la qualité des personnes qui y décidait de l'assujettissement à la taille ou de l'exemption : le noble y était soumis lorsqu'il possédait des biens roturiers, et le roturier en était exempt lorsqu'il possédait des biens nobles.

La répartition entre les subdélégations et les communautés s'y faisait d'après un état appelé tarif, et la répartition individuelle proportionnellement aux évaluations du cadastre ou compoix.

Le tarif contenait l'énumération des communautés comprises dans l'élection, avec la détermination de leur force contributoire. Cette importance relative était exprimée au moyen d'une espèce de commune mesure qu'on avait créée sous le nom de feux et bellugues, c'est-à-dire étincelles. Le feu se composait d'un certain nombre de bellugues, et la bellugue elle-même se divisait en quatre parties. — Une généralité par exemple était divisée en 6,000 parties ou feux ; et il s'agissait de répartir ces 6,000 feux d'abord entre les différentes élections, puis entre les diverses communautés de chaque élection. Une élection pouvait différer d'une autre par l'étendue, la qualité du sol, le genre de productions, etc.

Si donc on les comparait l'une à l'autre, celle-ci pouvait être portée à 1,000 feux tandis que celle-là ne semblait devoir l'être qu'à 600. En somme, on attribuait un certain nombre de feux à chaque élection, de façon cependant à former le total de 6,000 feux. — Une opération analogue déterminait le contingent des paroisses dont les unes formaient par exemple 10 feux et 25 bellugues, les autres 5 feux et 20 bellugues, etc.

L'état arrêté au conseil, ou tarif évaluant les élections et les communautés, permettait de répartir chaque année facilement les sommes portées par les commissions. Cette répartition se faisait au moyen d'une opération purement arithmétique. S'agissait-il de répartir 3 millions : l'élection portée au tarif pour 1,000 feux, si l'on suppose que le total des feux de la généralité est de 6,000, devra supporter 500,000 livres; et au-dessous la communauté estimée à vingt feux sera chargée de 10,000 livres.

L'évaluation du revenu foncier qui devait servir de base à la répartition individuelle dans chaque communauté était faite dans le cadastre ou compoix terrien et exprimée par livres, appelées livres livrantes, sous et deniers d'allivrement. — Ainsi, si le cadastre d'une communauté de vingt feux, imposée à 10,000 livres, si ce cadastre est composé de 1,000 livres livrantes, chacune de ces 1,000 livres livrantes devra payer 10 livres. Le contribuable dont les possessions sont évaluées à 10 livres livrantes sera donc compris au rôle pour dix fois 10 livres, c'est-à-dire 100 livres. Cette forme de procéder à la répartition dans chaque communauté était donc aussi simple que celle du tarif.

Quelque bien ordonné que fût ce système, il était cependant difficile de conserver longtemps l'égalité entre les élections, les paroisses, les individus. L'ouverture des voies nouvelles, les améliorations agricoles, la grande mobilité des faits économiques ont bien vite détruit les proportions primitives. Il paraît que des plaintes nombreuses s'élevèrent à ce sujet dans la généralité de Montauban. Pour y faire droit, un arrêt du conseil de 1664 commit l'intendant de la généralité à l'effet de procéder à la révision des tarifs et des cadastres. — Ce fonctionnaire y procéda avec différents officiers de la cour des aides, du bureau des finances et des élections, accompagnés d'experts, et sur leur avis il intervint le 26 août 1666 un règlement du conseil, qui divisa la généralité en 12,000 feux de cent bellugues chacun. Il y fut aussi décidé que si, dans la suite, des communautés se trouvaient surchargées par suite d'accidents fortuits ou de détériorations, il y aurait à diminuer le nombre de leurs feux pour les rejeter sur les autres communautés de la même élection. Mais l'expérience fit connaître que cet expédient était peu praticable. Il aurait fallu une multiplicité d'arrêts dont l'exécution aurait amené de nombreux embarras. Aussi en 1727 les tarifs étaient encore plus défectueux qu'en 1664 ; une révision eût été nécessaire. Elle fut empêchée par plusieurs considérations, notamment par l'énormité des frais qu'elle eût occasionnés. On eut alors la pensée de procéder par dégrèvement de la façon suivante.

Une somme de 120,000 livres, c'est-à-dire de 10 livres par feu, fut ajoutée au principal de la taille dans la généralité, et mise à la disposition de l'intendant, pour, suivant son appréciation, être répartie en diminution entre les communautés dont la situation nouvelle demandait un allégement. Ainsi la somme était levée sur toutes les paroisses et distribuée à quelques-unes. Cela, il est vrai, ne remédiait qu'aux inégalités du tarif, et cette *péréquation par dégrèvement* ne changeait rien aux évaluations du cadastre qui servait de base à la répartition individuelle dans chaque communauté ; mais, comme les révisions du cadastre étaient loin de présenter les mêmes difficultés que la réformation des tarifs, les communautés pouvaient rétablir l'égalité entre leurs habitants en faisant réformer leur cadastre.

Dans ce cas, les consuls s'adressaient à la cour des aides, qui ordonnait la nomination d'arpenteurs et abonnateurs, et commettait pour la réception de leur serment un conseiller si la communauté était à proximité, un juge si elle était éloignée. La communauté nommait alors une personne pour faire la table d'abonnement.

Voici en quoi elle consistait.

Si tous les fonds de la même communauté étaient de même valeur, il n'y aurait qu'à les mesurer, et à leur appliquer une taxe proportionnelle à leur contenance. (1 hectare de pré, par exemple, payant 20 francs, un demi-hectare paierait 10 francs); mais comme cette égalité n'existe pas il est indispensable, si l'on veut établir équitablement la répartition, de former divers degrés, selon la nature des fonds : il en résulte qu'en fait de prés ou de champs, par exemple, deux fonds de même contenance seront estimés et évalués l'un à 1 livre livrante, l'autre à 10 sols, etc. C'était la table de ces divers degrés qu'on appelait table d'abonnement. Elle était fixée par la délibération de la communauté. Les arpenteurs ne pouvaient s'en écarter. Leur travail consistait à arpenter tous les fonds et à appliquer chacun d'eux au degré de cette table où ils jugeaient devoir le comprendre.

Les fonds d'une communauté considérés par rapport aux impositions étaient de trois sortes : les roturiers, les nobles et les *immunes*.

Les fonds roturiers ou ruraux contribuaient au paiement des impôts. Les nobles et les *immunes* en étaient exempts. — Les fonds nobles étaient exempts toujours et par nature. Les *immunes*, au contraire, qui étaient par eux-mêmes roturiers, ne jouissaient de l'exemption qu'en vertu de leur destination. C'était par exemple les églises, couvents, hôpitaux, places publiques, rues et chemins, etc. Aussi le cadastre des biens nobles ne contenait-il ni évaluation ni allivrement, à la différence de celui des biens *immunes*, qui pouvaient rentrer dans le commerce et devenir sujets à la taille.

Aux termes de la déclaration du 9 octobre 1684, tous les biens possédés par les seigneurs justiciers dans l'étendue de leurs justices étaient présumés nobles, et c'était aux habitants qui prétendaient que l'héritage était roturier, par conséquent taillable, à le justifier. — La même présomption protégeait les fonds dépendant des églises cathédrales, abbatiales et autres de fondation royale, en quelque lieu qu'ils fussent situés, et des églises paroissiales pour les fonds qui leur appartenaient dans l'étendue de leurs paroisses.

Tous autres biens ne pouvaient être réputés nobles qu'en vertu de titres, tels que des actes d'inféodation, hommages au moins centenaires et suivis de dénombrements ou autres titres suffisants sans aucun vestige d'avilissement, c'est-à-dire sans avoir jamais été soumis à la taille.

Un fonds noble peut s'avilir et devenir rural, par exemple si le seigneur qui en est le possesseur le donne à cens ou rente seigneuriale. La communauté le faisait alors allivrer sur la tête du nouveau possesseur, et, lors même que le seigneur venait plus tard à le recouvrer, il restait néanmoins soumis à la taille.

La même distinction avait lieu quant aux rentes assises sur le même fonds, et que l'on devait comprendre au cadastre, puisqu'elles étaient immeubles. Si elles étaient seigneuriales, c'est-à-dire retenues et imposées par les seigneurs sur les fonds qu'ils possédaient noblement, ces fonds devenaient roturiers et taillables ; mais les rentes retenaient la qualité de nobles et n'étaient point soumises à l'impôt. Si au contraire un possesseur de fonds roturiers les cédait sous une rente en grains ou autre, cette rente, appelée foncière, devenait ou restait roturière selon la nature du fonds sur lequel elle était établie, et elle était en cette qualité comprise au cadastre sur le pied du tiers du produit. L'allivrement du fonds chargé de la rente était diminué d'autant.

Il existait dans chaque hôtel de ville un registre de mutation qu'on appelait livre de charges, décharges et muances, coté, paraphé, et rendu exécutoire par un officier de l'élection. On y suivait toutes les mutations qui s'opéraient. Ce registre devait être la copie du cadastre, de façon que chaque nom de possesseur de fonds y fût rapporté en tête d'un feuillet, avec l'énumération détaillée des possessions et leur allivrement.

Moreau de Beaumont fait observer avec justesse que, dans le système que nous venons d'exposer, le contribuable n'avait rien à craindre de la haine ou de la vengeance d'un collecteur, puisqu'il ne pouvait être taxé au-dessus de son allivrement; et que la communauté tout entière était dans la même sécurité, car, les fonds répondant spécialement du paiement de l'imposition, elle était par conséquent à l'abri de toute non-valeur et réimposition. Chacun avait d'ailleurs intérêt à améliorer la totalité de ses possessions, pour deux raisons : 1° c'est que la partie dont on eût négligé la culture n'en eût pas moins été imposée au rôle, le principe étant que, si l'on voulait abandonner un fonds, il fallait en même temps abandonner tout ce dont on jouissait dans l'étendue de la communauté ; 2° parce qu'un fonds une fois allivré ne pouvait plus être augmenté tant que le cadastre subsistait, quelles que fussent les améliorations postérieures.

Dans son *Histoire* aussi savante qu'originale *des Français des divers états*, Alexis Monteil a exprimé sous une forme humoristique les avantages de la taille réelle sur la taille personnelle :

« Je me souviendrai toute ma vie, fait-il dire à un marchand de flûtes, qu'un jour, en faisant mon commerce, je parcourais une belle vallée longue de plusieurs lieues ; j'étais à cheval, mes sacoches, mes fourreaux de pistolets étaient remplis de flûtes que je vendais à droite et à gauche et au prix que je voulais. Tout à coup je cesse d'en vendre. Je m'aperçois tout à coup aussi que le pays est changé, que les terres ne sont plus aussi bien closes, aussi bien travaillées. J'étais, sans le savoir, sorti d'une province cadastrée, où les tailles étaient foncières et fixes ; et sans le savoir aussi j'étais entré dans une province non cadastrée, où les tailles étaient foncières, industrielles, personnelles et variables. Dans les premières, le propriétaire ne craint pas d'augmenter sa taille en les fertilisant, et il les fertilise ; dans les autres, il craint d'augmenter sa taille en les fertilisant, et il ne les fertilise pas. On parle de cadastrer toute la France ; mais quand cela se fera-t-il? Ah! combien de flûtes je vendrais [1]! »

Toutefois cette forme de répartition n'était pas sans inconvénients. Outre les erreurs et les variations que la succession des temps amène dans la valeur relative des immeubles et dont nous parlerons plus loin en traitant de la permanence des opérations cadastrales, il y avait encore ce grave inconvénient que, à la différence des pays de taille personnelle, où une partie de la taille était assise sur les revenus ou la fortune mobilière, dans les pays de taille réelle, toutes les charges retombaient sur les propriétaires de terres. Ceux dont la fortune était mobilière ne contribuaient en rien aux besoins de l'État.

Pour remédier à ces défauts, on établit ce qu'on appela des *ompoix cabalistes* (de *cabaux*, meubles lucratifs). Ces compoix contenaient l'évaluation de l'industrie et des facultés mobilières de chaque habitant et ils devaient être renouvelés chaque année, afin d'en suivre les variations. Que l'usage de ces cadastres mobiliers soit ancien, c'est ce dont on ne peut douter, car on trouve dès l'an 1600 des arrêts de la cour des aides de Montpellier qui y sont relatifs.

Les consuls des communautés pouvaient distraire une certaine portion du total des impositions contenues dans le mandement des tailles, et les répartir sur l'industrie. Cette portion était du dixième dans les villes, du douzième dans les gros bourgs, où il y avait des foires et marchés, et du quinzième dans les autres communautés. — La connaissance des contestations pour prétendues surcharges appartenait en première et dernière instance à la cour des aides.

Mais la confection du compoix cabaliste entraînait beaucoup de contestations et de longueurs, par suite de la difficulté de saisir la fortune mobilière; aussi très-peu de villes et de communautés y eurent recours, et dans la plupart des pays de taille réelle tout le poids de la taille continua à porter sur la fortune immobilière.

1. Tome V, chapit. xxx.

CHAPITRE VI

De la taille réelle dans la généralité de Grenoble et dans les élections d'Agen et de Condom.

Nous avons parlé avec quelque détail de la généralité de Montauban, que nous avons prise pour type de la taille réelle dans les pays d'élections : la généralité d'Auch n'a rien de bien particulier qui la distingue de celle de Montauban, dont elle fit longtemps partie et ne fut séparée qu'en 1716. Il nous reste à dire quelques mots de la généralité de Grenoble et des élections d'Agen et de Condom.

Le Dauphiné avait été réuni, en 1343, à la couronne de France, par donation de Humbert, dernier dauphin, donation confirmée en 1349.

L'imposition fut de tout temps dans cette province établie par feux. On prétend qu'à l'origine, lorsqu'on imposait quelque somme en faveur des premiers dauphins, on la réglait suivant les feux ou cheminées dont chaque maison était composée. Mais la division des feux par famille est plus vraisemblable et plus analogue à l'usage général. C'est bien ce qui résulte d'ailleurs des ordonnances de Charles V. (Avril 1374.)

Ce fut sous la seconde race des dauphins que l'on commença à cotiser par fonds et non par cheminées, et la taille y devint par conséquent réelle. Cependant, comme ce nom de feux se trouva familier et introduit dans les rôles, on le conserva, mais on régla les feux sur les quantités de fonds dont les communautés étaient composées. Le mot de feu perdit donc sa première signification et ne désigna plus, comme dans la généralité de Montauban, que la commune mesure de la force contributive des communautés.

L'État qui concernait la distribution des feux s'appelait péréquaire ou cadastre. Plusieurs de ces cadastres ayant été perdus ou étant devenus défectueux, une nouvelle révision fut ordonnée en 1461. Ce fut l'origine de violents débats entre les trois ordres de la province. « Il y avait, dit de Thou, un grand procès en Dauphiné, entre le tiers-état d'un côté, le clergé et la noblesse de l'autre; et comme il était difficile de le suspendre ou de le juger sans exposer la tranquillité de la province, il essuya de longues surséances accompagnées de grandes contestations. » L'agitation devint même si grande qu'on finit par supprimer les États du Dauphiné. Ce pays fut divisé en élections dans l'année 1628.

En effet, Humbert, avant sa donation, avait affranchi la province de tout impôt; et le roi donataire, Philippe de Valois, s'était obligé à respecter tous les priviléges du Dauphiné. Cependant, au mépris de ces engagements, Charles VII révoqua les immunités, tout en conservant la franchise des nobles et du clergé. — Or le tiers-état prétendait les obliger à la taille; car, disait-il, si on impose un fardeau à une province exempte, il faut l'imposer à tous; d'autant plus que les impositions n'ayant jamais été personnelles en Dauphiné, où chacun était taxé en proportion de ses biens, la qualité des personnes ne doit point entrer en compte, et chacun doit contribuer à raison de ce qu'il possède.

Malgré de nombreux arrêts et règlements, qui donnèrent presque toujours gain de cause aux privilégiés, les dissensions continuèrent. Louis XIII y mit fin par le règlement du 24 août 1639, qui fit le dernier état du droit.

Le roi y déclare les tailles de la province réelles et prédiales, ordonne que tous héritages roturiers qui y sont situés demeureront dès lors à perpétuité contribuables aux tailles, taillons, crue de garnison et autres subsides. « Sont exempts :

1° les héritages roturiers des ecclésiastiques, chapitres, hôpitaux, etc., qui sont de donation et de fondation de l'Église faites avant le 1er mai 1639 ; 2° les biens roturiers possédés avant la même époque par les nobles de l'une et l'autre robe qui avaient acquis le titre de noblesse avant 1602. Tous ceux qui avaient acquis la noblesse depuis 1602, ou l'acquerront à l'avenir, ne pourront prétendre à l'exemption de la taille. — Il sera fait une révision générale des feux par un commissaire désigné par Sa Majesté pour être tous lesdits héritages roturiers compris au cadastre de chaque communauté, sans pouvoir en être distraits à l'avenir. »

En 1706, un édit fixa le nombre des feux à 3,500 pour les terres taillables et à 1,500 pour les terres nobles. — Ces dernières, quoique exemptes de taille, étaient cependant placées dans le cadastre, parce qu'elles étaient frappées d'autres impôts dont la perception se faisait aussi d'après l'évaluation du revenu foncier.

Dans l'élection d'Agen, comme dans le Dauphiné, de nombreuses contestations s'étaient élevées entre les nobles et les privilégiés d'une part, et les consuls et le tiers-état de l'autre, sur la question de savoir si la taille était prédiale et réelle, ou si elle était personnelle. Un arrêt de la cour des aides du 18 août 1601, rendu après enquête, la déclara réelle en la sénéchaussée et étendue dudit pays agénois. La cour ordonna de plus « un arpentement et description des héritages tenus et possédés roturièrement audit pays agénois. »

Un grand nombre d'oppositions se produisirent contre ce cadastre et le département des tailles qui devait en être la suite. Enfin le tout fut terminé par un jugement arbitral, homologué par lettres patentes, enregistré en cour des aides de Paris en 1622. — Les arbitres qui prononcèrent entre les communautés ordonnèrent que les tailles seraient réparties, assises et égalisées sur un pied de 40,000 livres, dont chacune des villes, juridictions et communautés porterait sa part contingente. — Ils firent ensuite la distribution de cette somme entre les 109 juridictions qui composaient alors l'élection d'Agen, sans qu'aucune communauté pùt prétendre dorénavant à aucune décharge contre les autres, pour quelque motif que ce fùt.

Le cadastre de Condom était postérieur à celui d'Agen. Il n'eut lieu qu'en 1671. On fit alors l'arpentage et l'estimation des fonds qui, suivant leur qualité, furent distingués en différents degrés pour faciliter la répartition. Tous ces degrés furent réduits proportionnellement au premier dans la récapitulation qui fut faite à la fin de chaque cadastre ; en sorte que deux arpents du second degré, trois arpents du troisième, etc., ne furent comptés que pour un arpent du premier degré. Les maisons et les moulins furent pareillement abonnés pour un certain nombre d'arpents du premier degré.

Le cadastre contenait donc la contenance réelle des terres et une contenance fictive qui résultait de leur évaluation. C'était cette dernière qui servait de règle pour la répartition des impositions dans l'élection de Condom. On répartit en effet 20,000 livres entre les 180 communautés dont elle se composait, proportionnellement au nombre d'arpents de chaque communauté, et c'est sur ce pied et au marc la livre de ce que chaque juridiction supportait de cette somme que se fit, depuis, la répartition de la taille et des impôts accessoires.

CHAPITRE VII

Pays d'États.

Il avait existé des États dans la plupart des provinces de France, c'est-à-dire que chacune d'elles avait été administrée sous le gouvernement du roi par les gens des trois états, comme on disait alors, ce qui doit s'entendre d'une assemblée composée de représentants du clergé, de la noblesse et de la bourgeoisie. Mais ces institutions, combattues sans relâche par nos rois dont elles gênaient le pouvoir despotique, avaient fini par disparaître presque partout. A la fin de l'ancien régime, il ne se rencontrait plus d'États que dans cinq provinces d'une certaine étendue et dans quelques districts insignifiants. C'étaient le Languedoc, la Bourgogne, la Bretagne, la Provence, le pays de Foix, le comté de Bigorre, le pays de Marsan, le pays de Soules et de Labour, enfin le Béarn et la Basse-Navarre.

La liberté provinciale n'existait plus à vrai dire que dans deux de ces provinces, le Languedoc et la Bretagne, et partout ailleurs l'institution n'était plus qu'une vaine apparence; cependant la plupart de ces pays jouissaient encore de cet avantage immense que la contribution y était accordée par la province même. Certes, ils étaient loin de posséder à cet égard les puissantes prérogatives dont étaient investies à la même époque les Communes anglaises. Le rôle de ces États était modeste et timide, et se bornait en fait à négocier avec l'autorité royale au sujet du chiffre de l'imposition ; mais du moins les pays d'États jouissaient de la liberté d'examiner ce qui leur était demandé, et ils avaient l'honneur de stipuler, en l'accordant, le maintien des priviléges de la province et des formes anciennes de son administration. Les pays d'États payaient la somme convenue avec le gouvernement, mais la répartition et la levée des deniers nécessaires était l'œuvre des chefs de leur administration. Les formes de l'administration et la répartition variaient suivant les provinces.

Le Languedoc était le plus vaste et le plus peuplé des pays d'États ; il contenait plus de deux mille communautés. C'était de plus le mieux ordonné et le plus prospère de ces pays. C'est donc lui que nous allons spécialement étudier.

Il paraît certain que, dans le Languedoc, la taille remontait au règne de saint Louis. M. de Basville observe dans ses Mémoires sur cette province que l'on trouvait à la chambre des comptes de Montpellier toutes les commissions pour la levée de la portion que le Languedoc devait supporter dans l'imposition générale, depuis saint Louis jusqu'à François Ier. Les États, auxquels ces commissions étaient adressées, faisaient d'ailleurs des représentations lorsque la somme demandée leur paraissait trop forte. On en trouve notamment un exemple sous Charles VIII, en 1490.

On adressait ordinairement aux États trois commissions : une pour la taille, l'autre pour le talion, la troisième pour les garnisons que le roi entretenait dans la province. — La délibération que prenaient les États pour accorder les sommes comprises dans ces trois commissions portait le nom d'*octroi*, et il y était dit expressément que « lesdits États ont libéralement octroyé et accordé, octroyent et accordent au roi, leur souverain, prince et seigneur, lesdites sommes ».

A côté de ces impositions, les circonstances exigeaient quelquefois des secours extraordinaires demandés par le roi. C'étaient les dons gratuits, ainsi nommés comme s'ils eussent été payés gratuitement, parce que les États les accordaient librement et les refusaient même quelquefois, tandis qu'en matière de taille ils n'avaient pour ainsi dire d'autre fonction que de se conformer à la volonté royale.

Il y avait enfin dans le Languedoc un grand nombre de travaux publics exécutés aux frais de la province. « Ce qui frappe le plus dans les pays d'élections, dit M. de Tocqueville dans son ouvrage sur *l'Ancien Régime et la Révolution*, c'est l'absence presque absolue de charges locales; les impôts généraux sont souvent oppressifs, mais la province ne dépense rien pour elle-même. Dans le Languedoc, au contraire, la somme que coûtent annuellement à la province les travaux publics est énorme. En 1780, elle dépassait 2 millions de livres chaque année. » Aussi sir Arthur Young parcourant le pays vers cette époque mettait-il sur ses notes : « Languedoc, pays d'États, bonnes routes faites sans corvées [1]. »

Les impositions résolues aux États pour la taille, les dons gratuits et les dépenses de la province étaient réparties sur les 23 diocèses qui composaient la province, d'après un ancien tarif dans lequel, supposant la somme de 300,000 livres, on fixait ce que chacun des diocèses devait supporter de cette somme. La règle de répartition n'était donc qu'une simple opération d'arithmétique.

Les diocèses faisaient, dans des assemblées particulières, l'imposition de la portion qui les concernait entre les communautés dont ils étaient composés. — Dans ces assemblées siégeaient le baron, l'évêque, un commissaire du roi, l'officier de justice, les consuls de la ville capitale et les députés des villes qui en avaient le droit.

Le tarif sur lequel se faisait la répartition entre les communautés se nommait *allivrement* des communautés, ou *recherches*. C'était un tableau qui était dressé et réformé, quand il en était besoin, par un officier de la cour des aides. Il contenait une estimation générale des biens de chaque communauté. On n'avait qu'à répartir sur cette espèce de tableau à livres, sous, deniers, les sommes de-

1. *Voyage en France.*

mandées au diocèse. Cet état de répartition se nommait *mande*, et s'adressait aux consuls de chaque communauté.

Restait la répartition entre les contribuables de chaque communauté. Elle avait eu lieu d'abord par feux. On entendait par là non pas un ménage, ou une habitation en général, mais une certaine portion de territoire, en sorte que chaque ville, bourg, village, était estimé contenir un certain nombre de feux, quoique souvent il renfermât un bien plus grand nombre de ménages. Ce système fut aboli sous Charles VII et on introduisit un cadastre ou compoix, qui contint une évaluation de tous les biens de chaque communauté.

Ces compoix, aussi bien que les tableaux du diocèse, pouvaient être refaits, après autorisation de la cour des aides de Montpellier. Les habitants assemblés désignaient alors des indicateurs chargés de désigner les propriétés, des arpenteurs de les mesurer, et des prudhommes de les estimer. On faisait prêter serment à tous. Le conseil général des habitants devait régler en même temps la table de l'estimation des biens, qui établissait sur quel pied serait cotisée la sesterée de terre, pré, vigne, selon leur degré. Les prudhommes procédaient alors à l'évaluation desdites possessions, dont ils faisaient trois degrés :—bon,—moyen,—faible.

Toutes les terres, possessions ou maisons qui étaient dans la communauté où se faisait le cadastre devaient y être comprises. — Les prudhommes, dans le classement et l'estimation des maisons et propriétés bâties, devaient tenir compte de la contenance, des commodités, des avantages, de la valeur actuelle, mais non de la somptuosité de l'édifice qui n'est pour le maître qu'une cause de dépense. De cette estimation, on déduisait un tiers, en considération des réparations annuelles; les deux autres tiers étaient imposés sur le même pied que les terres.

Après avoir classé et mesuré toutes les parcelles du terrain, les arpenteurs et les prudhommes consignaient leur travail sur un registre. On y mentionnait le nom du détenteur des parcelles, leur situation, leur contenance, leur genre de culture, leur classe, leur estimation. — Ce registre était appelé cadastre, estime, manifeste, ou compoix. Il devait être homologué par la cour des aides.

On faisait un cahier à part des biens prétendus nobles, jusqu'à ce que la cour des aides eût statué sur les réclamations de leurs possesseurs.

C'était aussi devant cette cour des aides que devaient être portées les demandes en réduction, parce qu'en matière d'impôts il n'y avait que deux instances et que les opérations pour former le compoix tenaient lieu de la première. Toute personne pouvait réclamer en réduction, même un an après la confection du cadastre.

Le compoix terrien était complété par un compoix cabaliste. Chaque année les consuls convoquaient les habitants en assemblée générale pour élire six prudhommes qui, avec le contrôleur des cabaux et son commis, devaient procéder à l'estimation des cabaux et meubles lucratifs, deniers à intérêt, etc., etc. Les prudhommes pouvaient, lorsqu'ils avaient des soupçons sur la véracité des déclarants, se faire présenter les livres des marchands et examiner leurs cabaux. — Nous n'avons pas à nous occuper de cette partie de la contribution aux tailles.

Au moyen des compoix, le rôle des impositions était bien facile à rédiger. Par exemple, si le total des estimations portées au compoix atteint 4,000 livres, et que la communauté soit imposée à 3,000 livres, chaque livre du compoix devra payer 15 sols. Ainsi le rôle consistait dans un simple calcul qui se faisait dans le conseil de la communauté, par un ou deux habitants choisis, de ce que chacun devra supporter à raison de l'estimation de ses biens. — Le rôle devait s'ouvrir en indiquant : 1° les mandements et commissions envoyés pour lever l'impôt, afin qu'on pût vérifier sa légalité ; 2° sa cause ; 3° sur quel pied d'allivrement il était établi. La quotité provenant du compoix cabaliste devait être distinguée de celle qui provenait du compoix terrien et mise en marge. Il fallait aussi indiquer, séparément pour chaque contribuable, ce qu'il avait à payer : 1° pour les impositions royales ; 2° pour les impositions municipales qui ne regardaient que l'intérêt des habitants ; 3° pour les impositions municipales utiles aux forains. On remarquera que nous employons aujourd'hui un système analogue. Dans nos rôles d'impôt direct, on indique séparément le total de chacune des quatre contributions, et la part qui en revient à l'État, au département, à la commune.

CHAPITRE VIII

De l'obligation aux tailles et des exemptions dans le Languedoc.

On a vu, dans la première partie de cette étude, que dans l'Empire romain tous les fonds et héritages contribuaient directement aux charges qui s'imposaient sur les fonds. Ce principe en vertu duquel on frappait directement le sol s'était conservé dans la plupart des provinces du midi de la France, où avaient persisté l'esprit, l'usage et les dispositions du droit écrit. Cela nous explique pourquoi, dans les généralités de Montauban, d'Auch, de Grenoble, la taille était réelle, tandis qu'elle était personnelle dans les autres généralités soumises au régime de la coutume. En Languedoc, les tailles étaient aussi réelles, et se payaient à raison des héritages et dans les lieux où ces héritages étaient situés. Comme pour mieux attester la permanence du droit écrit, on invoquait, à cet égard, la loi 11 *De censibus* au Digeste : « *Is qui agrum in alia civitate habet, in ea civitate debet profiteri, in qua ager est. Agri enim tributum in ea civitate debet levari, in cujus territorio possidetur.* »

Mais le droit des fiefs, postérieur aux lois romaines, avait introduit une distinction entre les terres, en rendant les unes nobles, les autres rurales et roturières ; cette différence dans la qualité des terres, semblable à celle qui avait été établie dans la qualité des personnes, produisit le même effet, par rapport à l'imposition des tailles ; car, de même que dans les pays de taille personnelle les nobles en étaient exempts, et que les roturiers seuls étaient cotisés, de même dans le Languedoc, comme dans les pays de généralité où les tailles étaient réelles, les fiefs et les terres nobles en étaient exempts, et les héritages ruraux et roturiers étaient les seuls à y contribuer.

En principe, tous les fonds roturiers étaient imposables, et même les bâtiments situés en ville. Comme la taille était une dette inhérente au fonds, on n'avait point, en général, égard à la qualité du détenteur. Il en résultait que celui qui avait obtenu l'exemption des charges personnelles n'était point exempt de la taille. Ainsi ne pouvaient être invoqués comme causes d'exemption : 1° la minorité de vingt-cinq ans qui dispensait de la taille personnelle ; 2° le nombre d'enfants ; 3° le sexe ; 4° la milice ; 5° les fonctions de consuls ; 6° la noblesse, qu'elle fût de race ou qu'elle eût été accordée par le roi. Les nobles qui avaient des biens roturiers en Languedoc étaient soumis à la taille. Les seigneurs justiciers eux-mêmes devaient payer pour les biens roturiers qu'ils possédaient dans l'étendue de leur juridiction. On pourrait citer à ce propos un grand nombre d'arrêts de la cour des aides de Montpellier, notamment ceux du 20 mai 1607, 13 juillet 1609, 1er juillet 1626, 19 mai 1627.

Les biens roturiers sis en Languedoc et acquis par des ecclésiastiques étaient aussi taillables. L'ordonnance de Louis XI, en 1464, et les édits de François Ier, en 1535 et 1543, ne laissent aucun doute à cet égard. Il en était ainsi, que lesdits ecclésiastiques fussent religieux ou séculiers. (Arrêt de la cour des aides de Montpellier du 23 avril 1552.) Les biens donnés aux pauvres ou aux hôpitaux demeuraient également roturiers et obligés aux tailles s'ils l'étaient antérieurement à la donation.

Les possesseurs de fonds roturiers ne pouvaient pas prétendre être déchargés de la taille, en invoquant la stérilité desdits fonds, ou des dégâts causés par la grêle ou autres cas fortuits ; car, dit un arrêt de la cour des aides du 27 mars 1627, dans les années abondantes la taille n'augmente pas ; elle ne doit donc pas diminuer dans les mauvaises.

Non-seulement les possesseurs étaient tenus de contribuer aux tailles, mais aussi tous ceux qui avaient des droits perpétuels sur les fonds roturiers y étaient tenus, parce que l'on considérait ces droits comme tenant lieu d'immeubles. Ainsi celui qui avait le droit de pêcher en quelque lac y devait contribuer pour ce droit. Il en était de même de celui qui avait le droit de mener paître son bétail en quelque lieu rural ou d'y prendre du bois, ou de celui qui percevait des rentes ou censives foncières sur un fonds roturier.

Mais la règle que tous les biens roturiers étaient soumis aux tailles recevait un tempérament par application du principe : « *Ubi emolumentum, ibi onus.* » Il y avait des cas, en effet, où les fonds roturiers n'étaient pas soumis à toutes les tailles. Les forains, c'est-à-dire ceux qui n'avaient ni domicile ni habitation dans le territoire où se trouvait leur fonds, ne payaient que les tailles municipales qui leur étaient utiles. Ainsi, par exemple, ils devaient supporter en temps de guerre les impositions qu'on établissait pour la garde et la garnison, pour la réparation des murailles, des ponts et des chemins, des lieux où se trouvaient leurs biens. Mais ils ne contribuaient pas pour l'érection d'une église paroissiale, pour l'achat des robes des consuls, pour leur traitement, pour les gages de leurs valets, pour la garde ordinaire des portes, pour la réparation des fontaines, etc., etc., parce que toutes ces dépenses ne sont utiles qu'aux habitants du lieu, et que le forain, ne jouissant pas de tous les avantages des habitants, ne peut en supporter toutes les charges. Pour que les forains ne pussent pas se plaindre d'avoir été surchargés par les domiciliés, ceux-ci étaient tenus, sous peine d'amende, de les appeler lorsqu'on procédait aux impositions.

En ce qui touche les tailles municipales, on assimilait les biens roturiers des ecclésiastiques aux biens des forains. Lorsque les impositions n'étaient pas utiles aux forains, les ecclésiastiques n'y étaient pas non plus soumis. C'est qu'on les tenait pour étrangers au monde, et, par suite, ils ne pouvaient être considérés comme habitants de la cité.

Il y avait enfin des biens entièrement exempts de tout impôt, soit royal, soit municipal. C'étaient : 1° les lieux destinés à un usage public, comme les halles, les places, les cimetières, les églises, et les temples des protestants à dater du 18 septembre 1601 ; 2° les propriétés du roi et de ses enfants ; 3° les églises cathédrales, les maisons claustrales des religieux, les maisons capitulaires, les cimetières et jardins conventuels ainsi que les terres acquises pour leur agrandissement, tant que ces terres étaient employées audit usage (cour des aides de Montpellier. Arrêts du 15 nov. 1598, Augustins de Nîmes. — 3 juillet 1627, Carmes de Carcassonne. — 1640. Carmes de Toulon); 4° les biens nobles, soit qu'ils appartinssent à l'Église ou aux laïques, soit qu'ils fussent possédés par des nobles ou par des roturiers, suivant l'ordonnance de Charles VIII de 1483, et celle de François Ier de 1543. « Car, dit Despeisses, en Languedoc, les tailles y étaient tellement réelles qu'on n'avait nul égard aux qualités, priviléges, honneurs ou noblesse des sujets qui possédaient des terres sujettes auxdites tailles. Aussi, en ladite province du Languedoc, lorsqu'il y a des biens ou des terres nobles, lesdits biens ou terres demeurent toujours nobles, bien qu'elles appartiennent à des personnes roturières de vile ou abjecte condition. Il en est autrement aux lieux où les tailles sont personnelles, où la personne noble affranchit les biens et la roturière les rend sujets à la taille. D'où vient qu'on dit qu'en Languedoc le fief anoblit, non la personne, mais qu'en Langue-d'Ouy c'est la personne et non le fief. C'est pourquoi l'immunité donnée aux personnes s'éteint et prend fin par la mort des personnes, mais celle qui est donnée aux fonds ne se perd jamais. »

La raison qu'on donnait de l'immunité de ces fonds, c'est que, comme ils supportaient déjà d'autres charges puisqu'ils étaient tenus de servir le roi au ban et arrière-ban, il eût été injuste de les soumettre encore aux tailles. Aussi en étaient-ils entièrement exempts.

En principe, tous les biens étaient réputés roturiers jusqu'à preuve de leur noblesse, et cette preuve se faisait en prouvant l'inféodation ou la sous-inféodation, c'est-à-dire l'existence d'un contrat constitutif de fief.

Le fief était la concession gratuite qu'une personne faisait à une autre d'un héritage ou d'un titre immobilier portant titre de féodal, sous la réserve d'un droit de propriété directe qui procurait certains avantages prévus par le contrat ou fixés par la coutume. Dumoulin le définit : « *Benevola, libera, et perpetua concessio rei immobilis, vel acquipollentis, cum translatione utilis dominii, proprietate retenta, sub fidelitate et exhibitione servitiorum.* » — Lorsque le roi baillait ainsi à quelqu'un une terre à charge de foi et d'hommage, il y avait inféodation ; lorsque le vassal qui tenait du roi la terre en fief la baillait à son tour à un autre sous une même condition, il y avait sous-inféodation.

La fidélité était la seule chose qui fût de l'essence du fief ; elle suffisait pour imprimer le caractère de la féodalité ; quant aux obligations de foi et d'hommage, de quint, de relief, de dénombrement, etc., s'ils sont de la nature du fief en ce sens que le droit commun y assujettit tous les vassaux et que l'on ne peut s'en affranchir sans un titre exprès de libération, ils ne sont point de l'essence du fief, parce que sans eux, dit Henrion de Pensey dans son Introduction au *Traité des fiefs* de Dumoulin, il peut exister comme fief. — Il en résulte que les contrats d'inféodation ou de sous-inféodation justificatifs de la noblesse des fonds auront été bien et dûment faits alors même qu'il n'y aura point eu d'hommage rendu, « car les hommages et les dénombrements ne sont que les dépendances, suites et exécutions des contrats d'inféodation et de sous-inféodation esquels les biens sont baillés noblement, de sorte que lesdits biens étant nobles avant lesdits hommages et dénombrements, leur noblesse n'a pas besoin d'iceux pour la preuve, puisqu'elle appert desdits contrats principaux. »

Pour que l'inféodation fût valable, il n'était pas nécessaire qu'elle fût faite par une personne noble. Un roturier pouvait la faire même sans le consentement du seigneur dominant. Les roturiers pouvaient en effet posséder des fiefs.

Si l'on ne pouvait prouver le contrat d'inféodation ou de sous-inféodation, le moyen le plus simple d'établir la noblesse du fonds était de prouver qu'on avait rendu hommage pour lui.

La preuve d'un seul hommage suffisait, pourvu qu'il fût ancien, en bonne forme, et qu'on ajoutât à la preuve de l'hommage quelques autres preuves accessoires. Il fallait que l'hommage fût ancien parce que le roi ne pouvait exempter un fonds isolé au préjudice des autres. Il fallait qu'il fût bien fait, c'est-à-dire selon les règles usitées par la coutume. « Le vassal doit aller vers le seigneur au lieu dont est tenu et mouvant ledit fief..... doit mettre un genou en terre, tête nue et sans épée et éperons, et dire qu'il lui porte et fait la foi et hommage qu'il est tenu de lui faire, à cause du fief mouvant de lui. » (Art. 63 de la coutume de Paris ajouté.) — Enfin, pour que la preuve de l'hommage établît complétement la noblesse du fonds, il était bon qu'elle fût accompagnée d'autres « adminicules », par exemple des quittances de taxe pour le ban et l'arrière-ban, pour les décimes royales, ou d'un dénombrement.

Les dénombrements, qui étaient les mémoires exacts de la consistance du fief servant, écrits sur parchemin, passés devant notaire et donnés au seigneur par le vassal quarante jours après la foi et l'hommage, les dénombrements seuls ne pouvaient suffire pour prouver la noblesse d'un fonds que dans deux cas : 1° s'ils avaient été constatés par un acte public et acceptés par le roi ou le seigneur; 2° si, quoique non acceptés par le roi ou le seigneur, ils avaient été vérifiés par les juges ordinaires des lieux, le procureur du roi ou le seigneur appelé.

Il est évident que l'hommage que tous les habitants étaient tenus de rendre à leur seigneur ne pouvait être considéré comme une preuve de la noblesse de leurs fonds, car, fait observer Despeisse, «l'hommage est alors rendu, non pour un fonds, puisqu'on n'en a pas reçu du seigneur, mais pour l'assurer qu'on ne lui fera pas de tort. » .

La preuve qu'un fonds n'avait jamais contribué aux impositions ne suffisait pas pour établir sa noblesse ; cependant dans trois cas on le présumait noble, sauf preuve contraire : 1° lorsque le bien avait appartenu au seigneur justicier du lieu, car il y avait alors présomption que le roi avait concédé le fief avec la justice ; 2° lorsque ces biens étaient possédés par les églises, parce que la plupart avaient été fondées et dotées par nos rois ; 3° lorsqu'ils avaient été possédés noblement par l'église et vendus par elle à des particuliers.

On était tenu de payer les tailles et impositions pour les biens nobles lorsqu'ils devenaient roturiers ; ce qui avait lieu : 1° quand le fonds noble avait été soumis aux tailles pendant trente années, même non consécutives, et que ces tailles avaient été payées par le propriétaire. Le détenteur du fonds, qui avait payé si longtemps, était censé avoir renoncé à l'exemption, à moins qu'il n'eût protesté lors du paiement. Si l'impôt avait été acquitté pendant trente ans par l'usufruitier du fonds noble, le propriétaire n'était pas déchu de son privilége, mais l'usufruitier était obligé de continuer à payer les tailles pendant toute la durée de son usufruit ; 2° quand le propriétaire s'engageait par convention à payer les tailles ; 3° lorsque le fonds noble était donné en emphytéose, c'est-à-dire si le preneur s'obligeait à payer une redevance annuelle au seigneur ; car, disait-on, le fief est une concession gratuite, et son propriétaire, par l'imposition annuelle qu'il y met et qu'il en retire, en change la nature, et de noble le rend roturier. Mais il fallait que la redevance imposée au preneur fût cens, usage, pension en deniers ou fruits, bref, une chose utile au seigneur ; car si ladite redevance consistait plutôt en reconnaissance d'honneur qu'en profit, par exemple un couple de perdrix, elle ne rendait pas la terre roturière. A part cela, le contrat d'emphytéose détruisait tellement l'essence du fief, que c'est en vain qu'on insérait dans le contrat que l'emphytéote jouirait noblement.

Les biens, devenus roturiers, conservaient leur nature lorsqu'ils retournaient au seigneur, *jure privato, non jure domini*, c'est-à-dire par le même moyen qu'ils seraient passés à un étranger, comme achat, donation, échange. — S'ils retournaient au seigneur par commise, le cens n'ayant pas été payé, ils retournaient exempts de tailles, parce que, dit un arrêt de la cour des aides de Montpellier, rendu en janvier 1636, « si un fonds a été donné en emphytéose avec pacte que si, dans un certain cas, le cens n'est pas payé, le bailleur et maître du fonds le pourra reprendre, le cas du pacte arrivé, le bailleur reprend son fonds déchargé des hypothèques constituées par le preneur depuis son contrat. » C'est là un exemple de l'influence exercée dans le Midi par la loi romaine sur les institutions féodales. — Mais il fallait que le seigneur « eût fait crier et proclamer par trois diverses fois de quinzaine en quinzaine », pour voir s'il ne se trouvait personne pour prendre le fonds « aux charges accoutumées. » Cette règle avait pour but d'éviter les fraudes qui auraient pu résulter de l'accord du seigneur et de l'emphytéote.

Lorsqu'il y avait délaissement ou déguerpissement de la part du preneur, le bien donné revenait aussi au seigneur exempt de taille, « car les biens, n'étant plus à aucun maître, retournent nécessairement à leur source, c'est-à-dire au seigneur direct, duquel ils sont partis, parce qu'en ce royaume il n'y a aucun bien sans maître. »

Il ne reste plus qu'à dire quelques mots de la collecte des deniers qui présentait, en Languedoc, un caractère particulier.

Les consuls de chaque lieu devaient chaque année, dans les trois jours qui suivaient la répartition, faire procéder à des criées et proclamations pour la perception des impôts au rabais de vingt deniers par livre. Le bail était conclu avec celui qui offrait les meilleures conditions à la communauté. C'était la collecte volontaire ou gracieuse. — De nos jours, on emploie aussi souvent l'adjudication, dans les communes, pour la perception des droits d'octroi, de halle, marchés, etc. Si personne ne se présentait, les collecteurs étaient nommés par les habitants. Ces collecteurs, qui ne pouvaient refuser leur charge, sauf certains cas d'exemption, pouvaient cependant, à leurs risques et périls, en être déchargés en nommant une personne plus capable. — Lorsqu'un bail avait été conclu, il pouvait d'ailleurs être rompu, si quelqu'un offrait de percevoir l'impôt à des conditions meilleures pour la communauté, à moins que le collecteur ne consentît à faire la levée au même taux.

L'impôt était à la charge du possesseur du fonds, nonobstant toute stipulation contraire; mais tant que l'acquéreur d'un fonds ne l'avait pas fait mettre sous son nom dans le compoix le fisc pouvait s'adresser au vendeur, sauf recours de ce dernier contre l'acquéreur qui devait la taille depuis le moment de la vente. Par suite du même principe, on décidait que l'acquéreur, ou tout nouveau possesseur, devait payer les impôts arriérés, nonobstant toute stipulation contraire, sauf toutefois aussi son recours contre son auteur.

Les tailles devaient être payées, non-seulement par le maître et propriétaire du fonds, mais aussi par celui qui n'en avait que la jouissance, ou seulement la seigneurie utile. Ainsi l'emphytéote devait payer les tailles de la chose qui lui avait été donnée à cens; le mari celles des biens dotaux de sa femme. L'usufruitier y était aussi tenu, sans recours contre le nu-propriétaire. Enfin le créancier qui possédait en engagement un fonds de son débiteur en devait la taille.

Quant au fermier, il ne pouvait être contraint au paiement que dans deux cas : 1° lorsqu'il était fermier de vingt-neuf ans en vingt-neuf ans, parce qu'alors il était réputé maître du fonds; 2° lorsque le collecteur avait fait saisir les fruits provenant du bien affermé, parce que ces fruits étaient tacitement hypothéqués aux tailles du fonds. Mais dans ce cas il avait un recours contre son propriétaire.

Le paiement des tailles se faisait en trois termes, janvier, mai, septembre, et l'entier paiement devait être terminé dans l'année ou dans les treize premiers jours de l'année suivante. A défaut de paiement, le débiteur ne pouvait être emprisonné, mais ses biens pouvaient être vendus au profit du fisc qui avait une hypothèque tacite sur tous les biens des contribuables. Le débiteur pouvait toutefois faire révoquer la vente et rentrer en possession de ses biens, en payant préalablement sa cote et les frais de poursuites ; sous ces conditions, le retrait avait toujours lieu, alors même qu'il n'y avait eu ni fraude ni vilité de prix.

Pour éviter des retards dans la solution des difficultés relatives à l'impôt, on avait introduit des dérogations au droit commun. Ainsi nul ne pouvait demander son renvoi devant d'autres juges à raison de son privilége personnel, mais les seigneurs ne pouvaient cependant être jugés par les juges de la seigneurie. Cette mesure avait pour but de sauvegarder les droits des vassaux. Les officiers ordinaires du lieu connaissaient des contestations entre les collecteurs et les contribuables. Celles qui s'élevaient à l'occasion des contraintes émanées des receveurs particuliers des diocèses contre les consuls ou collecteurs des villes et lieux du diocèse étaient de la compétence des juges ordinaires du chef-lieu. Les contestations entre les trésoriers généraux des finances, leurs clercs, commis, cautions, étaient de la compétence de la cour des aides. Mais le délai d'appel n'était que d'un mois et il n'y avait que deux instances, la première devant les juges ordinaires, la deuxième devant la cour des aides.

Après avoir rempli leur charge, les collecteurs devaient rendre leurs comptes devant des auditeurs ordinaires nommés chaque année à cet effet par le conseil de la communauté ; ils pouvaient même y être contraints par toute voie, même par corps pendant trente ans ; et ce n'était qu'à ceux qui avaient été forcés d'accepter la collecte que la cession de biens était permise. Les collecteurs étant responsables du recouvrement de tous les deniers, les auditeurs ne passaient en reprise que les cotes des gentilshommes qui refusaient de payer. « Comme il n'y avait, disait-on, accès sur chez eux, » le recouvrement de ces dernières cotes était confié aux consuls. — Enfin les comptes clos par les auditeurs et homologués par les officiers du lieu étaient déposés avec les pièces justificatives dans les archives de la communauté.

CHAPITRE IX

**De la taille en Bretagne, en Bourgogne, en Provence,
et dans les pays cédés ou conquis.**

Par l'édit du mois d'août 1532, qui consacrait d'une manière définitive la réunion de la Bretagne à la France, le roi François Ier s'engageait à maintenir tous les droits, libertés et priviléges de cette province. Les États de Bretagne, dont les ducs avaient fait un moyen habituel et un instrument régulier de gouvernement, conservèrent donc leur existence, et si dans la suite ils laissèrent tomber en désuétude plusieurs priviléges importants garantis à la province par François Ier et Louis XII, ils restèrent toujours sévères gardiens de leurs prérogatives financières. Bien que leurs assemblées, d'abord annuelles, n'eussent plus lieu que tous les deux ans à partir de 1630, comme le Languedoc, ils conservaient encore au moment de la Révolution le droit d'octroyer et de répartir les impositions.

Mais tandis que dans le Languedoc, pays de droit écrit, le cadastre romain, et avec lui une exacte division des forces contributives du sol, avait survécu, en Bretagne, pays coutumier, il s'en fallait de beaucoup que le contribuable trouvât la même garantie d'une juste répartition. Il n'est pas en effet possible de trouver un monument ou même un renseignement qui conduise à penser qu'il ait jamais existé en Bretagne soit un cadastre général, soit des cadastres particuliers d'après lesquels les impositions auraient été réparties.

Dans cette province, les tailles s'appelaient fouages. Ce mot indique que les levées de deniers se faisaient par feux.— On voit par exemple dans les *Assises de Jérusalem* que le seigneur était réputé fouager son fief, « *cum foagum a tenentibus pro aliqua necessitate exigit.* »

Le plus ancien titre qui se soit conservé d'une pareille redevance accordée aux ducs de Bretagne sur tous les lieux contribuables du duché est du 25 février 1365. Il résulte bien de tous les documents que cette contribution avait à l'origine un caractère purement exceptionnel; mais après être devenue de plus en plus fréquente, elle finit, vers la fin du xv⁰ siècle, par passer à l'état d'imposition ordinaire, consentie chaque année par les États. On alla même, quand la Bretagne fut devenue province française, jusqu'à déterminer une somme fixe pour les fouages ordinaires de chaque année.

A côté de ces fouages qui se levaient au nom du roi, sur des mandements envoyés par le receveur général des finances, et dont le produit annuel était toujours le même, existaient des fouages extraordinaires levés au nom des États sur les mandements envoyés pas le trésorier général aux receveurs des fouages de chaque diocèse.

Les fouages ne se levaient que sur les terres roturières et l'imposition en paraît avoir été réglée à raison d'une somme fixe et déterminée par chaque feu. — Dans la délibération des États portant consentement à la levée des fouages ordinaires, il était dit que « ce serait à raison de 7 livres 7 sous monnaie par chaque feu »; mais cette énonciation n'avait d'autre objet que de se conformer aux anciens usages, et cette fixation n'était point suivie dans l'exécution. Comme le montant des fouages ordinaires était toujours le même, ceux qui étaient chargés de la répartition suivaient dans chaque paroisse l'usage des répartitions précédentes. Ils étaient cependant forcés d'avoir égard aux divisions des biens dans une même famille, aux ventes et acquisitions faites par les particuliers, à la diminution des terres exemptes, quoique roturières, selon qu'elles étaient cultivées par des propriétaires nobles ou par leurs fermiers.

Les changements que les circonstances devaient nécessairement produire dans la répartition auraient été opérés sans rien donner à l'arbitraire, si la division par feux, au lieu d'être une dénomination vaine, eût été appliquée à une portion de terres d'une valeur et d'une étendue déterminées. Mais il est douteux qu'il ait jamais existé de notions bien précises sur ce qui constituait un feu. C'est du moins ce que peut faire penser l'expression des titres d'octroi d'un fouage général au duc sur les vassaux des seigneurs : « *Il sera dû un écu d'or par feu, le riche aidant au pauvre, le fort portant le faible.* » Si chaque feu eût été composé d'une portion de terre fixe et déterminée, il n'y aurait pas eu des feux forts et des feux faibles ; si l'impôt eût toujours été réel et jamais personnel ou mixte, il eût été illusoire d'imposer la condition que le feu d'un vassal riche aiderait au feu d'un vassal pauvre.

Les terres roturières étaient par leur nature assujetties aux fouages ; mais certaines en étaient cependant exemptes. C'étaient : 1° les terres roturières, annexées de tout temps à des bénéfices ; 2° celles sur lesquelles était assigné le titre clérical d'un ecclésiastique. — Le titre clérical était ce que les ecclésiastiques devaient se constituer, quand ils recevaient les premiers ordres sacrés, afin que, s'ils ne parvenaient pas à posséder des bénéfices, ils eussent au moins de quoi subsister : « *Ne mendicant in opprobrium cleri ;* » — 3° les terres roturières qui appartenaient à des ecclésiastiques de condition noble, ou à des gentilshommes, pourvu qu'elles fussent *tenues par main,* c'est-à-dire non affermées. — C'était un des inconvénients les plus graves de la taille en Bretagne ; car, ces exemptions variant sans cesse, il était impossible d'en tenir un compte exact dans la répartition entre les paroisses. Aussi, selon Moreau de Beaumont, y avait-il des paroisses où les fouages étaient à 6 deniers par livre, tandis que dans d'autres ils atteignaient 3 et 4 sols.

Si ces terres étaient affermées, elles devaient contribuer,

ainsi que celles des ecclésiastiques non nobles, ou des gentilshommes faisant le commerce, alors même qu'ils les exploitaient eux-mêmes.

Il existait dans les évêchés de la Basse-Bretagne des biens qu'on nommait convenants et domaines congéables. Ces biens étaient nobles; mais comme la propriété en était partagée entre le seigneur à qui le fonds appartenait et le colon à qui appartenaient en propre les bâtiments et tout ce qui était sur la superficie de la terre, on avait considéré tout ce qui tombait aux mains du colon comme roturier, et on l'avait, en conséquence, soumis aux fouages.

C'était enfin un principe en cette matière que personne ne pouvait être imposé aux fouages qu'à raison des terres roturières dont il jouissait ou comme propriétaire ou comme fermier, et non par rapport à sa personne ou à son commerce; on en peut tirer la conséquence que cet impôt était essentiellement territorial; mais nous avons vu cependant un peu plus haut qu'il s'y mêlait, dans certains cas, un caractère assez marqué de *personnalité*.

Ce dernier caractère était le seul que les tailles revêtissent en Bourgogne. On suivait dans cette province les mêmes principes et règlements que dans les pays de taille personnelle.

En réunissant le duché de Bourgogne à la France, Louis XI, par lettres patentes de mars 1477, déclara « que l'on ne pourrait lever et recueillir sur iceux pays et duchés aides et subsides, soit au profit du roi, ou d'autres, que ces dites aides n'aient été octroyées et consenties par les gens des États ».

Mais comme les assemblées des États ne se tenaient que de trois ans en trois ans, les élus généraux étaient dans l'intervalle chargés de toutes les fonctions administratives. Il y en avait un de chaque État. Ils faisaient la distribution et la répartition de toutes les impositions. — A cet effet, la province était divisée en 18 bailliages et composée d'environ 1,800 communautés. Il n'y avait point en Bourgogne de siéges d'élections. Les réclamations en surtaxe se portaient devant les bailliages et en appel devant la cour des aides.

En ce qui concerne la répartition entre les contribuables, l'on n'a qu'à se reporter à ce que nous avons dit de la taille personnelle ; mais ce que cette province avait de particulier, c'est que la répartition entre les villes paroisses et communautés se faisait par feux et non par sommes ; en sorte que la valeur de chaque feu ne pouvait être connue que lorsque le nombre en était arrêté par l'imposition de toutes les communautés. On voit donc qu'ici le mot *feu* prend une nouvelle acception : ce n'est plus une maison, un ménage, une famille, quoique ce soit de là vraisemblablement qu'il tire son origine ; ce n'est même plus une certaine quantité de terres, c'est un mode numérique indicatif d'une certaine quantité de livres tournois. — Ainsi, par exemple, si l'on suppose que le nombre des feux soit en Bourgogne de 25,000, et que la valeur du feu soit de 72 livres, les 25,000 feux monteront à 1,800,000 livres. Une communauté de 100 habitants, imposée à 30 feux, paiera 2,160 livres et les asséeurs auront cette somme à répartir entre les 100 taillables.

La Provence, par laquelle nous terminons ces rapides indications sur l'assiette de la taille dans les pays d'États, avait été réunie aussi à la France sous Louis XI. L'assemblée générale des États, qui sous les anciens comtes votait les subsides, avait été remplacée par celle des procureurs du pays, composée de l'archevêque d'Aix et de deux évêques, de deux gentilshommes, des consuls d'Aix, des procureurs-syndics des trente communautés qui avaient le droit d'assister à l'assemblée, etc.

C'était dans ces simulacres d'États que se faisait la répartition de l'impôt entre toutes les communautés au moyen de l'affouagement.

On appelait ainsi un tableau qui renfermait les noms de toutes les communautés de Provence, estimées à un certain nombre de feux, eu égard à la quantité des fonds taillables qui y étaient situés. Ici le mot feu désigne une certaine quantité de biens-fonds. — La part de chaque communauté une fois fixée, celle-ci commençait toujours par employer au paiement de ses impôts le revenu de ses biens patrimoniaux, lorsqu'elle en avait. Pour le reste, l'imposition était répartie sur les habitants à raison de leurs biens inscrits avec leur évaluation dans le cadastre de la communauté. Ici, comme en Languedoc, nous retrouvons en effet le cadastre, qui s'était maintenu dans les pays de droit écrit.

Les ecclésiastiques et les seigneurs ayant fief avec juridiction étaient exempts de la taille, les premiers pour tous leurs biens indistinctement, les seconds pour tous ceux qu'ils acquéraient dans l'étendue de leurs fiefs. — Contrairement au Languedoc, les tailles étaient donc personnelles dans la Provence.

Le privilége des ecclésiastiques fut le premier réduit aux biens d'église. Lors de la révision du cadastre de 1471, les commissaires nommés *ad hoc* par les États restreignirent le privilége des seigneurs aux biens qu'ils acquerraient à l'avenir, et même à ceux qu'ils avaient acquis « par commise, confiscation, délaissement, » ce que les commissaires appellent : « biens obtenus de leurs droits, » et ils déclarèrent que pour les autres les seigneurs contribueraient à toutes les charges avec les roturiers. Ce fut la source de vives contestations. Les procès, arrêts, règlements, déclarations de toute espèce se succédèrent jusqu'en 1702, où un arrêt du conseil ramena le calme dans la province, notamment en accordant aux seigneurs le droit de compenser les biens roturiers qu'ils avaient acquis par achat, donation, échange, depuis 1756, avec les biens nobles qu'ils avaient aliénés.

Pour compléter cette étude sur la taille dans l'ancienne monarchie, il serait utile d'exposer le système d'impositions adopté dans les provinces dont nous avons formé un groupe spécial sous le nom de pays cédés ou conquis. Les bornes de ce travail ne nous le permettent point. Nous nous contenterons de dire que, dans ces provinces, comprises comme les pays d'élections au brevet général des tailles, il n'y avait pas la moindre uniformité en matière de contribution. Dans les Trois-Évêchés, par exemple, la taille était personnelle ; dans l'Artois, elle était réelle pour le tout ; en Alsace, pour les deux tiers. Dans le Roussillon, l'imposition ordinaire était assise sur les fonds. Le duché de Lorraine et le comté de Bar payaient une *subvention* sur des bases particulières. Dans la Flandre maritime, tous les fonds contribuaient sans aucune distinction ; la Flandre wallonne, au contraire, avait cinq tailles différentes. Le Hainaut n'en avait point, mais des droits connus sous le nom de vingtièmes, feux et cheminées.

CHAPITRE X

Impositions du vingtième.

Il y a, disait Turgot dans le plan d'un mémoire sur les impositions, deux systèmes différents pour demander directement au propriétaire la part de son revenu dont l'État a besoin; et le grand économiste aurait pu ajouter qu'ils étaient tous les deux simultanément employés dans l'ancienne monarchie.

On peut, en effet, demander une somme fixe à la nation, à chaque province, à chaque communauté; cette somme fixe se répartit sur tous les propriétaires à raison de leurs propriétés, soit, comme dans la taille arbitraire, d'après la connaissance que les contribuables ont entre eux de leurs produits, soit, comme dans la taille réelle, d'après une évaluation invariable des héritages.

On peut aussi demander à chacun une portion de son revenu, soit une quotité fixe, soit une part proportionnelle des fruits. C'était le système suivi pour les dixièmes et vingtièmes, et pour la dîme. Nous parlerons seulement des premiers.

Par dixième ou vingtième, on entendait une imposition qui consistait dans la dixième ou la vingtième partie du revenu des contribuables, sans distinction du revenu mobilier ou immobilier. Les propriétés foncières étaient donc soumises à cette contribution. C'est à ce titre qu'elle nous occupe.

Le premier exemple que l'on trouve d'une imposition

analogue remonte à l'an 1447 où nous voyons Louis le Jeune établir un vingtième pour subvenir aux dépenses de sa croisade. Vers la fin du même siècle, Philippe-Auguste prescrivit, sous le nom de dîme saladine, la levée de la dixième partie du revenu de ses sujets. Il y eut encore à diverses reprises de pareilles contributions, notamment sous Philippe le Long en 1318, et pendant la captivité du roi Jean, mais toujours avec un caractère passager, jusqu'au xv° siècle, où l'on en perd entièrement la trace, après que Charles VII eut rendu la taille perpétuelle.

Trois siècles après, ce mode d'imposition, que l'on pouvait croire tombé dans l'oubli, reparut avec une aggravation nouvelle pour subsister jusqu'à la Révolution. On était en 1710, nos finances étaient épuisées, nos armées détruites, le territoire envahi ; et le règne de Louis XIV, commencé avec tant d'éclat, s'achevait tristement au milieu des plus grands désastres. « La capitation, doublée et triplée à volonté arbitraire des intendants de province, les marchandises de toute espèce imposées en droit au quadruple de leur valeur, taxes d'aides et autres de toute nature et sur toutes choses, tout cela écrasait nobles et roturiers, seigneurs et gens d'église, sans que ce qu'il en revenait au roi pût suffire. » Il fallait cependant se procurer de nouvelles ressources, on eut alors recours aux dixièmes.

. Quand le maréchal de Vauban faisait paraître, trois ans auparavant, ce mémoire sur la dîme royale, où respirait une si douce philanthropie, il ne se doutait guère que de l'adoption de son système allait sortir un des impôts les plus lourds de l'ancien régime. Son projet consistait à remplacer tous les impôts, dont il faisait la critique avec une conviction très-ferme unie à une grande modération de langage, à l'exception de la taxe sur le sel et de quelques autres droits qu'il conservait, par une contribution unique perçue en nature sur les immeubles frugifères et en argent sur les maisons et valeurs mobilières. D'après lui, la quotité du droit pouvait varier entre le dixième et le vingtième, mais ne devait jamais excéder le premier de ces chiffres. « Tous ces moyens étant défectueux, disait-il en parlant des autres impôts et notamment des tailles, il en faut chercher d'autres qui soient exempts de tous les défauts qui leur sont imputés et qui puissent en avoir toutes les bonnes qualités, et même celles qui leur manquent. Ces moyens sont trouvés, ce sera la dîme royale, si le roi l'a pour agréable, prise proportionnellement sur tout ce qui porte revenu. » — Et en ce qui touche cette partie de la dîme qui devait porter sur les fonds de terre, il ajoutait que tandis qu'il était impossible de bien proportionner l'imposition au revenu, tant parce que cette proportion demandait une connaissance exacte de la valeur des terres en elles-mêmes ou par rapport aux voisines, que l'on n'avait point pour l'ordinaire, que parce que dans les pays de taille réelle les anciennes estimations n'avaient plus de proportion au produit présent des terres; dans la perception de la dîme, au contraire, « il y avait toujours une proportion si naturelle et si précise à la valeur présente de la terre, qu'il n'y a point de géomètre ni d'expert, si habile qu'il soit, qui en puisse approcher par son calcul et son estime; si la terre est bonne et cultivée, elle rendra beaucoup; au contraire, si elle est négligée ou qu'elle soit mauvaise, médiocre et sans culture, elle rendra peu, mais toujours avec une proportion naturelle à son degré de valeur. » — Enfin, selon Vauban, un autre avantage très-important de cet impôt, c'est que le paysan, ayant payé sa dîme sur sa terre lors de la récolte, n'appréhendera plus ni les receveurs des tailles, ni les collecteurs, ni les sergents.

Le point le plus défectueux du système de Vauban qui, parmi bien des vues chimériques, renferme cependant quelques critiques intéressantes, c'est la perception de l'impôt en nature. On pourrait d'abord faire observer qu'avec l'impôt en nature l'État ne pourrait jamais compter sur une somme certaine, puisque le produit varierait selon les récoltes. Une objection bien plus grave se tire de ce fait, que l'assiette de cet impôt est vicieuse, parce qu'il est assis sur le revenu

brut, et qu'il n'y a de justice qu'autant qu'on prend pour base
le revenu net. Comme le remarque avec beaucoup de justesse M. Batbie dans son *Mémoire sur l'impôt* que nous avons
déjà cité plusieurs fois, avec un pareil système, les terres in-
grates, qui pour un produit inférieur à celui que donnent les
meilleures ont besoin des mêmes travaux et des mêmes dépenses, sont plus lourdement atteintes et la contribution est
d'autant moins élevée que le sol est plus riche.

Aussi Boisguilbert, qui dans son factum de la France adoptait plusieurs des idées de Vauban, et écrivait qu'il était facile
d'établir l'impôt du dixième, parce que, depuis le plus grand
seigneur jusqu'au dernier ouvrier, il y a des baromètres certains d'opulence, évidents pour ceux qui ont la pratique de
la vie privée, ajoutait-il : « C'est un dixième en argent qu'il
faut payer, et non un dixième en essence ou dîme royale,
comme une personne de la première considération, tant par
son mérite personnel que par l'élévation de ses emplois, a
voulu proposer au roi sur la foi d'un particulier qui en avait
composé le projet sans avoir jamais pratiqué ni le commerce
ni l'agriculture, ce qui ne peut enfanter que des monstres. »

C'est ce projet de Vauban, avec l'amendement proposé
par Boisguilbert, qui, par une singulière ironie du sort, était
réalisé par l'établissement des dixièmes. « Desmarets, nous
dit Saint-Simon, en qui enfin le roi avait été forcé de mettre
toute sa confiance pour les finances, imagina d'établir en
sus de tant d'impôts cette dîme royale sur tous les biens de
chaque communauté et de chaque particulier du royaume,
que le maréchal de Vauban d'une façon, et Boisguilbert de
l'autre, avaient autrefois proposée, ainsi que je l'ai rapporté
alors, comme une taxe unique simple qui suffirait à tout,
qui entrerait tout entière dans les coffres du roi, au moyen
de laquelle tout autre impôt serait aboli, même la taille et
jusque son nom. On a vu au même lieu et avec quel succès,
que les financiers en frémirent, que les ministres en rugirent,
avec quel anathème cela fut rejeté et à quel point ces deux
excellents et habiles citoyens en demeurèrent perdus. C'est

ce dont il faut se souvenir ici, puisque Desmarets qui n'avait pas perdu de vue ce système, non comme soulagement et remède, crime irrémissible dans la doctrine financière, mais comme surcroît, y eut maintenant recours. » — L'historien, continuant son récit avec une verve étincelante, nous montre le bureau composé exprès de gens bien triés pour limer et examiner l'affaire, les commissaires travaillant avec assiduité et à grand'peine à surmonter les difficultés qui se présentaient de toutes parts ; le vieux roi, quelque accoutumé qu'il fût aux impôts les plus énormes, d'abord épouvanté de celui-ci et attristé d'une manière si sensible que les valets intérieurs s'en aperçurent dans les cabinets plusieurs jours de suite ; le P. Letellier calmant tous les scrupules du monarque et rapportant la consultation des plus habiles docteurs de Sorbonne qui décidaient nettement que tous les biens des sujets étaient au roi en propre, et que, quand il les prenait, il ne reprenait que son propre bien ; enfin la séance du conseil des finances où fut votée l'imposition au milieu du silence de tous les assistants. « Ainsi, termine Saint-Simon, fut bâclée cette sanglante affaire, et, immédiatement après, signée, scellée, enregistrée parmi les sanglots suffoqués, et publiée parmi les plus douces, mais les plus pitoyables plaintes. »

Certes, nous reconnaissons qu'il y a peut-être un peu d'exagération dans ce récit, et que Saint-Simon y songe plutôt à ses rancunes qu'aux intérêts du pays ; mais il est bien certain que cet impôt devait être une lourde charge pour les contribuables qui payaient déjà la taille, et une atteinte sensible aux priviléges des nobles et des ecclésiastiques. L'article 1er de l'édit portait en effet expressément que tous propriétaires nobles ou roturiers, privilégiés ou non privilégiés, même les apanagistes ou engagistes, paieraient le dixième du revenu de tous les fonds, terres, bois, prés, vignes, marais, pacages, usages, étangs, rivières, moulins, etc. Les cens, droits seigneuriaux, rentes de toute espèce, pensions, charges, emplois étaient frappés en même temps que la propriété foncière. — Ce dixième était payable en argent.

Quoique la déclaration portât la mention expresse que le nouvel impôt cesserait à la paix, il continua à être perçu jusqu'en 1715 « où on le prolongea jusqu'à l'époque où il aurait été pourvu au paiement des dettes de la guerre, et que les revenus aliénés depuis 1689 eussent pu être retirés ».

Déjà, d'ailleurs, un contrat passé en 1711 entre le roi et le clergé avait substitué une somme de 8,000,000 de livres à l'application de la déclaration de 1710. Plusieurs des contribuables s'étaient aussi abonnés, et enfin divers gens d'affaires, entrepreneurs et fournisseurs avaient été dispensés, à charge de faire les fonds d'une concession de rentes à l'Hôtel de Ville de Paris.

Prorogé, supprimé, rétabli à diverses reprises, le dixième subsistait encore en 1749. Il fut définitivement supprimé à cette époque ; mais la masse des dettes publiques était devenue si considérable, que le même édit qui mit fin à la perception du dixième ordonna la levée d'un vingtième destiné au service d'une caisse d'amortissement. Ce vingtième ne différait du dixième que par la quotité. Ainsi il était levé sur les terres et sur l'industrie, en un mot, comme le disait la déclaration de 1710, sur les émoluments de toute sorte. Quant aux rôles, ils étaient dressés non sur la déclaration des parties, mais conformément à l'édit de 1741, d'après des estimations auxquelles les intendants furent chargés de faire procéder.

La caisse d'amortissement eut le sort commun à la plupart des institutions de cette espèce ; elle resta à l'état de projet, mais sa création avait servi de prétexte pour donner officiellement au vingtième un caractère de permanence que la taxe du dixième n'avait jamais eu. « Voulons, disait l'art. 3 de l'édit, qu'à dater du 1er janvier 1750 le vingtième soit annuellement levé à notre profit. » — A la suite de la guerre avec l'Angleterre, on créa un nouveau vingtième par un édit du 7 juillet 1756. C'était en fait, et quoiqu'on prît soin de n'en pas prononcer le nom, revenir au dixième supprimé. Aussi la cour des aides protesta-t-elle vivement contre le nouvel impôt. Mais les résistances les plus énergiques vinrent du parlement qui refusa d'enregistrer l'édit. Il fallut un lit de justice pour en triompher. Ce second vingtième, qui devait s'éteindre après la guerre, fut cependant prorogé quatre fois, de telle sorte qu'on vit figurer son produit au budget de 1789.

On alla même jusqu'à établir un troisième vingtième, par édit du mois de février 1760, pour être perçu pendant quatre ans. On le rétablit en 1782, jusqu'à l'expiration de trois années après la signature de la paix. Il s'éteignit, en effet, et nous ne le voyons pas figurer au budget de 1787.

La méthode usitée pour la répartition des tailles étant bien antérieure, nous dit Moreau de Beaumont, à celle pratiquée pour la répartition des vingtièmes, les contribuables ont continué d'user de la première sans user de la seconde qui a été propre aux préposés du gouvernement pour la répartition des vingtièmes ; de là doubles frais et double opération. Il y avait en effet des contrôleurs spéciaux pour les vingtièmes, qui devaient se transporter dans chaque paroisse, y dresser procès-verbal de la vérification des biens, s'enquérir de la valeur et de la contenance des fonds et des productions de tout genre, faire une évaluation moyenne de toutes les denrées suivant les marchés et, usages des lieux, se faire représenter les baux à ferme, et, faute de baux, comparer la valeur des biens affermés avec ceux qui ne l'étaient pas, pour estimer la valeur inconnue des uns par la valeur connue des autres.

Ces vérifications annuellement répétées, et venant s'ajouter aux recherches qui avaient lieu pour l'assiette de la taille, avaient pour effet de mettre le contribuable en lutte constante avec le fisc. D'ailleurs les agents du Trésor se heurtaient à des difficultés presque insurmontables. — L'administration provinciale du Berry nous en donne la preuve dans sa première assemblée. « Rien, dit-elle, ne paraît au premier coup d'œil plus facile que la fixation du vingtième sur les biens affermés en argent ; mais un propriétaire produit des baux fictifs ou réputés tels par le contrôleur, voilà une dispute ouverte..... Certaines natures de biens, comme bois futaie, bois épars, jardins, pacages, bruyères et autres, ne présentent aucune base sensible à l'expérience pour les évaluer. Autre occasion interminable de dispute..... Mais ces difficultés sont bien autres lorsqu'il s'agit d'objets non affermés et dont il faut apprécier la valeur, parce qu'il est presque sans exemple que les propriétaires conviennent de l'estimation. »

Aussi les cours s'opposèrent-elles toujours au renouvellement des vérifications. En enregistrant l'édit du mois de mai 1769, le parlement de Paris notamment mit pour modifications que les vingtièmes seraient perçus sur les rôles déjà établis, dont les cotes ne pourraient être augmentées, à peine, contre les contrevenants, d'être poursuivis extraordinairement.

Cette clause ne fut point reproduite lors de l'enregistrement de l'édit du mois de novembre 1771 et les vérifications furent reprises en 1772, après le coup d'État qui exila la magistrature et institua le parlement Maupeou. Mais, après le rétablissement des cours, l'arrêt du 2 novembre 1777 décida que les vérifications ne pourraient pas être renouvelées avant vingt ans révolus à compter de la date du procès-verbal de la vérification faite; et, pour que cette date fût toujours connue, les directeurs des vingtièmes devaient en faire annuellement mention en marge des rôles. Pour assurer l'exactitude de ces vérifications, l'article 2 de l'édit ordonnait que les contrôleurs des vingtièmes se fissent assister du syndic, du préposé au recouvrement, des collecteurs des tailles et de trois notables propriétaires choisis dans une assemblée générale de la paroisse.

On avait d'ailleurs cherché à supprimer les inconvénients de ces vérifications répétées en étendant à toutes les provinces le système qu'avaient adopté les pays d'États à l'égard de cette imposition du vingtième. Ils s'étaient abonnés moyennant une contribution fixe, et l'Ile-de-France avait suivi cet exemple. En 1768, un projet d'édit fut dressé par le contrôleur général Bertin à l'effet d'abonner toutes les généralités sur les bases des rôles dressés en 1763. « Toujours occupé du soulagement de nos peuples, y lisait-on, nous avons cru

pouvoir nous contenter du produit desdits vingtièmes pendant l'année 1763 et renoncer solennellement à l'espérance de
le porter par la suite à une somme totale plus forte, quel que
pût être le résultat des opérations que nous ordonnerons pour
ladite répartition. C'est ainsi que nos sujets, par cette espèce
d'abonnement du produit desdites impositions, retireront le
double avantage et d'être à jamais assurés de les voir répartir
dans une proportion plus exacte, et de n'avoir aucune inquiétude sur leur augmentation, quelque événement qui puisse
arriver. »

Dans ses observations sur ce projet d'édit, Turgot aurait
désiré qu'au lieu de présenter ce changement comme un
simple abonnement des vingtièmes on l'annonçât ouvertement
comme une conversion de ces vingtièmes en une subvention
territoriale d'une somme égale au montant de ce qui devait
être imposé à titre de vingtièmes pour l'année 1764. Il est
infiniment précieux, disait-il, de se procurer une imposition
territoriale qui tombe directement sur les propriétaires et qui
ne soit troublée par aucun privilége. C'était peut-être aussi
le point de départ d'une transformation complète de l'impôt
qui pesait sur la propriété foncière. Mais le parlement fit
échouer tous les projets en refusant d'enregistrer l'édit.

CHAPITRE XI

Après la taille et les vingtièmes qui atteignaient les biens-fonds, soit exclusivement, soit avec les autres facultés imposables, les corvées étaient une des principales charges qui pesaient sur la propriété foncière.

Nous avons vu au livre premier de cette étude que l'administration romaine n'exécutait point par elle-même, ou par ses agents, les différents travaux exigés par le service public. L'endiguement des rivières, la construction des ponts, l'entretien des chemins, se faisaient toujours par corvées, c'est-à-dire que les contribuables, après avoir livré leurs denrées et leur argent au fisc, étaient encore dans l'obligation de mettre leurs bras à son service.

La persistance de ce mode de travaux publics après l'invasion barbare ne nous semble pas faire de doute. La plupart des expressions consacrées par la loi romaine, telles que les *angariæ*, les *paraveredi*, les *mansiones*, etc., etc., se retrouvent dans la loi des Bavarois (I, xiv, 4) : « *Angarias cum carro faciant* »; dans la loi des Visigoths (lib. V, tit. v, 553), et dans la formule 1 du livre Ier de Marculfe. D'ailleurs, l'impôt public subsistant encore à cette époque, il n'y a point de raison pour que les accessoires aient disparu et pour que les mots d'*angariæ*, de *mansiones*, etc., aient pris un autre sens, tandis que les mots de *tributum* et de *census* gardaient encore le leur.

Ces redevances durent subir la même transformation que l'impôt et passer dans le domaine privé, au moment de la constitution de la féodalité. Un grand nombre d'obligations analogues prirent aussi naissance dans le même temps, comme prix d'affranchissements ou charges de concessions convenancières. Quoi qu'il en soit, elles ne furent plus perçues qu'au profit des seigneurs. Elles étaient personnelles, réelles ou mixtes.

Les corvées personnelles étaient dues par les habitants de la seigneurie, même lorsqu'ils n'y possédaient aucun héritage. Elles variaient selon le nombre des chefs de famille, à moins qu'elles ne fussent dues par le corps des habitants. On ne pouvait s'en affranchir par prescription et leur nombre était souvent illimité. Dans ce dernier cas, les malheureux cultivateurs étaient dits corvéables à merci. Les nobles, les forains, les vieillards étaient exempts de la corvée.

Les corvées réelles étaient des charges attachées aux fonds, et qui les suivaient entre les mains de qui que ce fût, abstraction faite de la qualité des possesseurs. Invariables comme l'immeuble sur lequel elles étaient assises, elles n'étaient susceptibles ni d'augmentation ni de diminution, à moins qu'elles n'eussent été imposées à quiconque serait détenteur de biens dans l'enclave de la seigneurie, auquel cas elles se multipliaient autant de fois que les héritages se divisaient.

Les corvées mixtes étaient aussi attachées à la glèbe, mais à ce caractère venaient se mêler certaines circonstances personnelles : par exemple, si les titres portaient que les prestations seraient dues par les tenanciers exploitant avec chevaux ou bœufs, et non par ceux qui exploitaient avec leurs bras.

Les corvées, quel que fût leur caractère, avaient pour objet le service du seigneur aux champs, suivant l'expression des anciens auteurs, c'est-à-dire le service de la seigneurie elle-même, et non celui de la personne du seigneur. Aussi, nous dit Despeisses dans son *Traité des justices*, « le seigneur ne peut obliger ses corvéables à lui faire ses corvées qu'au lieu où il fait sa résidence et non ailleurs ».

Le seigneur dont le droit de corvée n'était pas limité par des titres n'en pouvait user que modérément dans le dernier état du droit. Bouvot rapporte que les habitants de Lessor, corvéables à merci, furent condamnés, par arrêt de Dijon, à faire chaque année, ceux qui n'avaient pas de bétail six corvées à bras, et ceux qui en avaient six corvées de charrois.

Les corvéables n'étaient tenus de faire les corvées que lorsqu'ils avaient été prévenus deux jours à l'avance ; ils n'étaient pas obligés de les faire toutes à la fois. Un intervalle de deux jours au moins devait séparer chacune d'elles. Ils n'étaient pas non plus obligés de les faire en temps de semence, ou même en un autre temps qui leur fût très-incommode. Enfin les corvées ne s'arrérageaient pas, ce qui signifiait que le seigneur devait les demander aux époques fixées, faute de quoi elles ne pouvaient être réclamées plus tard.

Un grand nombre de ces corvées étaient fondées sur l'obligation d'entretenir les chemins qui, sous le règne de la féodalité, appartenaient tous aux seigneurs. Les règles coutumières nous représentent la construction et la réparation de ces chemins soumises à des conditions analogues à celles du droit romain : généralement, les parts se distribuaient par villages, et dans chaque localité les chemins ruraux étaient à la charge des riverains, qui devaient souffrir le passage sur leurs champs, quand la voie publique était impraticable.

Mais avec le temps les rois, qui s'étaient d'abord attribué le droit d'inspection, finirent par faire triompher la maxime que les chemins royaux font partie du domaine éminent de la couronne. Comme les fonds destinés à la construction et à l'entretien des ponts et chaussées n'étaient point suffisants, l'usage de faire faire ces chemins par corvées s'introduisit peu à peu, pendant les dernières années du règne de Louis XIV, en vertu de simples ordonnances des intendants, tacitement autorisés par le roi. C'est ainsi que la corvée, purement seigneuriale à l'origine, finit par devenir une charge publique.

A peine établi d'ailleurs, ce système eut à subir les plus vives attaques. Toute l'école économiste du xviiie siècle se prononça énergiquemeut contre lui. On faisait remarquer que cet impôt, dont les privilégiés, c'est-à-dire les nobles et les ecclésiastiques, étaient exempts, avait le grave défaut de ne porter que sur les paroisses limitrophes des chemins, et dans ces paroisses d'atteindre le plus lourdement la partie la plus pauvre des habitants. On ajoutait qu'il coûtait réellement à ceux qui le supportaient, en sommes pécuniaires et journées d'hommes et d'animaux, en dépérissement de voitures, au moins le double de la valeur du travail qui en résultait; qu'on était souvent obligé de commander des paroisses dont le clocher était éloigné de plus de quatre lieues de l'atelier, etc., etc.

« L'homme qui travaille par force et sans récompense, disait le préambule de l'édit de 1776, travaille avec longueur et sans intérêt; il fait dans le même temps moins d'ouvrage, et son ouvrage est plus mal fait. Les convoyeurs, obligés de faire souvent trois lieues ou davantage pour se rendre sur l'atelier, autant pour retourner chez eux, perdent sans fruit pour l'ouvrage une grande quantité du temps exigé d'eux. Les appels multipliés, l'embarras de tracer l'ouvrage, de le distribuer, de le faire exécuter à une multitude d'hommes rassemblés au hasard, la plupart sans intelligence comme sans volonté, consomment encore une partie du temps qui reste. Ainsi l'ouvrage qui se fait coûte au peuple et à l'État, en journées d'hommes et en chevaux, deux et souvent trois fois plus qu'il ne coûterait s'il s'exécutait à prix d'argent. Ce peu d'ouvrage exécuté si chèrement est toujours mal fait. »

Il est probable que les principaux inconvénients de la corvée venaient du mode d'application, de l'inégalité de la répartition, et surtout de la fréquence de ces prestations, car de nos jours les prestations en nature, qui sont de véritables corvées, sont acceptées sans protestations de la part des contribuables.

Quoi qu'il en soit, la facilité avec laquelle les chemins avaient été faits à prix d'argent dans quelques pays d'États, et le soulagement qu'avait éprouvé le peuple dans quelques-unes des généralités des pays d'élections, lorsque les administrateurs particuliers y eurent substitué aux corvées une contribution en argent, décidèrent Louis XVI à les remplacer par une imposition territoriale. « Les ouvrages, est-il dit dans l'article 2 de l'édit de 1776, qui étaient faits ci-devant par corvées, tels que les constructions et entretiens des routes et autres ouvrages nécessaires pour la communication des provinces et des villes entre elles, le seront à l'avenir au moyen d'une contribution de tous les propriétaires de biens-fonds et de droits réels, sujets aux vingtièmes, sur lesquels la répartition en sera faite à proportion de leur cotisation au rôle de cette imposition ; voulons que les fonds et droits réels de notre domaine y contribuent dans la même proportion. »

Faire des corvées une imposition accessoire aux vingtièmes, c'était frapper la noblesse et le clergé. Aussi l'édit rencontra-t-il une grande opposition dans les rangs des privilégiés. La faiblesse de Louis XVI ne lui permit pas de résister aux intrigues de la cour et aux remontrances du parlement de Paris qui lui représentait « que la suppression de la corvée tendait à l'anéantissement des franchises primitives des nobles et des ecclésiastiques, à la confusion des états et à l'interversion des principes constitutifs de la monarchie. » Voilà le langage que tenait, quelques années à peine avant la Révolution, le corps le plus éclairé de la monarchie !

M. de Clugny succéda à Turgot, et une déclaration du roi du mois d'août 1776, revenant sur l'ordonnance de février, rétablit les corvées telles qu'elles existaient auparavant.

Mais l'institution avait reçu un coup mortel. Necker, dans le Compte-rendu au roi de janvier 1781, signalait comme un bienfait l'idée de la suppression des corvées. — La déclaration sur les bases de la Constitution française, lue dans la séance du 23 juin 1789, portait : « Sa Majesté veut que l'usage de la corvée, pour la confection et l'entretion des chemins, soit entièrement et pour toujours aboli dans le royaume. » — Les lois des 15-28 mars 1790, 25 août 1792 et 17 juillet 1793 supprimèrent successivement toutes les corvées royales ou seigneuriales.

Pour avoir un tableau complet de toutes les charges qui pesaient sur la propriété française avant 1789, il faudrait ajouter aux tailles, vingtièmes et corvées tout ce qui subsistait encore des droits féodaux ; tels que cens, c'est-à-dire la redevance perpétuelle en nature et en argent qui était attachée par les lois féodales à la possession de certaines terres ; champart et servage, portion des fruits que le seigneur percevait sur l'héritage donné à cens ; bordelage, droit existant en Nivernais et en Bretagne, et consistant en une redevance annuelle en grains, argent, volailles, due par l'héritage donné à cens ; marciages, porcières, carpots, redevances particulières à certains lieux ; droit de blairie, de banvin, de garenne, de pêche, de chasse, etc., etc. Mais tous ces droits n'étant que des redevances privées avec un caractère féodal, quelle qu'en eût été la première origine, ne rentrent point dans notre sujet.

LIVRE VI

L'IMPOT FONCIER
DEPUIS LA RÉVOLUTION FRANÇAISE JUSQU'A LA LOI DE L'AN VII

CHAPITRE PREMIER

Les vœux des trois ordres. — Les réformes de l'Assemblée constituante.

Après cent soixante-quinze ans d'interruption, les États-Généraux s'assemblèrent le cinq mai 1789. Ils furent, dit Augustin Thierry, comme un pont jeté pour le passage du vieil ordre de choses à un ordre nouveau ; ce passage se fit et le pont s'écroula. A la place des trois ordres de la monarchie française, il y eut une Assemblée nationale, où dominait l'élite du troisième ordre, préparé à la vie politique par le travail intellectuel de tout un siècle. Ces représentants d'un grand peuple qui, selon l'expression vive et nette d'un historien, n'était pas à sa place et voulait s'y mettre, n'eurent besoin que de quelques mois pour bouleverser de fond en comble l'ancienne société, et aplanir le terrain où devait s'élever le régime nouveau.

Le retour des États-Généraux annonçait d'ailleurs seul une grande révolution. Attendus avec espérance par la nation, ils reparaissaient à une époque où l'ancienne monarchie était affaissée, et où ils étaient seuls capables de réformer l'État et de pourvoir aux besoins de la royauté. Le droit de régénérer la France, comme le remarque très-bien M. Mignet dans son *Histoire de la Révolution française*, leur était accordé par l'opinion, dévolu par leurs cahiers, et ils devaient trouver dans l'énormité des abus et dans les encouragements publics la force d'entreprendre et d'accomplir cette grande tâche.

De toutes les réformes qui furent l'œuvre de l'Assemblée constituante, celles qui s'appliquent à l'impôt foncier sont les seules qui doivent ici nous occuper. Mais il est intéressant de rechercher d'abord quels étaient sur ce point les vœux et les aspirations de l'immense majorité de la nation. Les cahiers des assemblées des bailliages nous permettent de nous en rendre un compte exact.

Sur ce principe de droit public, que l'impôt doit être librement voté et consenti par la nation, les trois ordres étaient unanimes. « Les États-Généraux, lisons-nous dans le cahier du Clergé d'Autun, consacreront le droit inaliénable et exclusif de la nation d'établir des subsides, de les modifier, de les limiter, de les révoquer, et d'en régler l'emploi. »

« Qu'à l'avenir, dit le Clergé de Lyon, d'Auxerre, de Colmar, de Laon, etc., il ne soit établi aucun impôt que du consentement de la nation représentée par les États-Généraux. »

Voici comment s'exprime la Noblesse de Melun : « A la nation assemblée en États-Généraux appartient exclusivement le droit de consentir l'impôt et les emprunts, d'en fixer la quotité, les conditions et la durée ; en conséquence, toutes impositions mises ou prorogées sans cette condition, ou accordées au gouvernement hors des États-Généraux, par une ou plusieurs provinces, une ou plusieurs villes, une ou plusieurs communautés, seront nulles, illégales, et il sera défendu sous peine de concussion de les répartir, asseoir et lever. » — Et la Noblesse de Rodez ajoute : « Passé le terme fixé par les États-Généraux pour la durée des impôts, leur perception cessera sans pouvoir être continuée sous peine de concussion, et sans qu'il puisse jamais être rien répété contre les contribuables pour cause de l'interception de la perception. »

Les cahiers du Tiers-État n'étaient pas moins explicites : « La nation seule a le droit de s'imposer, » dit par exemple le bailliage de Saumur. D'après la ville de Paris, la nation seule peut concéder les subsides ; elle a le droit d'en déterminer la quotité, d'en limiter la durée, d'en faire la répartition, d'en assigner l'emploi, d'en demander le compte, d'en exiger la publication. La ville de Reims demande qu'il ne soit établi ou prorogé aucun impôt, ni fait aucun emprunt, s'ils n'ont été consentis par les États-Généraux.

On pourrait multiplier ces citations qui nous donnent la preuve que l'Assemblée constituante était l'interprète fidèle des volontés de la France, quand elle rédigeait en ces termes l'article 14 de la célèbre Déclaration des droits de l'homme et du citoyen : « Tous les citoyens ont le droit de constater par eux-mêmes ou par leurs représentants la nécessité de la contribution publique, de la consentir librement, d'en suivre l'emploi, d'en déterminer la quotité, le recouvrement et la durée. » Ce n'étaient pas de vaines paroles : car, à dater de ce jour, l'impôt cessait d'être un tribut, ou une redevance payée par des sujets à un souverain qui pouvait l'exiger en vertu d'un droit antérieur et supérieur, pour prendre le caractère d'une contribution librement établie après délibération des citoyens représentés par leurs mandataires.

De tous les priviléges ridicules ou abusifs, dont, à la fin de l'ancien régime, on sentait de plus en plus le poids, tout en en apercevant de moins en moins la cause, l'inégalité dans la contribution aux charges publiques était peut-être la plus odieuse, parce que chaque année l'assiette et la levée de l'impôt traçaient à nouveau, d'un trait net et précis, les limites des classes. Aussi le Tiers-État qui avait insensiblement gagné en importance, par l'accroissement de ses richesses et de ses lumières, tout ce que les deux autres ordres avaient perdu en influence et en considération, le Tiers-État dont les terres devaient cependant encore payer les redevances féodales aux seigneurs, la dîme au clergé, les impôts au roi, demandait-il avec énergie que toutes les classes de la nation, sans aucune distinction, contribuassent aux charges publiques.

Il était appuyé dans ses revendications par une puissance nouvelle, celle de l'opinion, qui, sans être reconnue, n'en était pas moins prépondérante. Même dans les rangs de la Noblesse et du Clergé, la nécessité d'une plus égale répartition de l'impôt semblait admise, et un certain nombre de privilégiés n'hésitaient pas à déclarer qu'au moins sur ce point toutes les provinces, aussi bien que tous les ordres de France, devaient être soumis au droit commun. « Toutes les provinces de France, lisons-nous par exemple dans les cahiers du Clergé de Péronne, participant également à la protection publique, aux droits nationaux et aux grâces du roi, contribueront dans la plus exacte égalité et sans aucune exception à toutes les charges de l'État; la différence des impôts dans le royaume ne sera plus mesurée que sur la seule valeur des possessions territoriales; toutes les clauses de réunion, ou capitations des provinces, excepté le droit de consentir l'impôt dans les Assemblées nationales, céderont, ainsi que les exemptions de la Noblesse et du Clergé, au bien de l'État; ainsi le mot de privilége en matière de contribution sera à jamais aboli dans toutes les classes, comme dans toute l'étendue du royaume. » — « Que l'impôt, disent les Clergés de Laon et de Sens, soit levé sur tous, sans exception, ni exemption aucune. » — « Toutes ces immunités de villes et de corporations, dit le Clergé de Château-Thierry, doivent désormais céder au principe d'égalité de contribution aux charges publiques entre les citoyens. »

On pourrait relever des vœux analogues dans les cahiers de la Noblesse; nous nous bornerons à citer la Noblesse de Lyon : « La Noblesse réitérera à l'Assemblée des États-Généraux sa libre renonciation aux exemptions et priviléges relatifs à l'impôt; elle consent à leur répartition égale, mais en renonçant aux priviléges pécuniaires elle se réserve les honorifiques. » — Et la Noblesse de Guyenne : « De quelque manière que soient assis définitivement lesdits impôts, l'ordre de la Noblesse charge ses députés de déclarer qu'il renonce formellement à toute distinction à cet égard ; qu'il entend les supporter avec la plus entière égalité soit dans la répartition, soit dans la forme de les acquitter. » Enfin les États de Foix s'expriment en ces termes : « La prétendue nobilité attachée à un fonds rural, uniquement parce qu'il est exempt de tailles, est aussi chimérique que la qualification de roturier donnée aux fonds nobles soumis à cette imposition est absurde. Il n'y a réellement de nobles que les seigneuries, et ces biens mêmes, quoique distingués par les prérogatives qui y sont attachées, n'ont relativement aux charges publiques aucun privilége sur le dernier des fonds de la communauté. »

En ce qui touche spécialement l'impôt qui fait l'objet de notre étude, la plupart des cahiers demandaient qu'on réduisît à une seule les contributions de nature diverse qui pesaient sur la propriété foncière : « Que les tailles, capitations et impositions accessoires, les vingtièmes, l'impôt de la corvée et les autres impositions directes de pareille nature qui seront demeurées inconstitutionnelles soient remplacés par un impôt réel, les portant, dans une juste proportion, sur toutes espèces de revenus et de jouissances, de redevances et de prestations foncières et constituées. » (Clermont-Ferrand.) « Que la taille de propriété, d'exploitation et d'industrie, les impositions accessoires, les capitations, les vingtièmes, tant sur les biens-fonds que sur l'industrie, soient supprimés et remplacés : 1° par une subvention territoriale en argent, qui serait le seul impôt foncier dont seraient chargés tous les biens-fonds généralement quelconques, sans aucune exception, même les domaines de la couronne, et qui serait imposée et perçue en totalité dans le lieu de leur situation, en vertu d'un rôle où seraient inscrits indistinctement les noms de tous les propriétaires de quelque ordre qu'ils fussent; 2° par une subvention personnelle qui serait le seul impôt personnel auquel seraient assujettis proportionnellement à leurs facultés toutes personnes dans le lieu de leur domicile.»(Reims, Troyes, Saint-Quentin.) « Il faut convertir les fouages ordinaires et extraordinaires, et les nouveaux acquêts dont on a injustement surchargé les biens roturiers en un impôt annuel sur toutes les espèces de biens réels et supportable par les propriétaires des trois ordres. » (Vannes.) « On demandera l'abolition de la taille, des corvées, des vingtièmes, pour être remplacés par une contribution unique en argent. » (La Rochelle.) « Que toute propriété territoriale ne soit assujettie qu'à un impôt proportionnellement à sa valeur. » (Vicomté de Paris.) « Les États-Généraux s'occuperont d'examiner les facultés respectives des provinces et de répartir l'impôt par des abonnements de façon que cette répartition n'ait rien de destructif pour les provinces trop ménagées par comparaison avec d'autres. » (Reims.)

C'est dans la célèbre nuit du 4 août 1789 que l'Assemblée constituante prononça l'abolition de tous les priviléges. « En quelques heures, dit M. Mignet, on décréta la cessation de tous les abus. Le rachat des dîmes, la suppression du droit exclusif de chasse, celle des garennes et des colombiers, l'abolition des justices seigneuriales, de la vénalité des charges de la magistrature, des immunités pécuniaires et de l'inégalité des impôts, celles du casuel des cures, des annates de la cour de Rome, etc., etc., furent successivement proposés et admis. Après les sacrifices des particuliers vinrent ceux des corps, des villes et des provinces. Un député du Dauphiné, le marquis des Blacons, prononça au nom de sa province une renonciation solennelle à ses priviléges ; les autres provinces imitèrent le Dauphiné et les villes suivirent l'exemple des provinces. » Deux mois après furent supprimées les distinctions entre les pays d'États et les autres parties du royaume, et le territoire tout entier, soumis aux mêmes institutions, fut divisé en départements.

C'est sur les bases de l'uniformité administrative, de l'unité territoriale et de l'égalité de tous les citoyens que; l'Assemblée devait organiser le nouveau système d'impôts mais elle comprit qu'elle ne pourrait procéder avec calme et maturité à la réalisation de son entreprise qu'autant qu'elle commençerait par assurer les services publics. Elle décréta donc que les anciens impôts, même les plus impopulaires, tels que les gabelles, seraient maintenus jusqu'à ce qu'il eût été pourvu à leur remplacement. Le déficit augmentait cependant tous les jours et il fallait recourir à des mesures énergiques pour éviter un grand désastre financier. Le ministre des finances, Necker, proposa comme unique moyen une contribution extraordinaire du quart du revenu net, une fois payé. L'admirable discours de Mirabeau sur la banqueroute entraîna le vote de l'Assemblée. Chaque citoyen devait fixer lui-même le chiffre de son revenu ; la loi défendait toute vérification.

A la fin de l'an 1790 furent votées les lois qui établissaient les points les plus importants de la réforme financière. On verra au chapitre suivant à quels principes économiques elle était subordonnée.

CHAPITRE II

**Influence des physiocrates sur l'Assemblée constituante
Loi du 23 novembre 1790.**

Vers le milieu du XVIIIe siècle, on avait vu paraître un certain nombre d'écrivains, qui s'étaient spécialement occupés des questions d'administration publique, et auxquels plusieurs principes semblables ont fait donner le nom d'économistes. Les économistes, dit M. de Tocqueville dans son ouvrage sur *l'Ancien Régime et la Révolution*, ont eu moins d'éclat dans l'histoire que les philosophes, moins qu'eux ils ont contribué peut-être à l'avénement de la Révolution ; je crois pourtant que c'est dans leurs écrits qu'ont peut le mieux étudier son vrai naturel. Les philosophes ne sont guère sortis des idées très-générales et très-abstraites en matière de gouvernement ; les économistes, sans se séparer des théories, sont pourtant descendus dans les faits. Les uns ont dit ce qu'on pouvait imaginer, les autres ont indiqué ce qu'il y avait à faire. Toutes les institutions que la Révolution devait abolir sans retour ont été l'objet particulier de leurs attaques ; aucune n'a trouvé grâce à leurs yeux. Toutes celles, au contraire, qui peuvent passer pour son œuvre ont été annoncées par eux et préconisées avec ardeur ; on en citerait à peine une seule dont le germe n'ait été déposé dans quelques-uns de leurs écrits ; on trouve en eux tout ce qu'il y a de plus substantiel en elle.

Dans leurs recherches sur la production des richesses, à

laquelle se rattache évidemment la question de l'impôt, la plupart de ces économistes avaient admis que la terre est la seule puissance qui soit réellement productrice et que tous les arts ou industries autres que l'agriculture sont complétement stériles. « Ce n'est pas, disaient les physiocrates (ainsi nommés de φύσις, nature, et κράτος, puissance), que le négoce et l'industrie ne servent à rien, mais ils ne peuvent créer un atome de substance. »

En d'autres termes, le commerce et l'industrie sont des dépenses nécessaires que l'agriculteur doit faire pour écouler ses produits, car l'agriculteur va trouver le consommateur par l'intermédiaire du commerçant et approprie ses produits au goût du consommateur par le moyen des préparations manufacturières. Si donc on frappe un impôt sur le commerce et l'industrie, le commerçant et l'industriel se feront rémunérer plus fortement par le cultivateur. — Il est certes bien plus simple, pour éviter la multiplicité des perceptions, de demander, une fois pour toutes, l'impôt à ce dernier, qui retrouvera ce qu'il aura payé dans l'élévation des prix de vente. La conclusion naturelle de cette théorie est que toutes les taxes indirectes, qui ont aussi le défaut de frapper aveuglément sans considérer la fortune des contribuables, doivent faire place à un impôt territorial unique. Et le chef de l'école, le docteur Quesnay, résumait le système dans cet axiome souvent cité : « Impositions indirectes : pauvres paysans ; pauvres paysans : pauvre royaume, pauvre souverain. »

Quelque vif que fût le goût du siècle pour les nouveautés, et quoique les attaques dont les taxes indirectes étaient l'objet parussent justifiées par les abus monstrueux de leur assiette et de leur perception, le système de l'impôt territorial unique, adopté, après Quesnay, par un grand nombre d'esprits éminents, tels que Turgot, Mercier de La Rivière et l'abbé Beaudau, trouva quelques contradicteurs. M. Graslin, dans un mémoire adressé à la Société d'agriculture de Limoges, disait avec beaucoup de justesse : « Si l'industrie et le commerce ne produisent aucune richesse, comment les nations qui ne sont que commerçantes et industrieuses vivent-elles ? Si l'impôt ne peut être pris que sur le produit net des terres, comment ces nations payent-elles des impôts ? Est-ce que l'industrie serait richesse dans un État commerçant, et ne serait pas richesse dans un État agricole ? » Il ajoutait un peu plus loin : « Puisqu'il y a des gens qui gagnent de forts salaires, comme les savants illustres, les grands médecins, les grands poëtes et même les grands comédiens, ils peuvent donc payer l'impôt. Pour que cet impôt ne soit pas arbitraire et se proportionne à peu près aux facultés, ne convient-il pas qu'il soit levé sur les consommations ? »

Mais la théorie de l'impôt multiple eut la fortune de rencontrer un bien plus illustre interprète. Dans son dialogue de *l'Homme aux quarante écus*, Voltaire combattit les physiocrates avec cette verve étincelante qu'il mettait au service du plus admirable bon sens.

« Dites-moi, je vous prie, faisait-il dire à son principal personnage, y a-t-il une nation au monde qui jouisse de ce beau bénéfice de l'impôt unique ?

« LE GÉOMÈTRE. — Pas une nation opulente. Les Anglais, qui ne rient guère, se sont mis à rire quand ils ont appris que des gens d'esprit avaient proposé parmi nous cette administration. Les Chinois exigent une taxe de tous les vaisseaux marchands qui abordent à Canton, les Hollandais payent à Nangasaqui, quand ils sont reçus au Japon, sous prétexte qu'ils ne sont pas chrétiens ; les Lapons et les Samoyèdes, à la vérité, sont soumis à un impôt unique en peaux de martres ; la république de Saint-Marin ne paye que des dîmes pour entretenir l'État dans sa splendeur. »

Puis, de la note moqueuse, passant à une démonstration vive et claire, il ajoutait :

« L'HOMME AUX QUARANTE ÉCUS. — N'y a-t-il pas aussi une prodigieuse injustice à me prendre la moitié de mon blé, de mon chanvre, de la laine de mes moutons, et de n'exiger aucun secours de ceux qui auront gagné 10, 20, ou 30,000 livres de rente avec mon chanvre dont ils ont tissé la toile, avec ma laine dont ils ont fabriqué des draps, avec mon blé qu'ils auront vendu plus cher qu'ils ne l'ont acheté.

« LE GÉOMÈTRE. — L'injustice de cette administration est aussi évidente que son calcul est erroné. Il faut que l'industrie soit favorisée, mais il faut que l'industrie opulente secoure l'État. . . . .

« Le manufacturier qui s'est enrichi à vos dépens a, je l'avoue, donné un salaire à des ouvriers qui n'avaient rien par eux-mêmes ; mais il a retenu pour lui chaque année une somme qui lui a valu enfin 30,000 livres de rentes, il a donc acquis cette fortune à vos dépens. Vous ne pourrez jamais lui vendre vos denrées assez cher pour vous rembourser de ce qu'il a gagné sur vous. Car, si vous tentiez ce surhaussement, il en ferait venir de l'étranger... »

Voltaire touchait ici à la question de l'incidence de l'impôt foncier, que les physiocrates ont complétement méconnue. Cet impôt ne se répercute point en effet sur le consommateur à la volonté du propriétaire; en d'autres termes, ce propriétaire n'est pas le maître d'augmenter ses produits et de rentrer ainsi dans ses avances, parce que le prix de vente ne dépend point du vendeur, mais d'une loi qui domine les parties, la loi de l'offre et de la demande. Que la production ait été chère ou non, le vendeur subira le prix du marché, et il peut arriver qu'il ne recouvre pas ses déboursés.

Il est vrai que, s'il est en perte, cette situation ne durera pas et qu'il abandonnera la culture. « Le producteur de blé ou autres produits agricoles s'arrêtera, nous dit M. Batbie dans son *Cours d'économie politique*, le jour où les frais de revient, augmentés de l'impôt foncier, ne lui donneront plus une rémunération suffisante. La culture cessera sur les terres légères et, la concurrence diminuant par la réduction du nombre des producteurs, les prix de revient tendront à augmenter. Les cultivateurs qui resteront debout après avoir souffert pendant les premières années du nouvel impôt ressentiront un allégement par l'élévation des prix qu'amènera la diminution de la concurrence. Quoi qu'il advienne, l'impôt n'en aura pas moins été supporté définitivement par les propriétaires qui ont été forcés d'arrêter leur culture et temporairement par les autres. » — Il y a d'ailleurs des propriétaires qui n'ont jamais le moyen de répercuter l'impôt sur les consommateurs, ce sont les propriétaires qui ne cultivent que pour les besoins de leur consommation.

Malgré la spirituelle critique de Voltaire et les objections plus savantes de Forbonnais, de Smith, de David Hume, qui, tout en étant d'avis de fondre en une taxe territoriale unique tous les impôts directs, voulaient cependant conserver les impôts de consommation, le système des physiocrates continua à jouir de la faveur publique, qu'il devait en grande partie à son apparente simplicité. La génération de 89 en était profondément pénétrée ; et dans les discours et les rapports des législateurs révolutionnaires les doctrines et l'autorité de Quesnay sont à chaque instant invoquées.

Faut-il aller jusqu'à dire que l'Assemblée constituante ait eu l'intention de l'appliquer dans son entier, et de remplacer tous les impôts par un impôt territorial unique. M. Batbie ne le pense pas. « Il est vrai, nous dit-il dans son *Mémoire sur l'impôt*, que les gabelles, la marque des fers et des cuirs, les droits sur la fabrication des amidons avaient été provisoirement remplacés par une imposition directe (décrets des 9 et 26 août 1790) ; mais de ce que l'Assemblée préférait une contribution directe à certains impôts de consommation, peut-on conclure qu'elle adoptait la théorie absolue du docteur Quesnay ?... Lorsque l'Assemblée remplaça les droits des jurandes par la patente, elle s'éloignait de la physiocratie, puisqu'elle imposait les bénéfices industriels. La contribution mobilière et le droit d'enregistrement par lequel l'Assemblée remplaça plusieurs taxes de l'ancien régime étaient aussi en contradiction formelle avec ce système. Il serait donc plus exact de dire que la Constituante montra seulement une tendance marquée à préférer l'impôt direct à l'impôt de consommation. Encore le nombre des derniers était-il égal à celui des premiers. Si l'impôt foncier, la contribution personnelle et mobilière, les patentes étaient des contributions directes, l'enregistrement, le timbre, les douanes formaient un groupe de taxes indirectes. La prédominance des impôts directs était tout entière dans l'importance relative sous le rapport du produit des contributions des deux espèces. »

On pourrait peut-être objecter que toutes ces impositions sont postérieures à la loi de 1790 qui établit la taxe foncière ; que la pensée du législateur était peut-être d'abord de se borner à cette taxe, et que c'est sous la pression des circonstances qu'on se vit forcé de chercher partout des ressources nouvelles ; mais la controverse serait ici un peu oiseuse, puisque enfin, quelles qu'aient pu être un moment les intentions de l'Assemblée constituante, l'impôt multiple a prévalu dans notre régime financier.

C'est sur un autre point que les doctrines de Quesnay ont surtout exercé une influence aussi réelle que durable.

La première condition nécessaire à l'établissement de l'impôt territorial, tel que le comprenaient les physiocrates, consistait à déterminer les éléments du revenu net. Estimer les terres, disait Turgot dans ses *Observations sur un projet d'édit*, est une science dont il n'y a pas plus de huit ans que les premiers principes sont posés. « On ignorait jusqu'alors que pour connaître le revenu il fallait défalquer de la valeur totale du produit tous les frais de culture et l'intérêt des avances du cultivateur. L'instruction pour les vingtièmes n'indiquait de retrancher que les frais de récolte. Le contribuable se sauvait par de fausses déclarations. »

D'après Quesnay, en effet, la culture de la terre donne lieu à deux espèces de dépenses : 1° les dépenses primitives, c'est-à-dire les avances destinées à former le capital d'exploitation, qui se compose des animaux, des charrues et autres instruments aratoires, ainsi que les dépenses d'amélioration ; 2° les dépenses annuelles de culture, qui comprennent l'entretien du capital d'exploitation et les salaires des ouvriers. Il faut donc prélever sur la vente des produits : 1° les frais ou avances annuelles en totalité ; 2° l'intérêt des avances primitives ; 3° leur entretien et le remplacement de leur dépérissement, somme au moins égale à l'intérêt ; 4° les salaires des ouvriers. — Mercier de La Rivière disait de son côté : « Le produit brut est une masse plus ou moins forte de productions chargées de restituer la valeur de toutes les dépenses qui l'ont fait naître. Quand sur cette masse ces mêmes dépenses ont été reprises, le surplus qui reste est un produit net. » Puis il ajoutait : « Personne n'ignore que, sans les avances du cultivateur, la terre ne nous donnerait aucune production. Il faut donc qu'il y ait toujours dans la société une portion de ses richesses mobilières qui soit consacrée à faire ces avances et qui ne puisse être détournée de son emploi. De là résulte qu'avant que la société puisse disposer arbitrairement du produit des terres il est d'une nécessité physique que sur ces mêmes produits on prélève le montant des reprises à faire pour raison des avances du cultivateur ; sans cela, les avances et par conséquent les produits ne pourraient pas se renouveler. »

Les autres physiocrates allaient plus loin. Ils ne voulaient pas même comprendre dans le produit net les profits du cultivateur, qui sont l'attrait, la cause unique et indispensable de la culture. Quand le cultivateur afferme une terre, disaient-ils, il a fait le calcul des dépenses de l'exploitation et de ses profits ; c'est le surplus qu'il donne au propriétaire qui fait le revenu, et ce n'est que sur ce revenu que peut porter l'impôt.

Quand le propriétaire cultive lui-même, il n'a pas plus de revenu disponible, mais il confond dans sa personne son revenu comme propriétaire et son profit comme cultivateur, profit qui n'est point disponible.

La plupart de ces idées de l'école de Quesnay se retrouvent en termes analogues dans la loi du 1ᵉʳ décembre 1790, qui a établi la taxe territoriale sur des bases qui, depuis, n'ont pas changé. Après avoir posé en principe que l'impôt serait réparti proportionnellement au revenu net des propriétés, la loi définissait ainsi qu'il suit le revenu net et le revenu imposable :

« Art. 2. — Le revenu net d'une terre est ce qui reste à son propriétaire, déduction faite, sur le produit brut, des frais de culture, semence, récolte et entretien.

« Art. 3. — Le revenu imposable est le revenu net moyen, calculé sur un nombre d'années déterminé. »

L'Instruction de l'Assemblée nationale sur cette contribution est encore plus frappante. « Les productions, y lisons-nous, que l'on obtient du sol n'étant des revenus que pour la partie qui reste après avoir acquitté toutes les dépenses qu'exigent la culture, l'ensemencement, la récolte et l'entretien du terrain qui les donne, il faut déduire toutes ces dépenses pour connaître le véritable revenu net. — Les frais de culture sont très-multipliés et peu faciles à calculer en détail ; on peut seulement dire qu'il faut y comprendre les objets suivants : l'intérêt de toutes les avances premières nécessaires pour l'exploitation, telles que les bestiaux et les autres dépenses qu'on est obligé de faire avant d'arriver au moment où l'on peut vendre et consommer les produits ; l'entretien des bâtiments, celui des instruments aratoires, tels que charrue, voiture ; les salaires des ouvriers, les salaires ou bénéfices du cultivateur qui partage et dirige leurs travaux, l'entretien et l'équipement des animaux qui servent à la culture, etc. »

Nous devons remarquer ici que l'on comprend formellement dans les frais de culture les bénéfices du cultivateur. L'Instruction de l'Assemblée est encore plus explicite un peu plus loin. « Le prix moyen des fermages est le véritable produit net, dans lequel il ne faut pourtant pas comprendre l'entretien des bâtiments nécessaires à l'exploitation, et dont il faut déduire le loyer ou l'avance des bestiaux dans les pays où ils sont fournis par le propriétaire du fonds. — Il faudra donc que chaque estimateur se pénètre de ces principes et se dise à lui-même : Si j'étais propriétaire de ce bien, je pourrais trouver à l'affermer raisonnablement tant. Si j'étais dans le cas d'être fermier, je pourrais en rendre la somme de…. » — C'est donc bien le prix moyen du fermage qui dans la loi de 1790 était l'indice du véritable produit net, le seul imposable, puisque tout le surplus ne représente que les profits du capital, le salaire du travail et les autres frais de production.

Nous insistons sur ce point, parce que la loi de l'an VII étant muette à cet égard, et s'étant bornée à reproduire sans autre explication les art. 2 et 3 de la loi de 1790 sur la détermination du revenu net et du revenu imposable, le fisc a voulu, en opérant le cadastre, et sans tenir compte des précédents, que le revenu imposable de la terre fût non pas le fermage, ou l'équivalent du fermage quand elle n'est pas louée, mais tout ce qu'elle produisait au cultivateur, déduction faite seulement des frais de culture, semence, entretien et transport des denrées au marché. Il en est résulté que, comme les bénéfices du cultivateur étaient compris dans le produit imposable, des propriétaires ont été portés sur les registres cadastraux pour une somme supérieure à leur revenu réel résultant de baux authentiques et non suspects de fraude.

Pour justifier cette manière d'opérer, le fisc a prétendu que le bénéfice que le propriétaire abandonne à son fermier peut être considéré comme un salaire, pour les soins et les peines qu'il lui impose et dont il se dispense dans son intérêt privé et dans celui de sa propriété. Il fait à cet égard des sacrifices proportionnés au degré de certitude qu'il veut acquérir de la rentrée de ses revenus et à la solvabilité de son fermier. On a aussi ajouté que la contribution foncière est un droit établi non sur le propriétaire, mais sur la propriété. Il la suit partout, quelque forme qu'elle prenne, et toujours proportionnellement à son produit. Un propriétaire est bien le maître d'abandonner à son fermier, pour des raisons qui lui sont personnelles, une part plus ou moins forte du revenu net, mais ce n'est pas une raison pour que l'État soit privé de la contribution qui est due par cette portion du revenu. Il faut toujours qu'elle soit payée, soit par le propriétaire, soit par le fermier.

CHAPITRE III

Répartition de la contribution foncière d'après la loi de 1790.

Dans les cahiers rédigés par les assemblées électorales, l'exécution du cadastre avait été demandée par soixante-treize assemblées de la Noblesse et par cinquante-huit assemblées du Tiers-État. Dans la séance du 21 septembre 1790, le député Montcalm-Gozon déclara que tout impôt foncier équitable devait avoir pour base de répartition le cadastre, qui, disait-il, pouvait être exécuté en ce moment avec de grandes facilités, sans frais considérables et en peu de temps. Un projet de cadastre pour tout le royaume fut même présenté quelques jours après ; et le député Dauchy, rapporteur du Comité des impositions, s'exprimait ainsi à ce sujet, dans la séance du 4 novembre : « S'il n'est pas encore possible d'ordonner la confection d'un cadastre dans tout le royaume, sans doute l'Assemblée , persuadée que sans cadastre on sera toujours très-loin d'une bonne répartition, en décrétera les bases. Jusqu'à ce moment, le nom seul de cadastre a effrayé les peuples. Cependant le cadastre seul peut assurer à chaque citoyen la jouissance complète et tranquille de sa propriété. Votre Comité a donc pensé qu'il fallait cette année même préparer l'exécution d'un cadastre. »

Il fallait des temps plus calmes pour entreprendre une opération d'une telle importance. Provisoirement, l'Assemblée eut recours à des procédés analogues à ceux que l'on employait en matière de taille, mais en atténuant sur plusieurs points les inconvénients de l'ancien droit.

Chaque municipalité devait d'abord former un tableau indicatif des différentes divisions de son territoire, s'il y en avait déjà d'existantes, ou de celles qu'elle déterminerait, dans le cas contraire. — Ces divisions prenaient le nom de sections, aussi bien dans les villes que dans les campagnes. L'on nommait ensuite des commissaires qui dressaient un état indicatif de toutes les propriétés dont chaque section était composée, en mentionnant le nom des propriétaires. Lorsque ces états avaient été formés pour chaque section, l'état de la première section était coté de la lettre A, le second de la lettre B, le troisième de la lettre C, et ainsi de suite. Quinze jours après, les propriétaires devaient faire la déclaration de la nature et de la contenance de leurs différentes propriétés, et, à mesure que ces déclarations étaient fournies, on avait soin de les réunir en une seule et même liasse pour chaque section et de leur donner un numéro correspondant à celui sous lequel le nom du propriétaire était porté dans l'état de la section ; ainsi les déclarations correspondant aux propriétés comprises dans la première section étaient timbrées A n° 1, A n° 2, et ainsi de suite.

Ces déclarations, vérifiées par les commissaires, étaient alors transcrites sur les états de section, qui comprenaient donc la propriété, le nom du propriétaire, la nature du sol et sa contenance. Il ne restait plus qu'à déterminer le revenu imposable, dont les commissaires et les officiers municipaux devaient faire l'évaluation en leur âme et conscience. La loi donnait à cet égard des indications précises. Il fallait d'abord fixer le revenu net, en déduisant, comme nous l'avons vu, du produit brut les frais de culture, semence, récolte et entretien. La contribution foncière étant perçue en argent, toutes les évaluations devaient être faites en argent. « Les terres, disait l'Instruction sur la loi du 1er décembre 1790, ne portant pas toutes le même produit chaque année, ou le faisant très-inégalement, pour connaître le revenu imposable d'une terre il faudra, conformément à l'art. 3 du titre 1ᵉʳ, le calculer sur un nombre d'années déterminé. Celui de quinze ans a paru le plus convenable... Les officiers municipaux et commissaires adjoints observeront donc d'évaluer le revenu imposable de chaque propriété pour 1791, eu égard au produit moyen qu'elle peut donner en suivant la culture générale du pays, et sans avoir égard à l'espèce de fruits dont elle est chargée ou doit l'être dans l'année. »

En ce qui concerne les maisons, on déduisait un quart sur leur revenu en considération du dépérissement et des frais d'entretien et de réparations. Cette déduction était des deux tiers de la valeur locative pour les fabriques, moulins, usines, etc. Les terrains d'agrément étaient cotés sur le même pied que les meilleures terres.

Après que les officiers municipaux et les commissaires-adjoints avaient ainsi procédé, section par section, à l'évaluation de chacun des objets de propriété situés sur le territoire de leur communauté, et porté les évaluations dans la colonne des états de section destinée à les recevoir, ils devaient procéder à la confection de la matrice du rôle, au moyen d'une opération purement mécanique, qui consistait dans le dépouillement des états de section. On inscrivait successivement les noms des propriétaires de la commune, en commençant par celui qui était porté le premier sur le premier des états de section, et, comme dans un grand-livre de commerce, on portait, au compte et en regard du nom de chaque propriétaire, toutes les parcelles que ce propriétaire possédait dans la commune, et dont le dépouillement des états de section fournissait l'indication exacte et le revenu imposable. Chaque propriétaire avait ainsi un article distinct. Il n'y avait donc qu'une addition à faire pour connaître le revenu total imposable de chaque propriétaire. On pouvait aussi facilement vérifier l'exactitude de cette opération, puisque le total des évaluations portées dans les matrices du rôle devait être égal au total des évaluations portées dans les états de section. C'était une comptabilité en partie double. Il n'y avait plus alors qu'à faire l'application au marc la livre du contingent de la commune, à chacun des articles de la matrice du rôle, dans une colonne réservée à cet effet.

Ainsi, en 1790, on employait encore pour asseoir les impôts sur les immeubles un mode analogue à celui qui avait été prescrit par le Code Théodosien : c'était toujours d'après la déclaration des propriétaires, sous la surveillance des commissaires, que la contenance et le revenu des terres devaient être établis. Si nous nous sommes un peu étendus sur la loi de 1790, c'est que le système qu'elle employait a seul servi à l'assiette de l'impôt foncier, tant qu'il n'a pas été remplacé par le cadastre parcellaire, c'est-à-dire, pour certaines communes, jusqu'en 1850.

Après avoir établi le mode de répartition de la contribution foncière entre les habitants de chaque commune, il importait de procéder à la fixation de la portion afférente à cette commune, ainsi qu'au département, dans la contribution générale. On proposa de prendre pour base soit le nombre des habitants, soit l'étendue du terrain, ou même de combiner ces deux éléments. L'Assemblée s'arrêta à un parti plus simple ; comme le temps manquait pour rechercher la matière imposable et constater en quelle quantité elle se trouvait en chaque lieu, on prit le parti de calculer les impôts de tout genre que supportaient les terres dans toute la France, y compris ce que les privilégiés auraient dû payer, et, après avoir ainsi fixé le chiffre total de la contribution foncière, de la répartir au marc la livre des anciennes impositions.

Pour cette répartition, on ne chercha donc pas à déterminer le revenu de chaque département afin de pouvoir fixer la contribution en raison de ce revenu et établir ainsi la proportionnalité de l'impôt ; on préféra prendre un autre point de départ, et répartir le contingent en raison de la somme des impôts directs et indirects que payaient antérieurement à 1791 les communes dont se trouvait composé le territoire de chaque département. Le total de ces deux sommes forma la base d'après laquelle eut lieu, entre les départements d'abord et ensuite entre les communes, la première répartition des 300 millions formant le contingent foncier.

Le rapport obtenu entre le montant des taxes anciennes et celui de la contribution nouvelle fut comme 12 sous 3 deniers et une fraction étaient à 20 sous. C'était, d'après le calcul de M. Rœderer, une diminution de 70 millions environ ; mais comme on n'avait point cherché à proportionner à un degré quelconque l'impôt avec le revenu de la propriété immobilière, et qu'on maintenait même dans les nouveaux contingents les inégalités de l'ancienne répartition dont on se plaignait si vivement sous la monarchie, puisque le principal élément de la répartition nouvelle était la somme de l'impôt direct payé antérieurement par la commune ; il en résulta que, parmi les départements, les uns payèrent le quart de leur revenu et d'autres seulement le vingt-cinquième. Ainsi les inégalités que l'on avait proscrites en droit se trouvèrent consacrées en fait. Ce résultat fut d'autant plus regrettable que, comme nous le verrons, il n'a pu être encore modifié complétement.

L'Assemblée constituante chercha cependant à restreindre les inconvénients de cette répartition vicieuse, en décidant qu'aucun propriétaire ne paierait au-dessus du cinquième de son revenu, limitation dont il était difficile de mesurer les conséquences et la portée lorsque la masse des revenus fonciers du pays n'était nullement connue. C'est pour arriver à la connaissance exacte de ce revenu individuel que la loi de 1791 avait posé le principe du *parcellaire*, ou plan par parcelles de commune, dont le directoire du département pouvait ordonner l'exécution.

On a fait observer avec justesse que les auteurs de la législation nouvelle faisaient ainsi un premier pas vers la transformation de la taxe territoriale en taxe de quotité. L'Assemblée nationale, dit en effet le duc de Gaëte au tome Ier de ses *Mémoires*, n'avait pas eu la prétention de parvenir à l'égalité proportionnelle entre les départements autrement que par la fixation uniforme des taxes individuelles. « A la vérité, continue l'ancien ministre des finances de l'Empire, cette intention de la loi avait dû échapper à ceux qui, sans avoir donné une attention suffisante à l'ensemble du système qu'elle établissait, s'étaient arrêtés à la première apparence, et n'avaient pu reconnaître un impôt de quotité dans une contribution dont le produit était déterminé d'avance, quoique la masse des revenus qui devait le supporter fût encore inconnue. Mais, en examinant les choses de plus près, ils auraient facilement aperçu que, si d'un côté l'Assemblée constituante avait été obligée de porter dans son budget une somme fixe pour la contribution qu'elle venait de créer, de l'autre elle avait la précaution de prendre pour base une estimation des revenus généraux inférieure à leur montant présumé, en sorte qu'elle pût être à peu près certaine qu'aucun propriétaire ne serait obligé de payer plus du cinquième de son revenu; ce qui conciliait autant qu'il était possible le principe de l'impôt de quotité avec la nécessité d'assigner provisoirement aux divers départements des contingents dont l'ensemble pût donner une somme déterminée au Trésor. » Ailleurs le duc de Gaëte insiste encore sur cette idée que l'impôt de quotité était au fond de la pensée du législateur de 1790 et que le cadastre devait avoir pour effet de faire successivement disparaître toutes les traces de l'impôt de répartition, établi à titre simplement provisoire.

La loi de frimaire an VII contient une disposition analogue pour limiter l'impôt à une fraction du revenu. L'art. 7 porte que, « pour rassurer les contribuables contre les abus de la répartition, il sera déterminé chaque année, par le Corps législatif, une proportion générale de la contribution foncière avec les revenus territoriaux, au delà de laquelle la cote de chaque individu ne pourra être élevée. » Cette disposition fut reproduite dans la loi du 3 messidor an VII. Conformément à ces prescriptions, une loi du 7 messidor an VII fixa la proportion au quart pour l'an V et l'an VI et au cinquième pour l'an VII.

L'article 7 de la loi de frimaire n'a jamais été abrogé ; mais en fait, quoique la loi de frimaire soit encore en vigueur, il serait difficile de faire l'application de cet article, car, depuis l'an VIII, aucune loi de finances n'a déterminé la proportion maximum entre l'impôt et le revenu foncier. Un propriétaire ne pourrait donc pas demander une réduction en se fondant sur ce que le chiffre de sa cotisation est trop élevé eu égard à ses revenus, si d'ailleurs les autres contribuables de la commune sont imposés dans la même proportion. La commune seule aurait la faculté de réclamer contre le contingent mis à sa charge. Quant à l'idée même d'introduire ainsi un élément de quotité dans l'impôt, nous verrons quelles en ont été les suites, en étudiant la loi de 1807.

Passant par-dessus les lois financières de l'Assemblée législative et de la Convention, qui n'offrent qu'un minime intérêt pour notre sujet, nous arrivons aux lois qui ont fondé le régime actuel. Ce sont notamment les lois du 3 frimaire an VII sur la répartition, l'assiette et le recouvrement de l'impôt foncier, et du 15 septembre 1807 sur le cadastre, complétées ou rectifiées par un certain nombre d'autres d'une moins grande importance. L'exposition du système qu'elles ont établi fera l'objet du dernier livre de cette étude.

LIVRE VII

LA CONTRIBUTION FONCIÈRE

D'APRÈS LA LOI DU 3 FRIMAIRE AN VII ET LES LOIS SUIVANTES

CHAPITRE PREMIER

Proportionnalité de l'impôt.

Les bases de l'assiette de la contribution foncière se trouvent dans la loi du 3 frimaire an VII, qui contient à ce sujet des dispositions très-développées. Il n'entre pas dans notre plan d'en énumérer tous les détails, mais seulement de parler des points les plus importants.

Aux termes de l'art. 2 de cette loi, la répartition de l'imposition foncière est faite par égalité proportionnelle sur toutes les propriétés foncières, sans autres exceptions que celles déterminées par la loi pour l'encouragement de l'agriculture ou pour l'intérêt général du commerce.

Ce texte, bien que spécial à l'impôt foncier, doit être considéré comme consacrant un principe général dans notre législation, à savoir que l'impôt est proportionnel et non progressif, c'est-à-dire qu'il est égal sur chaque unité du revenu, et non plus élevé sur les unités subséquentes que sur les premières.

Cette proportionnalité de l'impôt, ainsi consacrée par la

loi, est cependant, aux yeux d'un grand nombre de publicistes, plutôt un défaut qu'une qualité. D'après eux, l'impôt devrait s'élever progressivement avec le revenu des contribuables, au lieu de s'étendre proportionnellement aux facultés. Nous avons vu dès le début de cette étude que Montesquieu approuvait la législation athénienne de l'impôt sur le revenu, qui était assis sur une progression, et que J.-J. Rousseau se prononçait dans le même sens. Bernardin de Saint-Pierre lui a donné aussi une place parmi les vœux de sa politique sentimentale. A côté des philosophes, des économistes éminents ont adopté le système de l'impôt progressif. « Il n'est point déraisonnable, disait Adam Smith, que le riche contribue aux dépenses publiques, non-seulement à proportion de son revenu, mais pour quelque chose de plus. » Jean-Baptiste Say s'exprimait aussi en ces termes : « L'impôt proportionnel n'est pas équitable... L'impôt ne peut jamais être levé sur le nécessaire... J'irai plus loin et je ne craindrai pas de dire que l'impôt progressif est le seul équitable. » M. Joseph Garnier ajoute : « Les réformes doivent tendre à rétablir une égalité progressionnelle, si je puis ainsi dire, bien plus juste, bien plus équitable que la prétendue égalité de l'impôt, laquelle n'est qu'une monstrueuse inégalité. »

On ne peut contester, en effet, qu'à mesure que le revenu augmente le poids de l'impôt ne devienne plus léger. Le contribuable qui sur 10,000 francs de rente en doit 1,000 au fisc est moins lourdement taxé que celui qui sur 1,000 fr. de revenus est tenu d'en payer 100. Le millionnaire qui est réduit par un impôt de dix pour cent à vivre avec 45,000 francs de rente n'éprouve aucune gêne, tandis que le petit rentier peut être réduit, par la même taxe proportionnellement appliquée, à manquer du nécessaire.

Cette observation est incontestablement vraie, mais s'ensuit-il que si dans une certaine mesure l'impôt proportionnel se résout en un impôt progressif dirigé dans le sens de la misère, toute la question consiste à retourner la progression et à faire que le même impôt devienne progressif dans le sens de la fortune? Cette solution, qui séduit à première vue par sa simplicité, entraîne des inconvénients encore plus graves.

En effet, si l'on admet la progression indéfinie et sans limite, il arrivera un moment où l'impôt même le plus modéré sera plus élevé que le revenu. Supposons, par exemple, que l'impôt triple quand le revenu double : 100 francs de rente payant 1 franc, 800 francs en paieront 24 ; 100,000 francs de rente seront taxés à 50,000; et enfin la personne qui aura un revenu de 400,000 francs devra payer à l'État environ 525,000 francs, c'est-à-dire 125,000 francs de plus que le revenu !

Devant une conséquence aussi absurde, les partisans de l'impôt progressif ont dû chercher des tempéraments à leur système. « Il est facile de voir, dit Rossi dans ses *Mélanges d'économie politique*, que l'impôt progressif mis en pratique d'une manière illimitée mènerait bientôt à demander plus que le revenu, ou au moins tout le revenu. Que l'on prenne une règle quelconque de progression, et l'on ne tardera pas à arriver à une fortune dont tout le revenu serait absorbé par l'impôt. Alors la conséquence serait qu'au delà d'une certaine limite nul n'aurait souci d'augmenter son avoir. On paralyserait la marche de la fortune publique, et de plus on commettrait une grande injustice. Aussi l'impôt progressif doit-il être resserré dans des limites très-restreintes. »

La difficulté est déplacée, mais point résolue; car, quelle sera la mesure et la limite de cette progression? Par qui sera-t-elle fixée? Ne voit-on pas que la progression deviendra insignifiante si dans l'assemblée qui l'établira dominent les représentants des classes riches; énorme, au contraire, si les classes pauvres y possèdent la majorité? Les notions de justice et les données scientifiques devront céder aux intérêts politiques. Il n'en est point de même dans le système de la proportion, qui ne dépend pas des hommes, mais de la nature des choses; la répartition de l'impôt s'y opère en vertu d'une règle mathématique.

Qu'on le remarque bien d'ailleurs, les progressistes sont loin d'atteindre le but qu'ils se proposent. Est-ce que l'impôt va peser avec cette égalité qu'ils recherchent, sur le millionnaire qui paiera, je suppose, trente pour cent et le possesseur de 1,000 francs de rente qui ne paiera que cinq pour cent? Est-ce que ce dernier (nous prenons la somme de 1,000 fr. de rente comme représentation du nécessaire) ne sera pas encore forcé de prendre l'impôt sur son nécessaire, malgré la diminution que subira sa quote-part dans l'impôt, par suite de l'établissement de l'impôt progressif; tandis qu'il restera encore au millionnaire, l'impôt payé, une rente de 70,000 fr., c'est-à-dire le nécessaire intact, et une somme énorme de superflu? C'était ce qu'avait très-bien compris Proudhon, quand, avec sa puissante dialectique, il combattait l'impôt progressif, dans lequel il ne voyait qu'une réforme dérisoire : « Je dis, écrivait le grand théoricien socialiste, dans son livre des *Contradictions économiques*, que ce système est une pure hypocrisie, une lâche et honteuse transaction, parce qu'à moins d'enlever au riche la portion entière du revenu qui dépasse la moyenne proportionnelle, déduction faite de la moyenne de l'impôt, la progression ne changera pas de direction, elle ne se retournera pas contre le riche, elle se réduira à un léger adoucissement en faveur des pauvres. L'intention des progressistes n'est pas, n'a jamais été, de frapper la classe aisée de manière à lui faire perdre l'avantage de la fortune, mais seulement, comme le dit avec une extrême discrétion Adam Smith, de lui faire rendre quelque chose de plus que ce qu'exigeait la loi de la proportionnalité, et d'alléger d'autant le fardeau du peuple. »

Si des théories nous descendons aux faits, nous aurons à signaler quelques essais de l'impôt progressif dans les temps modernes. Nous voyons, par exemple, que cet impôt a été la base du système financier de la République de Florence; que quelques États de l'Allemagne en usent d'une manière modérée, et qu'il en a été fait dans la législation de l'*income-tax* britannique des applications restreintes et de peu de durée. — La Convention, en France, décréta aussi, le 18 mars 1793, l'établissement d'un impôt gradué et progressif sur le luxe et les richesses, tant foncières que mobilières. Un écrivain démocratique, Armand Carrel, a jugé sévèrement cette loi. Après s'être prononcé contre le système de progression, qui, dit-il, punirait toute richesse sans distinction, et cela dans la fausse donnée que tout riche dévore la subsistance d'un certain nombre de pauvres, il ajoute : « L'impôt progressif sur les riches entra en l'an I dans la voie et les moyens de la Convention. Le gouvernement voulut faire rentrer un milliard d'assignats pris sur les riches qu'on regardait comme plus ou moins ennemis de la Révolution..... Mais les mêmes fortunes n'auraient pas pu se prêter deux ans de suite au même effort, et d'ailleurs on ne parvint alors à recouvrer cet impôt, ou plutôt cet emprunt forcé, qu'en imprimant la terreur à quiconque tromperait les répartiteurs, ou se déroberait à leur estimation; cette manière d'assurer la perception ne serait aujourd'hui du goût de personne. Le peuple faisait alors gratuitement l'office d'une armée de collecteurs, ce qui, dans les circonstances aussi malheureuses que celles de l'an II, pouvait être une triste nécessité; mais un pareil mode de répartition et de recouvrement ne se concilierait guère avec le principe d'un gouvernement normal, fondé sur le consentement de la nation. »

Il a pu être fait de nos jours, et même dans notre régime financier français, quelques applications de l'impôt progressif, mais c'est parce que l'extrême modération de la pratique a en quelque sorte pallié les conséquences du principe. La loi du 21 août 1832, consacrant un état de choses en partie établi par les lois du 25 mars 1817, 15 mai 1818, 16 juillet 1826, décide dans son article 20 que dans les villes ayant un octroi le contingent personnel et mobilier pourra être payé en totalité ou en partie par les caisses municipales. — La portion à percevoir au moyen d'un rôle doit être répartie en cote mobilière seulement, au centime le franc des loyers d'habitation, après déduction faite des faibles loyers que les

conseils municipaux croiront devoir exempter de la cotisation. Quelques villes, et notamment Paris, mettant ce système à exécution, ont réparti ce contingent d'impôt mobilier
suivant une échelle progressive. On pourrait citer aussi la
taxe des billards et celle des voitures, établie d'après une progression en rapport avec la population de la commune. Mais
ce ne sont que des exceptions. D'après M. de Parieu, d'ailleurs, ce sont moins là des impôts progressifs que des simulacres d'impôts progressifs. Les impositions de ce genre, dit-
il, portent en général sur des jouissances en partie faculta-
tives et qui ne suivent que de loin l'ascension de la fortune.
La progression peut quelquefois, ainsi que l'a observé Rossi, y
couvrir une véritable proportionnalité approximative relativement au revenu... C'est pour les mêmes motifs que l'un
des économistes de l'opinion la plus conservatrice, le défen-
seur des institutions et des lois aristocratiques de la Grande-
Bretagne, Mac-Culloch, n'est pas loin d'admettre l'idée d'un
tarif progressif applicable à cette nature de taxes.

Ces théories nous paraissent fort correctes. On pourrait
même aller plus loin et dire, sans tomber le moins du monde
dans le vice de l'impôt progressif, qu'il est équitable que les
classes riches et aisées paient proportionnellement un peu
plus que les classes inférieures à l'impôt direct, parce qu'elles
contribuent proportionnellement un peu moins que ces dernières à l'impôt indirect. Mais il faut toujours que la progression ait pour seul objet d'atteindre ou de rétablir la stricte
proportionnalité dans le régime fiscal.

CHAPITRE II

De l'assiette de l'impôt foncier. — Le revenu net imposable.

L'impôt foncier a pris, comme on l'a vu dans cette étude, différentes formes d'après les progrès de la civilisation et de la culture. La méthode primitive a été la dîme; c'est-à-dire qu'à l'origine l'impôt a été prélevé en proportion du produit brut des terres. Ce système fiscal, aussi simple qu'équitable en apparence, existe encore dans les contrées de l'Orient, notamment en Turquie. Au moment de la récolte, on constate le produit, on en prélève le dixième, ou souvent même une quantité plus forte, car le mot dîme, qui veut dire dixième, s'est appliqué à des impôts beaucoup plus élevés; ce qui caractérise la dîme, c'est le prélèvement proportionnel au produit brut.

Mais si dans des sociétés peu éclairées, où la culture se fait d'après des procédés grossiers et sans emploi de capitaux, la dîme ne peut présenter que des inconvénients médiocres; ce mode constituerait la plus flagrante des injustices, et deviendrait même intolérable, dans des sociétés parvenues à un certain état de développement. Le propre d'une culture progressive, c'est l'incorporation de grands capitaux dans le sol; c'est aussi d'énormes avances faites à la terre sous la forme d'engrais et d'un plus grand emploi de main-d'œuvre. Il en résulte que plus une agriculture est avancée, plus la proportion du revenu net au revenu brut diminue, une très-grande partie du revenu brut étant absorbée par le remboursement des avances faites au sol sous la forme d'engrais et par l'intérêt et l'amortissoment des capitaux immobilisés dans l'exploitation. « Quand on se contente de gratter la terre avec un soc, dit un publiciste contemporain[1], et qu'on sème chaque année sur un terrain nouveau en laissant de grandes étendues en jachères, le produit net dépasse souvent la moitié du produit brut et atteint quelquefois les deux tiers; au contraire, quand la culture devient savante, les proportions se renversent; les frais absorbent les deux tiers, quelquefois les trois quarts du produit brut, et réduisent considérablement la proportion du produit net. » Il est bien vrai que d'une manière absolue le produit net est beaucoup plus considérable pour un hectare bien cultivé que pour un hectare qu'on se contente d'effleurer avec la charrue; mais la proportion du produit net au produit brut est plus faible dans le premier cas que dans le second. Si donc dans un pays avancé en civilisation on établit un impôt d'un dixième sur le produit brut des terres, cet impôt représentera une taxe d'un cinquième tout au plus du produit net sur les terres exploitées d'une façon primitive, tandis qu'il atteindra le tiers et quelquefois la moitié du produit net des terres dont la culture est perfectionnée. Ainsi la dîme est un obstacle à la bonne exploitation du sol; elle encourage le mauvais cultivateur, ou du moins elle l'exonère d'une partie de l'impôt qu'il devrait payer, et elle charge, au contraire, d'une manière abusive l'agriculteur habile; par conséquent, elle décourage ses efforts.

On a cru apporter quelques corrections à ces inégalités en variant la proportion de l'impôt au revenu brut suivant la nature des cultures, et en diminuant la dîme en proportion des avances que ces cultures ont exigées. Cette méthode, qui a été adoptée en Autriche sous l'empereur Joseph II, est assurément moins imparfaite que celle de la dîme simple;

1. M. Leroy-Beaulieu, *Science des finances*, tome I. Guillaumin, 1877.

elle est cependant encore bien défectueuse : car même pour une culture identique, pour la production du blé par exemple, les avances du cultivateur, relativement au produit, peuvent varier dans une proportion infinie.

La dîme a d'ailleurs d'autres inconvénients. Comme le prélèvement du fisc doit s'opérer au moment de la production, et que les employés de l'État ou les fermiers des dîmes, si nombreux qu'on les suppose, ne peuvent pas procéder simultanément à la perception sur tout le territoire, il en résulte une grande gêne pour l'exploitation des terres et souvent un préjudice grave pour les cultivateurs. Ainsi en Turquie, où les récoltes ne peuvent être rentrées qu'en présence de l'agent des dîmes, et après qu'il a déterminé sa part, il arrive souvent que les campagnards sont empêchés de faire la récolte au moment opportun, et qu'ils ne peuvent la soustraire aux intempéries menaçantes ; si bien que l'impôt proportionnel au produit brut des terres a pour conséquence la diminution de ce produit brut.

Enfin, par un phénomène bizarre, qui peut surprendre à première vue, mais qui n'en est pas moins très-réel, la dîme a pour effet d'augmenter les charges de l'agriculture et les bénéfices du Trésor dans les années de mauvaise récolte. C'est en effet une loi économique qu'un déficit dans la récolte produit toujours une hausse de prix infiniment plus considérable que ce déficit ; quand le déficit est du quart, la hausse est généralement de moitié. Le fisc encaissera donc des sommes d'autant plus fortes que le pays sera plus malheureux. Ce résultat suffit pour condamner l'impôt de la dîme.

Une autre méthode d'impôt consiste à frapper d'une taxe uniforme chaque hectare ou chaque arpent, quel que soit le mode de culture et le produit brut ou net. Nous ne nous arrêterons pas à discuter ce mode d'imposition, qui peut être employé avec succès dans des pays neufs, comme les colonies, où le sol n'est pas encore entièrement exploité, où la terre n'a pas encore reçu d'avances de capitaux, mais qui deviendrait singulièrement injuste dans nos vieilles sociétés. La nature même de cette taxe foncière la soumet à une extrême modicité.

On peut aussi répartir les terres en différentes catégories et maintenir une taxe uniforme pour chacune de ces catégories, mais différant de l'une à l'autre. Ainsi[1], dans le Mecklembourg, on a réparti les terres en trois classes, et chacune d'elles est assujettie à une taxe fixe et uniforme par arpent. On voit que cette méthode n'est qu'un léger perfectionnement de la précédente et donne prise à de nombreuses inégalités.

Venons-en aux modes perfectionnés de l'assiette de l'impôt foncier. Il y en a deux principaux : l'impôt foncier peut être établi en considération de la valeur vénale des propriétés constatées d'après le cours d'un nombre d'années déterminés. Ou bien il peut être assis sur le revenu net de la terre présumé d'après des évaluations officielles et des états cadastraux.

De ces deux procédés, le dernier nous semble préférable, parce qu'il permet de suivre plus exactement les variations de la richesse foncière. Dans des pays comme la France, où l'agriculture et l'industrie sont très-développées, le revenu net des terres et par conséquent leur valeur vénale, qui n'est que la capitalisation de ce revenu, subissent des changements importants. Nous en avons eu depuis un demi-siècle des exemples indiscutables. Il est donc à craindre que, dans des transformations si soudaines, le fisc ne trouve que des renseignements insuffisants dans la connaissance des prix de vente ou dans les estimations de la valeur des immeubles dans les actes de partage d'après lesquels devrait être fixée l'assiette de l'impôt foncier sur la valeur vénale des propriétés. L'impôt sur le revenu net normal des terres, directement constaté par des enquêtes périodiques, ne pourra être qu'équitable, puisqu'il s'élèvera ou s'abaissera en même temps que ce revenu.

1. Leroy-Beuulieu, *Science des finances*, tome I.

C'est en effet cet impôt que le législateur de l'an VII a adopté, après le législateur de l'an 1790 et les économistes du xviii° siècle. Aux termes de l'art. 2 de la loi du 3 frimaire, l'impôt foncier a pour base le revenu net imposable des propriétés. La loi, et nous reviendrons plus loin sur ce point, ne fait aucune distinction entre les propriétés bâties et les propriétés non bâties.

Entrons maintenant dans le détail de la loi de l'an VII.

Après avoir établi que l'impôt foncier sera assis sur le revenu net imposable des propriétés, la loi de l'an VII, s'occupant d'abord des propriétés non bâties, définit leur revenu en ces termes, qu'elle emprunte presque textuellement à la loi de 1790 :

« Art. 3. — Le revenu net des terres est ce qui reste au propriétaire, déduction faite sur le produit brut des frais de culture, semence, récolte et entretien.

« Art. 4. — Le revenu net imposable est le revenu net moyen calculé sur un nombre d'années déterminé. »

Le titre vi développe et complète ces dispositions générales.

Pour.évaluer le revenu imposable des terres labourables, qu'elles soient actuellement cultivées ou incultes, mais susceptibles de culture, on doit d'abord s'assurer du produit qu'elles peuvent donner en s'en tenant aux cultures généralement usitées dans la commune. On suppute ensuite quelle est la valeur du produit brut qu'elles peuvent rendre, année commune, en les supposant cultivées sans travaux ni dépenses extraordinaires, mais selon la coutume du pays, avec les alternances et assolements d'usage, en formant l'année commune sur quinze années antérieures, moins les deux plus fortes et les deux plus faibles. On déduit ensuite du produit brut moyen les frais de culture, semence, récolte et entretien, pour obtenir le produit net imposable. Les frais de culture comprennent les avances pour les acquisitions nécessaires à la mise en exploitation, l'entretien des instruments aratoires, voitures, etc.; les salaires, l'entretien et l'équipement des animaux, le renouvellement des engrais, etc. Les frais de labour s'estiment par le nombre d'hommes attachés à la charrue ; les grains nécessaires à l'ensemencement sont évalués d'après le tarif du prix des denrées. Les frais d'entretien comprennent ceux qui sont nécessaires pour la conservation des propriétés dans leur état régulier, tels que les digues, écluses, fossés et autres ouvrages sans lesquels les eaux pourraient les détériorer et même les détruire [1].

Le revenu des vignes s'estime d'une façon analogue, mais on déduit de plus un quinzième du produit brut total en considération des frais de dépérissement annuel, de replantation partielle, et des travaux à faire pendant les années où chaque nouvelle plantation est sans rapport [2].

Les jardins potagers sont évalués d'après le produit de leur location possible, en prenant aussi la moyenne des quinze dernières années. Ils ne peuvent être évalués au-dessous des meilleures terres labourables de la commune [3]. Les jardins d'agrément sont estimés au taux de ces terres.

Le revenu des prairies est estimé comme celui des terres labourables ; celui des pâtis, palus, marais, bas-prés, est évalué d'après le produit que le propriétaire est présumé pouvoir en obtenir, année commune, selon les localités, soit en faisant consommer la pâture, soit en les louant à un fermier, auquel il ne fournirait ni bestiaux ni bâtiments, et déduction faite des frais d'entretien [4].

Les terres vaines et vagues, landes, bruyères, etc., sont évaluées d'après le produit net moyen, quelque modique qu'il puisse être, sans que jamais la cotisation puisse être moindre d'un décime par hectare. Toute propriété foncière, alors même qu'elle ne paraîtrait pas susceptible de produits, doit donc payer l'impôt, par cela seul qu'elle occupe une place dans la commune ; mais les particuliers peuvent s'affranchir

---

1. Art. 56 et 57, loi de frim. an VII. — *Recueil méthod. du cadast.*, art. 324 et suivants.

2. Art. 60, 61, loi frim. — 34, *Rec. mét.*

3. Art. 58, loi frim. — 351, *Recueil mét.*

4. Art. 62 et *R. m.*, 358.

de la contribution en abandonnant ces fonds à la commune [1].

En ce qui concerne le revenu des bois et forêts, les règles varient d'après les distinctions suivantes :

L'évaluation des bois en coupes réglées est faite d'après le prix moyen de leurs coupes annuelles, déduction des frais d'entretien, de garde et de repeuplement [2]. On peut, en prenant pour base le produit des coupes annuelles et en divisant une forêt en plusieurs classes, établir une évaluation moyenne [3].

L'évaluation des bois taillis qui ne sont pas en coupes réglées se fait d'après leur comparaison avec les autres bois de la commune. Doivent être réputés bois taillis et estimés comme tels tous les bois au-dessous de l'âge de trente ans [4]. Les bois de trente ans ou plus, c'est-à-dire les bois de haute futaie, devaient, aux termes de l'article 70 de la loi de frimaire an VII, être cotisés comme s'ils produisaient un revenu égal à deux et demi pour cent de leur valeur. Cette disposition a été modifiée par une circulaire ministérielle du 22 janvier 1811, reproduite en ces termes par l'article 368 du *Recueil méthodique* qui a reçu force obligatoire de la loi du 28 avril 1816 : « La plus-value que les bois de haute futaie acquièrent sur les bois taillis étant accidentelle et pouvant cesser après la coupe n'est pas dès lors susceptible d'un allivrement cadastral fixe et immuable; et ces bois doivent être comptés dans les expertises et matrices cadastrales sur le même pied que ceux qui se trouvent en taillis dans la commune. »

Pour les terrains sur lesquels se trouvent des arbres presque épars ou en simple bordure, on ne doit avoir égard dans l'évaluation de leur revenu imposable ni à l'avantage que le propriétaire peut retirer de ces arbres, ni à la diminution qu'ils apportent dans la fertilité du sol qu'ils om-

1. Art. 65, 66.
2. Art. 67.
3. Arrêt du C. d'É., 27 février 1835.
4. Art. 68.

bragent. Les arbres fruitiers entrent dans la plus-value du terrain sur lequel ils sont plantés. Les pépinières sont évaluées sur le pied des terres labourables de première classe [1].

Les terrains enclos sont évalués comme les terrains non enclos de même qualité et donnant le même genre de production, sans qu'on puisse avoir égard, dans la fixation de leur revenu imposable, à l'augmentation de produit qui ne serait évidemment que l'effet des clôtures ou aux dépenses d'établissement et d'entretien de ces clôtures. Si un enclos contient diverses natures de biens, telles que bois, prés, terres labourables, etc., chaque nature de biens doit être évaluée séparément comme si le terrain n'était point enclos [2].

Le revenu imposable des étangs permanents doit être évalué d'après le produit de la pêche, année commune formée sur quinze, moins les deux plus fortes et les deux plus faibles, déduction faite des frais d'entretien, de pêche et de repeuplement. L'évaluation du revenu des terrains alternativement en étangs et en culture doit être combinée d'après ce double rapport [3].

Les mines et carrières ne sont évaluées qu'à raison de la superficie du terrain occupé pour leur exploitation, et sur le pied des terrains environnants. On y comprend non-seulement l'ouverture de la mine ou de la carrière, mais encore les déblais et les chemins qui ne sont qu'à leur usage [4].

Les salines, salants, marais salants sont imposés pour les terrains et emplacements qu'ils occupent sur le pied des meilleures terres labourables [5].

Après s'être occupé des terres, la loi de frimaire an VII passe aux maisons et propriétés bâties, dans l'article 5 du

---

1. Art. 74 et *Rec. méth.*, 371 à 373.
2. Art. 77, 78.
3. Art. 79, 80.
4. Art. 81 et *Rec. méth.*, 379.
5. Décret du 15 octob. 1810 et loi du 17 juin 1840, art. 17.

titre 1ᵉʳ. En voici les termes : « Le revenu net imposable des maisons et celui des fabriques, forges, moulins et autres usines est tout ce qui reste au propriétaire, déduction faite sur leur valeur locative calculée sur un nombre d'années déterminé de la somme nécessaire pour l'indemniser du dépérissement des diverses constructions et ouvrages d'art et des frais d'entretien et de réparations. »

Il faut faire sur ce point quelques distinctions :

1° *Maisons d'habitation.* — En quelque lieu qu'elles soient situées et soit que le propriétaire les occupe ou les fasse occuper par d'autres à titre gratuit ou onéreux, le revenu net imposable en est déterminé d'après leur valeur locative, calculée sur dix années sous la déduction d'un quart de cette valeur locative, en considération des frais d'entretien et de réparation, aussi bien que du dépérissement.

Aucune maison occupée ne peut être cotisée, quelle que soit l'évaluation de son revenu, au-dessous de ce qu'elle le serait à raison du terrain qu'elle enlève à la culture, évalué sur le pied du double des meilleures terres labourables de la commune, si la maison n'a qu'un rez-de-chaussée, et du quadruple, si elle en a plusieurs. Le comble ou toiture, de quelque manière qu'il soit disposé, ne doit pas être compté pour un étage, mais les caves et souterrains doivent entrer dans l'évaluation [1].

2° *Établissements industriels.* — Le revenu imposable des fabriques, manufactures, forges, moulins et autres usines est déterminé d'après leur valeur locative, calculée aussi sur dix années, mais la déduction est d'un tiers de cette valeur parce que le dépérissement et les frais d'entretien sont bien plus considérables que pour les maisons d'habitation [2]. L'article 87 de la loi de frimaire donnant une énumération limitative, on ne peut l'étendre, par exemple, aux théâtres ; mais on a considéré les établissements de bains d'eaux thermales

1. Art. 82, 83. *Rec. méth.*, 394.
2. Art. 87.

comme des établissements industriels, et on leur a appliqué la déduction du tiers au lieu du quart dans la fixation de la valeur locative[1]. Pour tous ces établissements indiqués dans la loi, la valeur locative s'apprécie proportionnellement par comparaison avec les propriétés de même nature dans la commune. On ne doit jamais y faire entrer le revenu industriel provenant de l'exploitation[2]. On ne peut pas davantage les évaluer par comparaison avec des propriétés non bâties, quand même des fonds de terre y seraient joints.

La loi du 15 septembre 1807 a décidé[3] qu'il fallait décomposer en deux parties l'évaluation du revenu imposable des deux classes de propriétés bâties que nous venons d'énumérer : d'un côté la superficie, c'est-à-dire le sol, sur le pied des meilleures terres labourables ; d'un autre côté l'élévation, c'est-à-dire les bâtiments, d'après la valeur locative calculée d'après la loi de l'an VII, déduction faite de l'estimation de la superficie. Chaque estimation est portée sous un article différent de la matrice, qui est ainsi divisée en deux cahiers : le premier contenant les propriétés non bâties et la superficie seulement des propriétés bâties ; le second l'estimation des maisons et des bâtiments que nous avons indiqués. Cette disposition est conçue d'après l'idée de la permanence du cadastre pour l'évaluation des propriétés non bâties, idée qui a dominé les rédacteurs de la loi de 1807. On n'a pas voulu qu'en cas de démolition de maisons il fût nécessaire d'évaluer de nouveau le sol sur lequel elles étaient construites[4].

Les bâtiments qui servent aux exploitations rurales, tels que granges, écuries, greniers, caves, celliers, pressoirs et autres destinés à loger les bestiaux des fermes et des métairies, et à serrer les récoltes, ainsi que les cours desdites fermes et métairies, ne sont soumis à la contribution foncière qu'à raison du terrain qu'ils enlèvent à la culture, éva-

---

1. Arr. du Conseil d'Ét., 20 juin 1837, 11 mai 1838.
2. Arr. du C. d'Ét., 6 sept. 1825 ; 31 déc. 1828 ; 6 juin 1834 ; 20 juin 1839.
3. Art. 34.
4. Il n'y a plus aujourd'hui qu'une seule matrice par commune. Voir ch. vii.

lué sur le pied des meilleures terres labourables de la commune. C'est une faveur accordée à l'agriculture, fondée sur le motif que ces sortes de bâtiments ne sont pas en général productifs de revenus par eux-mêmes, mais seulement des instruments souvent onéreux servant à faire produire les propriétés rurales non bâties. Pour déterminer le caractère d'un bâtiment, il faut considérer son usage habituel; ainsi des granges et des écuries restent bâtiments ruraux, quoique momentanément affectées au logement d'ouvriers agricoles [1].

Les canaux d'irrigation sont cotisés à raison de l'espace qu'ils occupent, et sur le pied des terres qu'ils bordent [2]. Il faut rapprocher des précédents les canaux de navigation. D'après la loi de frimaire, le revenu imposable de ces derniers était ce qui reste au propriétaire, déduction faite sur le produit total, calculé sur un nombre d'années déterminé, de la somme nécessaire pour l'indemniser des diverses constructions et ouvrages d'art, et des frais de dépérissement et d'entretien. Cette disposition a été changée par la loi du 5 floréal an XI. « Tous les canaux de navigation qui seront faits à l'avenir, soit aux dépens du domaine public, soit aux dépens des particuliers, ne seront taxés à la contribution foncière qu'en raison du terrain qu'ils occupent, comme terres de première classe. » La loi du 23 juillet 1820 a étendu ce texte à tous les canaux existants, c'est-à-dire aussi bien à ceux qui étaient construits avant qu'à ceux qui ont été construits après la loi de l'an XI.

Nous n'avons aucune disposition générale qui concerne les chemins de fer. Faut-il en conclure que les chemins de fer doivent être assimilés aux grandes routes, et comme tels exempts de la contribution foncière, en vertu de l'article 103 de la loi du 3 frimaire an VII? Mais nous venons de voir que les canaux, à la différence des routes, sont sujets à la contribution foncière. C'est que ces canaux sont productifs de

1. C. d'Ét., 16 déc. 1830.
2. Art. 104.

revenus. Comme il en est de même des chemins de fer, il faudra donc les assimiler aux canaux de navigation. Aussi les cahiers des charges annexés aux lois et aux décrets portant création de chemins de fer contiennent-ils cette clause que la contribution foncière sera établie en raison de la surface des terrains occupés par le chemin de fer et par ses dépendances, et que la cote en sera calculée comme pour les canaux. Quant aux magasins et bâtiments dépendant de l'exploitation, ils sont assimilés aux propriétés bâties de la localité, et la compagnie doit payer les contributions foncières auxquelles ils sont assujettis.

Les ponts appartenant à des particuliers et à des compagnies ne sont évalués que pour le terrain qu'occupent les deux culées sur le pied des meilleures terres labourables [1]. Cette disposition est applicable aux ponts assujettis à un péage au profit d'une compagnie d'actionnaires, et il n'y a pas lieu d'adopter pour base la valeur locative des prix de fermage s'il en existe.

Il faut enfin remarquer que la législation sur l'assiette de la contribution foncière ne suit pas entièrement les règles du droit civil pour déterminer la nature des biens qu'elle grève. C'est ainsi que la loi du 18 avril 1836, article 2, décide, contrairement à l'article 531 du Code civil, que les bains et moulins sur bateaux, bacs, blanchisseries, et autres semblables, sont soumis à la contribution foncière, alors même qu'ils ne sont pas construits sur piliers ou pilotis, mais seulement retenus par des amarres. Le Conseil d'État a même étendu ce texte aux bacs libres et non amarrés [2].

1. *Rec. méth.*, 390.
2. C. d'Ét., 27 mai 1839.

CHAPITRE III

Des exemptions d'impôt.

Dans son instruction législative sur la contribution foncière, l'Assemblée constituante, le 23 novembre 1790, s'exprimait en ces termes : « La contribution foncière a pour un de ses principaux caractères d'être indépendante des facultés du propriétaire qui la paye ; elle a sa base sur les propriétés foncières et se répartit à raison du revenu net de ces propriétés. On pourrait donc dire avec justesse que c'est la propriété qui seule est chargée de la contribution et que le propriétaire n'est qu'un agent qui l'acquitte pour elle avec une portion des fruits qu'elle donne. »

L'impôt foncier a donc un véritable caractère de réalité. Il en résulte : 1° que les causes d'exemption de l'impôt foncier doivent être accordées à la propriété elle-même et non à son détenteur ; 2° que les propriétés foncières doivent être imposées dans les communes où elles sont situées et non dans celles où habite leur possesseur.

« Le temps des priviléges est passé, ajoutait l'Assemblée, et aucune propriété ne doit être soustraite à la loi salutaire de l'égalité. »

Ces principes sont consacrés par l'article 2 de la loi du 3 frimaire an VII : « La répartition de l'imposition est faite par égalité proportionnelle sur toutes les propriétés foncières...» Telle est la règle générale, mais la loi ajoute aussitôt qu'il y a des exemptions motivées par l'intérêt public, ou par la nécessité d'encourager l'agriculture. Ces exemptions se divisent en deux grandes classes : les unes sont permanentes, les autres sont temporaires.

§ 1. — Exemptions permanentes.

D'une manière générale, on peut dire que les immeubles de l'État, des départements, des communes, sont affranchis de la contribution foncière, à la double condition qu'ils soient affectés à un service public, et qu'ils ne soient pas productifs de revenus. Dans les domaines non productifs, on comprend toutes les propriétés de l'État dont les produits ne sont ni affermés ni vendus. On va même jusqu'à considérer comme improductif un bien dont les produits sont utilisés directement par divers services publics [1].

En conséquence, ne seront point taxées les rues, les places publiques servant aux foires et aux marchés, les grandes routes, les chemins vicinaux et les rivières [2]. Il en sera de même des carrefours, ponts et promenades publiques. Mais une promenade qui appartiendrait à un particulier devrait être cotisée, alors même qu'il en permettrait l'usage aux habitants de la commune, parce qu'il ne suffit pas pour qu'un immeuble jouisse de l'immunité qu'il soit improductif et consacré à un but d'utilité générale, il faut encore qu'il appartienne à l'État, au département, à la commune [3].

L'exemption profite aux halles couvertes, mais non closes, lors même que les communes y perçoivent des droits de place, lesquels sont moins considérés comme un revenu que comme un impôt municipal [4]. Mais les halles fermées, ne pouvant plus être regardées comme une dépendance de la voie publique, seraient soumises à l'impôt [5]. Quant aux édifices

1. C. d'Ét., 4 juill. 1837.
2. Art. 104, 1. frim. an VII.
3. *Rec. méth.*, 399.
4. Avis du Cons. d'Ét., 27 av. 1830.
5. C. d'Ét., 26 oct. 1836.

servant aux abattoirs et appartenant aux communes, ils ne jouissent d'aucune immunité. Ils sont en effet productifs de revenus. Peu importe que les droits d'abattage aient été abandonnés par la commune aux constructeurs, car alors cet abandon a dispensé la commune de pourvoir aux frais de construction, et les revenus de l'abattoir tournent ainsi indirectement à son profit ; peu importe encore que les droits d'abattage soient perçus sous forme d'octroi [1].

L'art. 105 de la loi du 3 juin an VII indique, parmi les domaines réservés à un service public et non cotisables, les palais des Assemblées, le Panthéon, les bâtiments destinés au logement des ministres et de leurs bureaux, les arsenaux, magasins, casernes, etc., etc., et autres établissements dont la destination a pour objet l'utilité générale. Cet article a été complété par un décret impérial du 11 août 1808, qui n'a jamais été promulgué officiellement et dont la force obligatoire pourrait, par conséquent, être contestée ; mais l'art. 403 du *Recueil méthodique* en reproduit exactement les termes. D'après ce décret, sont aussi exempts de la contribution foncière : les jardins, châteaux et bâtiments royaux, les palais du Sénat et du Corps législatif, les jardins et parcs en dépendant, le Panthéon, l'hôtel des Invalides, les Écoles militaire et polytechnique, la Bibliothèque, le Jardin des Plantes, les bâtiments affectés au logement des ministres, des administrations et de leurs bureaux ; — les églises et les temples consacrés à un culte public, les cimetières, les archevêchés, évêchés et séminaires, les presbytères et jardins en dépendant ; — les bâtiments occupés par les cours de justice et les tribunaux ; — les lycées, écoles et maisons nationales d'éducation, les bibliothèques publiques, musées, jardins de botanique des départements, leurs pépinières et celles de l'administration ; — les préfectures, sous-préfectures et leurs jardins ; les maisons communales et les maisons d'école appartenant aux communes.

1. C. d'Ét., 19 juill. 1837 et 5 sept. 1840.

Les immeubles appartenant aux établissements publics légalement reconnus jouissent d'une immunité permanente, à condition qu'ils justifient de ces deux conditions : absence de revenus, destination d'utilité publique.

Mais on ne saurait reconnaître le caractère d'établissement public aux associations particulières d'éducation ou de bienfaisance même légalement reconnues, mais indépendantes de l'administration. Pour prétendre à l'exemption, il faut que ces personnes morales aient été spécialement instituées par la loi comme services publics. Sont ainsi exceptés les hospices et jardins y attenant [1] et tous les établissements publics de charité et d'utilité générale, tels que les bureaux de bienfaisance, caisses d'épargne, asiles publics d'aliénés, institutions publiques d'aveugles et de sourds-muets.

D'après M. Durrieu dans son ouvrage sur les contributions directes, l'exemption établie en faveur des hospices doit être appliquée aux Monts-de-Piété [2]. Une décision ministérielle du 17 juin 1831 les considère pourtant comme des propriétés productives. On ne taxera pas non plus les écoles secondaires ecclésiastiques, ni les bâtiments appartenant à une fabrique et affectés par celle-ci à la tenue d'une école primaire [3]. Mais la contribution foncière pèse sur les établissements de bienfaisance appartenant à une société particulière, et sur les congrégations religieuses autorisées en tant que sociétés particulières à tenir des écoles où l'on paie un prix de pension [4].

Les maisons appartenant aux Frères de la Doctrine chrétienne, et affectées par eux au service d'une école gratuite, doivent-elles être exemptes ? La négative est évidente ; car il s'agit d'une association particulière, indépendante de l'administration ; et le caractère de service public ne suffit pas à lui seul pour entraîner l'immunité. Mais en sera-t-il de même

1. Décret de 1808.
2. Dans ce sens, arrêt du C. d'Ét., 19 janv. 1844.
3. Ar. C. d'Ét., 19 juin 1838.
4. C. d'Ét., 8 janv. 1836 ; 12 av. 1843 ; 10 fév. 1845.

lorsque ces écoles reçoivent une subvention sur les fonds communaux? La jurisprudence du Conseil d'État a varié sur ce point. Les arrêts du 26 avril 1847 et du 25 août 1848 les soumettent à la contribution foncière. Deux arrêts subséquents (26 avril 1851 et 3 mai 1851) admettent l'exemption en se fondant sur ce que le décret du 12 août 1808 exempte tous les bâtiments dont la destination a pour objet l'utilité publique.

M. Serrigny combattit ce système dans la *Revue critique de jurisprudence*, comme constituant une fausse application de nos lois au point de vue de la contribution foncière et au point de vue de l'instruction publique. Sous le premier rapport, on a vu que le décret de 1808 qui étendait les lois antérieures n'exempte que les maisons d'école appartenant aux communes. Or les maisons de particuliers ou de congrégations religieuses, employées comme maisons d'école, même tenues gratuitement, ne sont pas des maisons appartenant aux communes. Sous le deuxième rapport, l'art. 8 de la loi du 28 juin 1833 porte : « Les écoles primaires publiques sont celles qu'entretiennent, en tout ou en partie, les communes, les départements, l'État. » — Entretenir une école ne veut pas seulement dire la subventionner ; on entretient une école quand on supporte la dépense principale qu'elle entraîne ; on la subventionne quand on vient à son aide [1]. Il y a là une nuance bien sensible. Ce système, soutenu aussi par M. Batbie, est adopté par la jurisprudence la plus récente du Conseil d'État.

Il y a exemption encore pour les manufactures de poudre de guerre, de tabacs et autres, au compte du gouvernement ; pour les haras, pour les fortifications, glacis, arsenaux et autres établissements militaires ; exemption qui cesse pour les portions de terrain dont l'État tire parti [2], par exemple les remparts et fortifications dont les herbages ont été affermés.

1. Voir *Questions de droit administratif*, p. 235.
2. Décis minis., 5 janv. 1830.

La règle que les biens de l'État qui produisent des revenus doivent payer l'impôt reçoit exception à l'égard des bois de l'État. Cette dérogation était fondée, d'après la loi du 19 ventôse an IX, sur ce que leurs produits les plus importants étaient affectés aux divers services publics. Aujourd'hui les forêts donnent annuellement des revenus considérables ; mais le privilége qui leur avait été accordé s'est conservé. Il cesse lorsque les forêts passent dans les mains des particuliers. On les cotise alors d'après une matrice particulière, par comparaison avec les types adoptés lors des évaluations cadastrales [1].

Aux termes des lois du 18 juillet 1866, art. 6, et du 24 juillet 1867, art. 4, les bois et forêts de l'État doivent contribuer aux centimes ordinaires ou extraordinaires, perçus au profit du département et de la commune dans lesquels ils se trouvent situés, et ce dans la proportion de la moitié de leur valeur imposable.

§ 2. — **Exemptions temporaires.**

Les exemptions temporaires sont relatives : 1° aux propriétés bâties ; 2° aux propriétés non bâties.

Propriétés bâties. — Les faits qui peuvent donner lieu à l'exemption sont la vacance, — la construction, — la reconstruction.

En ce qui concerne la vacance, la législation n'a pas été fixe. — Aux termes de l'art. 84 de la loi du 3 frimaire an VII, les maisons qui restaient inhabitées pendant un an devaient être cotisées seulement à raison du terrain qu'elles enlevaient à la culture. Il y avait donc lieu pour le contribuable injustement imposé à une demande en décharge ou en réduction, c'est-à-dire à une réclamation fondée sur un droit acquis, et jugée comme matière contentieuse par le conseil de préfec-

____

1. C. d'Et., 18 déc. 1822.

ture [1], sauf réimposition sur les autres contribuables de la commune dans l'exercice suivant. Au contraire, la loi du 15 septembre 1807 refusa toute réduction pour perte de revenus résultant de la vacance des loyers. Les propriétaires n'avaient donc d'autre ressource que la demande en remise ou en modération, adressée au préfet, puis au ministre, qui statuaient l'un et l'autre à titre gracieux. Quant à la somme dont on les libérait, elle était prise sur le fonds de non-valeurs. Un moyen-terme a été adopté par la loi de finances de 1833, dont l'art. 5 est ainsi conçu : « Dans les villes de 20,000 âmes et au-dessus, lorsque les conseils municipaux en auront fait la demande, les vacances pendant un trimestre au moins de tout ou partie de la maison dont les propriétaires ne sont pas dans l'usage de se réserver la jouissance pourront, en cas d'insuffisance des sommes allouées sur les fonds de non-valeurs, donner lieu à un dégrèvement d'impôt afférent au revenu perdu : ces dégrèvements seront prononcés par les conseils de préfecture à titre de décharges et de réductions et réimposés au rôle foncier de l'année qui suivra la décision.» Ainsi dans l'état actuel il faut distinguer deux hypothèses. S'agit-il d'une ville dont la population est inférieure à 20,000 âmes, les vacances des maisons destinées à la location ne peuvent jamais donner lieu qu'à une demande en remise ou modération. Dans les villes au-dessus de 20,000 âmes, au contraire, si les conditions exigées par la loi de 1833 ont été remplies, il y aura lieu à une demande en décharge ou réduction, avec toutes les conséquences attachées à ce genre de réclamation [2].

Quant au fait de construction et de reconstruction, il fait l'objet de l'art. 88 de la loi du 3 frimaire an VII, ainsi conçu : « Les maisons, fabriques et manufactures, forges, moulins et autres usines nouvellement construites ne seront soumis

---

1. Les conseils de préfecture furent institués un an après par la loi du 28 pluviôse an VIII.

2. Voir plus loin.

à la contribution foncière que la troisième année après leur construction. Le terrain qu'ils enlèvent à la culture continuera d'être cotisé comme il l'était auparavant. Il en sera de même pour tous autres édifices nouvellement construits ; le terrain seul sera cotisé pendant les deux premières années. »

Il n'est point difficile de constater quand il y a construction ; mais que faut-il entendre par reconstruction ? Le Conseil d'État a eu à statuer sur diverses espèces, qui avaient donné matière à contestations. Ainsi il a été décidé [1] notamment qu'un propriétaire qui démolit les distributions de sa maison, et qui exécute ainsi des travaux importants à l'intérieur, mais en conservant les murs de face, ne reconstruisait pas dans le sens de l'exemption, à moins que les murs ne soient qu'un accessoire de l'immeuble, comme lorsqu'il s'agit d'un moulin incendié que le propriétaire fait remplacer à neuf en se servant des murs conservés [2]. L'addition de deux étages à ceux dont se compose une maison constitue une construction nouvelle, mais non pas une reconstruction, et dès lors l'exemption temporaire doit s'appliquer non pas à toute la maison, comme si elle eût été reconstruite, mais seulement aux deux étages nouvellement construits [3].

Quel sera le point de départ de ce délai de deux ans ? Des nombreuses décisions rendues par le Conseil d'État sur cette matière, on peut tirer cette règle générale, que l'exemption court à partir du moment où l'édifice, soit construit, soit reconstruit, est devenu habitable. Par maison habitable, il faut entendre une habitation permanente, et non l'occupation momentanée de quelques chambres [4]. Si l'immeuble se composait de plusieurs parties terminées à diverses époques et mises successivement en valeur, il y aurait lieu de constater ces époques diverses et de déterminer pour chacune

1. C. d'Ét., 28 nov. 1834.
2. C. d'Ét., 15 oct. 1826.
3. C. d'Ét., 22 mai 1840.
4. C. d'Ét., 31 mai 1833 ; 17 déc. 1841.

sa quotité du revenu imposable de chaque construction [1].

Pour encourager les constructions dans la ville de Paris, plusieurs lois ont accordé des délais bien plus considérables aux maisons bâties dans certains quartiers déterminés. Nous nous bornerons à indiquer les lois du 13 juillet 1848 et du 3 mai 1854.

Propriétés non bâties. — Ces exemptions sont toutes accordées dans l'intérêt de l'agriculture.

Les articles 111 à 115 de la loi de frimaire garantissent au propriétaire que les améliorations qu'il fera n'auront pas pour résultat immédiat de lui attirer une augmentation d'impôt. Le délai de tolérance qu'on lui accorde ainsi dure pendant un intervalle qui varie depuis cinq ans jusqu'à trente, selon la nature des travaux et le degré de faveur dont ils ont paru dignes.

La cotisation des marais desséchés ne peut être augmentée pendant les vingt-cinq premières années après le dessèchement achevé (art. 111).

La cotisation des terres en friche depuis dix ans, qui sont plantées ou semées en bois, ne peut être augmentée pendant les trente premières années du semis ou de la plantation (art. 113).

La cotisation des terres vaines et vagues en friche depuis quinze ans qui sont plantées en vignes, mûriers, ou autres arbres fruitiers, ne peut être augmentée pendant les vingt premières années de la plantation (art 114).

Celle des terres vaines et vagues depuis quinze ans, qui sont mises en culture autre que celle qui vient d'être désignée, ne peut être augmentée pendant les dix premières années (art. 112).

Le revenu imposable des terrains déjà en valeur, qui sont ensuite plantés en vignes, mûriers, ou autres arbres fruitiers, ne peut être évalué pendant les quinze premières années de la plantation qu'au taux de celui des terrains d'égale valeur non plantés (art. 115).

---

1. C. d'Et., 24 déc. 1818.

L'art. 116 de la même loi établit un privilége encore plus étendu : il accorde à celui qui plante ou sème un bois dans un terrain déjà en culture une réduction pendant trente ans des trois quarts de l'impôt foncier qui grevait son fonds. — L'art 228 du Code forestier contient une disposition analogue : « Les semis et plantations de bois sur le sommet et le penchant des montagnes et sur les dunes sont exempts de tout impôt pendant vingt ans. » Il y a cette différence entre ces deux articles, que l'art. 116 n'est applicable qu'aux terrains en valeur et n'accorde qu'une exemption de trois quarts ; tandis que l'art. 228 exige seulement que la plantation ait lieu sur les montagnes et les dunes, et accorde dans ce cas une exemption entière aux terrains même non en valeur au moment de la plantation. — On peut ajouter aussi que l'article du Code forestier n'exige pas, des propriétaires qui veulent jouir du privilége qu'il concède, l'accomplissement des formalités prescrites par les art. 117 et suivants de la loi de frimaire.

En effet, le propriétaire qui est dans l'intention d'obtenir les exemptions temporaire, que cette loi met à sa disposition est soumis à une condition préalable à titre de garantie. Cette condition consiste dans une déclaration, reçue par le sous-préfet de l'arrondissement dans lequel les biens sont situés [1] ou par le maire qui la transmet au sous-préfet. Ce dernier fait procéder à la visite des terrains ; il en est dressé un procès-verbal, qui reste affiché pendant vingt jours, durant lesquels les répartiteurs et les autres contribuables de la commune peuvent contester la déclaration. Après ce délai, le sous-préfet décide. Sa décision peut être attaquée devant le conseil de préfecture, qui statue, sauf recours au Conseil d'État. Cette attribution de compétence au conseil de préfecture et au Conseil d'État s'explique par l'idée que la demande du propriétaire est au fond une demande en décharge ou en réduction.

1. La loi de frimaire parle des administrations municipales, dont les sous-préfets exercent aujourd'hui les attributions.

D'après deux circulaires, l'une du 1er mars 1830, l'autre du 10 mai 1832, le dégrèvement ainsi obtenu devait être réparti entre les autres propriétés de la commune, de l'arrondissement ou du département. Mais le Conseil d'État a jugé avec raison que ce dégrèvement devait s'imputer sur le fonds de non-valeurs [1]. Il est en effet évident qu'il n'y a aucune faute à imputer aux répartiteurs, et que c'est la matière imposable qui se trouve momentanément diminuée. Il ne doit donc pas y avoir lieu à réimposition sur la masse des contribuables.

Il reste une difficulté à résoudre. La loi du 15 septembre 1807 a établi, comme on le verra plus loin, dans son article 37, la fixité des évaluations cadastrales. Quelles que soient les améliorations qu'on apporte aux propriétés non bâties, leur cotisation ne change pas dans les communes cadastrées. Or, comme aujourd'hui toutes le sont, à quoi sert de remplir les formalités que nous venons d'indiquer? Les articles de la loi de frimaire, relatifs aux exemptions ne sont-ils pas virtuellement abrogés par la permanence des évaluations cadastrales?

M. Serrigny tranche la question [2] en distinguant entre les art. 111 à 116 de la loi de frimaire, qui se bornent à maintenir le *statu quo* pendant un certain nombre d'années à l'égard du propriétaire qui a amélioré son fonds, et les art. 116 de la même loi et 228 du Code forestier, qui lui accordent une réduction de l'impôt antérieur. Pour les premiers, il est certain que si les opérations du cadastre ne sont pas changées pendant les délais fixés par ces articles, les propriétaires seront sans intérêt à invoquer leurs dispositions, puisque la loi commune actuelle, c'est-à-dire la loi du 15 septembre 1807 (art. 37), garantit tous les propriétaires de terrains non bâtis contre les augmentations d'impôt à raison des améliorations qu'ils peuvent faire à leurs fonds. Mais

---

1. C. d'Ét., 1er sept. 1832; 14 août 1850.
2. *Questions de droit administratif*, p. 242.

comme le principe de la fixité des évaluations cadastrales peut
être changé et que d'ailleurs l'art. 7 de la loi du 7 août 1850
autorise, sous certaines conditions, la révision et le renouvellement du cadastre dans toute commune cadastrée depuis
trente ans au moins, il en résulte que tous les propriétaires
ont un intérêt réel éventuel à se prémunir contre ces augmentations possibles d'impôts, en s'assurant d'avance pour la
durée respective établie par les textes dont il s'agit.

Quant aux avantages conférés par l'art. 116 de la loi de
l'an VII et par l'art. 228 du Code forestier, on peut en
jouir immédiatement sans que le principe de la fixité des
évaluations cadastrales y fasse obstacle. S'il en était autrement, il faudrait dire que ces articles ne seraient applicables
dans aucune commune, puisque toutes sont aujourd'hui cadastrées.

Les circonstances ont d'ailleurs donné raison au système
ingénieux de M. Serrigny. — La loi du 21 mars 1874, en établissant que « les parcelles figurant sous des dénominations
diverses sur les états de sections des communes comme
terres incultes ou improductives et cotisées comme telles, et
qui ont été mises en culture ou sont devenues productives depuis la confection du cadastre, seront évaluées et cotisées
comme les autres propriétés de même nature et d'égal revenu de la commune où elles sont situées et accroîtront le
contingent dans la contribution foncière de la commune, de
l'arrondissement, etc., etc.; » cette loi a donné une importance
incontestable aux articles 111, 112, 113, 114 de la loi de frimaire, qu'elle a laissés subsister. On ne pourrait pas non plus
maintenant invoquer à l'encontre des art. 116 et 225 le principe de la fixité des évaluations cadastrales ; car la loi de 1874,
admettant le principe du dégrèvement au profit des propriétaires de parcelles qui ont cessé d'être cultivées et productives, *à fortiori* faudra-t-il en accorder le bénéfice aux propriétaires des art. 116 et 225, qui l'ont reçu d'une disposition
spéciale.

CHAPITRE IV

Répartition de l'impôt.

Après avoir déterminé l'objet positif sur lequel l'impôt foncier doit être assis, et le mode d'évaluation considéré comme le plus propre à préciser cet objet même, il faut indiquer de quelle manière le revenu imposable de la propriété va être atteint par l'impôt.

On sait qu'au point de vue de leur assiette on divise les impôts en impôts de répartition et en impôts de quotité.

Si l'autorité compétente détermine par avance la somme à recouvrer par voie d'imposition foncière, et que la cote d'une parcelle déterminée doive être fixée comme une partie proportionnelle de ce tout; si en même temps les parties de l'impôt qui n'ont pu être recouvrées, comme indûment imposées, sont réimposées sur la masse des contribuables, assujettis sous ce rapport à une indivision, sinon à une véritable solidarité, l'impôt est de répartition [1].

A l'inverse, si au lieu de fixer un total le législateur n'a déterminé qu'un *coefficient* abstrait, un *prorata* relatif au revenu, la cote de chaque parcelle est déterminée en elle-même d'une manière absolue et nullement comme la partie d'un tout; l'impôt est alors de quotité. — Tandis que le gouvernement connaît d'avance, d'une manière exacte, le montant des contributions de répartition, puisqu'il est écrit dans la loi

---

1. De Parieu, *De l'impôt*, tome I, page 263.

du budget d'une manière fixe, il ne peut connaître le montant des impôts de quotité que par des présomptions et des comparaisons tirées des années précédentes.

En France, l'impôt foncier est un impôt de répartition; ce qui veut donc dire qu'on établit d'abord la somme totale dont on a besoin pour les différents services publics et que cette somme est répartie d'échelon en échelon, jusqu'à ce qu'elle aille réclamer à chaque contribuable sa part contributive.

Comme la taille, qui était répartie successivement entre les généralités, les élections et les paroisses, l'impôt foncier est réparti successivement entre les départements, les arrondissements et les communes.

Nous allons étudier : 1° les autorités chargées de cette répartition; 2° les documents sur lesquels elle doit s'appuyer.

§ 1. — Autorités chargées de la répartition [1].

La répartition est par sa nature œuvre du législateur, car il s'agit en dernière analyse d'arriver à déterminer la quote-part de chaque contribuable; mais le pouvoir législatif ne peut entrer dans tous les détails. Il se borne à répartir le contingent national entre les départements, déléguant aux conseils locaux électifs le soin de faire le reste. Tous les ans la loi de finances fixe le montant de la contribution foncière pour toute la France et l'un des *états de répartement* (tableaux annexés, au nombre de trois, à cette loi) fait connaître la part afférente à chaque département.

Après le vote du budget, les conseils généraux et les conseils d'arrondissement sont convoqués par décret du président de la République, à l'effet d'opérer la répartition entre les circonscriptions territoriales qu'ils représentent. Le conseil d'arrondissement se réunit en première session avant le conseil général. Il délibère sur les réclamations auxquelles a donné lieu le contingent de l'arrondissement et sur les de-

---

1. Voir : Lois du 10 mai 1838 et du 20 pluviose an VIII. Arrêté du 19 flor. an VIII.

mandes en réduction formées par les communes. Il donne son
avis motivé sur ces demandes et transmet le tout au préfet du
département.

La réunion du conseil général suit immédiatement la première session du conseil d'arrondissement. Le préfet a soin
de préparer à l'avance tous les documents et les remet au
conseil général avec le travail des conseils d'arrondissement, dès les premiers jours de la session. Le conseil général
statue d'abord sur les demandes en réduction formées par les
arrondissements et les communes et répartit ensuite la contribution foncière entre les arrondissements.

Si le conseil général ne se réunissait pas, ou s'il se séparait sans avoir arrêté la répartition, les mandements des
contingents assignés à chaque arrondissement seraient délivrés par le préfet, d'après les bases de la répartition précédente, sauf les modifications à porter en vertu des lois et
règlements, c'est-à-dire sauf les changements survenus dans
la matière imposable.

La répartition de la contribution foncière entre les arrondissements est portée sur l'un des trois tableaux dressés par le
conseil général. Ce tableau est comme les deux autres remis
au préfet qui les adresse au ministre des finances et en envoie
copie au directeur des contributions directes : en outre, il
envoie à chaque sous-préfet, avec une ampliation des délibérations et décisions du conseil général, un mandement qui lui
fait connaître le contingent de son arrondissement [1].

Ce mandement est remis avec tous les documents utiles
au conseil d'arrondissement réuni en deuxième session.

Si le conseil d'arrondissement ne se réunissait pas, ou s'il
se séparait sans avoir arrêté la répartition entre les communes, les mandements et les contingents communaux seraient
délivrés par le préfet d'après les bases de la répartition précédente, sauf les modifications à y introduire en vertu des lois
et règlements.

---

1. L. du 3 frim. an VII, art. 25, 26; 3 nivôse an VII.

La répartition entre les communes étant finie, le conseil d'arrondissement rédige trois tableaux, sur l'un desquels se trouve porté le contingent de chaque commune dans la contribution foncière. Ces tableaux sont remis au sous-préfet pour une expédition en être transmise au ministre des finances et une copie au directeur des contributions directes. Une ampliation est renvoyée au préfet, sur laquelle il expédie un mandement au maire de chaque commune, pour lui faire connaître le contingent de la commune.

La répartition entre les contribuables de chaque commune est préparée par une commission de répartiteurs, composée du maire et de son adjoint dans les communes de moins de cinq mille habitants; du maire et de son adjoint, ou de deux conseillers municipaux dans les autres; et de cinq propriétaires, dont deux au moins non domiciliés dans la commune, s'il s'en trouve de tels, et nommés par le sous-préfet. Les fonctions de répartiteurs ne peuvent être refusées sous peine d'amende, sauf les cas de dispense spécifiés par la loi.

L'époque de la réunion des répartiteurs est fixée à l'avance et le maire en prévient les contribuables par un avis publié et affiché en la forme ordinaire. Les répartiteurs sont convoqués et présidés par le maire ou l'adjoint ou à leur défaut par le plus âgé des répartiteurs. Ils procèdent de concert avec les agents des contributions directes. Ils délibèrent en commun à la majorité des suffrages. Ils ne peuvent, à peine de nullité, prendre de décision s'ils ne sont au nombre de cinq au moins présents.

Les répartiteurs ne peuvent, sous aucun prétexte, se dispenser de faire les opérations qui leur sont attribuées par la loi, à peine de responsabilité solidaire et même de contrainte pour tous les termes de la contribution assignée à leur commune, dont le recouvrement se trouverait en retard par l'effet de la non-exécution de leurs opérations dans le délai prescrit.

§ 2. — Bases de la répartition.

Les règles que nous venons d'exposer n'ont rien de spécial à l'impôt foncier. Elles s'appliquent aux trois contributions directes de répartition. Les détails dans lesquels nous allons entrer maintenant sont au contraire exclusivement propres à la contribution foncière. Nous indiquerons successivement sur quelles bases sont assises : 1° la répartition législative entre les départements ; 2° la répartition entre les arrondissements et les communes ; 3° la répartition entre les contribuables. Les deux chapitres suivants seront consacrés à cette étude.

CHAPITRE V

Répartition entre les départements. — Fixité des contingents.

Nous avons vu au livre précédent qu'après avoir remplacé les impôts multiples qui pesaient sur la terre par une contribution foncière unique, l'Assemblée constituante en avait opéré la répartition au *prorata* des anciennes impositions entre les divisions administratives nouvelles. Ce système défectueux avait amené l'inégalité la plus grande dans tous les degrés de la répartition, et l'absence complète de proportionnalité entre la contribution et le revenu. Les tentatives faites pour corriger ces défauts par les lois des 16-23 septembre 1791 et le décret du 20 mars restèrent sans résultat, mais on voit de cette époque reparaître l'idée d'un cadastre général, qui avait semblé abandonnée par la Constituante. Les inégalités et les surcharges qui viciaient la répartition faite en 1791 continuèrent donc de subsister, aggravées encore par les désordres de la période révolutionnaire. La loi du 3 frimaire an VII proclamait des principes excellents, mais elle ne remédiait point aux erreurs et aux inégalités. Les plaintes des contribuables et des agents de l'administration devinrent cependant si vives, qu'on finit par comprendre que le seul moyen de corriger cet état de choses était d'entreprendre la grande mesure devant laquelle on avait toujours reculé jusqu'à ce moment : la confection du cadastre général de la France. Mais ce ne fut point sans de nouvelles hésitations.

Le gouvernement consulaire conçut d'abord l'idée d'un cadastre sans arpentage préalable et sans levé de plans. C'est ainsi qu'une refonte générale des matrices de rôles est ordonnée par une instruction du 22 janvier 1801. Mais comme l'on se contentait de la simple déclaration des revenus, faite par les propriétaires eux-mêmes, il était impossible d'arriver ainsi à la proportionnalité que l'on cherchait.

On se résignait pourtant avec peine à entreprendre le cadastre général parcellaire. « Un cadastre général, disait le consul Lebrun, est une œuvre monstrueuse, qui coûterait trente millions et exigerait au moins vingt ans de travail ; la mensuration et l'évaluation ne sont pas les opérations les plus difficiles, c'est la connaissance des rapports des divers départements. »

On crut tourner la difficulté en adoptant le cadastre par masse de cultures. — L'arrêté des consuls du 3 novembre 1802, et l'instruction ministérielle du 10 février 1803, ne le considéraient que comme une opération partielle qui consistait à mesurer et à évaluer dix-huit cents communes désignées par le sort et destinées à servir de terme de comparaison pour toutes les autres. A cet effet, on demandait aux propriétaires la contenance des parcelles qu'ils possédaient dans chacune des masses de culture entre lesquelles était divisée la commune, on tâchait de contrôler ces déclarations qui étaient souvent fausses, puis, si l'on n'obtenait pas une contenance exacte au total du périmètre tout entier, on faisait reporter par une répartition générale la différence, qui était toujours en moins, sur chacune des contenances déclarées. Il en résultait que le propriétaire qui avait fait une déclaration loyale se trouvait lésé par la fausse déclaration de ses voisins.

On pensait pouvoir ainsi déterminer le revenu des biens-fonds de même nature dans d'autres communes, au moyen des rapprochements prescrits par l'Instruction ministérielle ; mais on en reconnut bientôt l'impossibilité, et un arrêté du 22 octobre 1803 ordonna l'arpentage et l'expertise, par masses de culture, de toutes les communes de France.

Les résultats de cette opération devaient être centralisés au ministère sur un registre en quarante volumes, mentionnant commune par commune d'un côté la contenance, de l'autre le revenu imposable de chaque masse de culture ; le quarantième volume devait présenter la récapitulation des trente-neuf autres, par arrondissement et par département. On aurait ainsi possédé une statistique fort exacte du nombre d'hectares de chaque nature de culture, et des revenus imposables par commune, par arrondissement, par département.

Sur ces bases, l'impôt foncier fixé par le budget devait être réparti entre les départements, puis entre les arrondissements de chaque département, et enfin entre les communes de chaque arrondissement. En dernier lieu, la commune opérait la répartition de la portion qui la concernait, en se basant sur la contenance et le revenu de chaque parcelle fixée par la déclaration du propriétaire.

Ce système était encore incomplet. Le cadastre par masses de culture pouvait bien servir à rectifier la répartition générale, en faisant connaître les forces respectives des communes et par suite des départements ; mais restait dans ce cas à rectifier la répartition individuelle, celle de contribuable à contribuable.

Le cadastre parcellaire pouvait seul amener l'égalité sur ce point : « Dans beaucoup de communes, les propriétaires demandent qu'il soit procédé à leurs frais à la confection d'un parcellaire qu'ils préfèrent à des déclarations dont l'exactitude ne dépend pas toujours de leur bonne volonté, » disait le rapporteur du compte de l'administration des finances en 1806. Ce cadastre parcellaire fut prescrit l'année suivante par le titre x de la loi du 15 septembre 1807, préparée par une commission de géomètres en chef et de directeurs des contributions directes que présidait M. Delambre, secrétaire perpétuel de l'Académie des sciences. Cette loi fut suivie d'un règlement en date du 27 janvier 1808 et un peu plus tard du recueil méthodique des lois et décrets sur le cadastre.

Le but de la loi de 1807 ressort clairement des paroles

que prononça le ministre des finances, lors de la présentation du projet. « Nous marchons, dit-il, vers le rétablissement de l'égalité proportionnelle entre les communes, qui conduira par une gradation insensible au rapport à établir entre tous les départements. Ce rapport s'établira naturellement par le résultat général du cadastre ; il présentera le montant du produit net imposable dans chacune des communes de France et par conséquent dans l'ensemble de chaque département. Alors la contribution foncière reprendra le double caractère d'impôt proportionnel et d'impôt de quotité, que l'Assemblée constituante avait voulu lui donner, mais dont elle n'était pas susceptible tant que la matière imposable n'était pas connue. Cette base une fois acquise, la loi dira : La contribution foncière sera du neuvième, par exemple, des revenus nets constatés par les matrices cadastrales des diverses communes de chaque département. Il résultera de cette disposition générale que le gouvernement aura certainement cette somme à sa disposition et qu'en même temps aucun propriétaire ne pourra être imposé au delà du neuvième de son revenu. »

Ainsi, dans la pensée du législateur, le cadastre parcellaire devait servir non-seulement à assurer l'égalité proportionnelle entre les contribuables d'une même commune, mais encore à rectifier la péréquation de l'impôt entre les communes, les arrondissements et les départements. On voulait, grâce à l'allivrement, c'est-à-dire à la connaissance des revenus de tous les immeubles, pouvoir demander à chacun une quote-part de ses bénéfices ; tout en connaissant d'avance le total des prestations, on aurait par ce moyen cumulé les avantages de l'impôt de quotité et de l'impôt de répartition. En effet, une fois l'évaluation de chaque parcelle exécutée, l'addition de toute la valeur des parcelles d'une commune eût donné la valeur totale de cette commune, l'addition des valeurs totalisées de toutes les communes de l'arrondissement eût donné la valeur de l'arrondissement ; et, en continuant ainsi, on eût obtenu la valeur de chaque département, puis de la France entière. Or, comme chaque année on détermine le montant de l'impôt foncier, on avait deux termes connus, la matière imposable d'un côté, la cotisation qu'on lui demande de l'autre ; avec ces deux termes, il n'y avait qu'une série d'opérations arithmétiques fort simples à faire pour arriver à déterminer la part de chaque département, de chaque arrondissement, de chaque commune. Si ce système avait prévalu, on voit bien que la contribution foncière eût pris un caractère de quotité ; car, comme le remarque M. Serrigny [1], la masse des revenus étant fixée, chaque fois que le pouvoir législatif aurait voté la contribution foncière, le rapport de cette contribution au revenu imposable, ou le centime le franc, aurait été connu pour toutes les cotes des contribuables, et il aurait suffi de multiplier le revenu de chaque contribuable par ce centime le franc uniforme pour avoir la cote de chaque contribuable. L'égalité proportionnelle eût donc été atteinte, puisque chaque propriétaire n'eût payé qu'un tant pour cent de la valeur uniformément déterminée de la propriété.

Ces résultats que l'on demandait au cadastre sont ceux qu'il doit fournir rationnellement ; il les produisait dans l'Empire romain, et dans l'ancien droit on les considérait comme le *desideratum* des réformes que l'on voulait apporter au régime des tailles. Il semble dès lors qu'ils auraient dû être appelés de tous les vœux des contribuables : il n'en fut rien. Les propriétaires entrevirent avec inquiétude la possibilité de leur réalisation, et ils jugèrent attentatoire à leurs droits cette tendance avouée d'attribuer à l'avance à l'État une partie de leurs revenus. Cette transformation de l'impôt n'eût pourtant pas entraîné les inconvénients que l'on a annoncés à cette époque et que l'on veut quelquefois encore y voir aujourd'hui. Ces deux formes de l'impôt, la répartition et la quotité, quoique partant de points opposés, sont bien moins contraires dans la pratique en présence d'un

1. *Quest. de droit admin.*, page 248.

cadastre bien exécuté qu'on ne serait porté à le présumer d'après le premier aspect de leur différence fondamentale. « Supposons, nous dit M. de Parieu [1], qu'un cadastre exact représente au législateur le chiffre d'un milliard comme celui des revenus nets du sol d'un pays, déterminer dans ce pays la levée d'un impôt de cinquante millions, ou celle d'une contribution de 5 0/0 serait exactement la même chose pour la masse des contribuables et pour le Trésor de l'État. » C'est d'après cette uniformité cadastrale qu'on a cherché à asseoir la contribution foncière dans plusieurs provinces d'Autriche. Les avantages des deux systèmes y sembleraient rapprochés et pour ainsi dire confondus.

Nous croyons en effet, sans nous dissimuler les difficultés de la tache, que l'idéal à poursuivre, sous ce rapport, serait le perfectionnement du cadastre à un degré suffisant pour servir d'unique base à tous les degrés de la répartition, comme le voulait le législateur de 1807. Mais il faudrait pour cela posséder le revenu net, établi sur des bases absolument identiques, pour toutes les parcelles qui composent le sol de la France. Or ces revenus nets sont déterminés par le cadastre et jusqu'à présent cette partie des opérations a été si mal faite que l'on peut dire qu'il y a eu autant de résultats différents que de communes. La grande entreprise qui a duré de 1807 à 1850 manquait d'ailleurs d'une condition essentielle, la simultanéité des opérations. Cette circonstance devait apporter dans les résultats des perturbations d'autant plus grandes que les innovations modificatives de la valeur des propriétés ont été plus nombreuses dans cette période.

On n'a pas été longtemps à comprendre que sans un cadastre vraiment uniforme, et symétrique par rapport à l'ensemble du pays, la répartition telle que l'entendait le législateur de 1807 produirait des inégalités collectives considérables au détriment de telle ou telle circonscription. Dès les premières opérations, en effet, on avait pu se convaincre que

---

1. *Traité des impôts,* tome I, page 259.

les allivrements, c'est-à-dire les sommes auxquelles le revenu net imposable est fixé par le cadastre, n'étaient point établis dans une exacte proportion. On renonça donc à l'idée de le faire servir de base unique aux trois premiers degrés de la répartition. C'est ce qui eut lieu pour la répartition entre les départements en vertu de la loi du 15 mai 1818, art. 38, dont voici le texte :

« Il sera présenté dans la prochaine session des Chambres un nouveau projet de la répartition foncière entre les départements. Les bases de cette nouvelle répartition seront les résultats déjà obtenus par le cadastre, les notions fournies par la comparaison des baux, des ventes faites dans différentes localités, et enfin tous les autres renseignements qui sont au pouvoir de l'administration et qui tendent à faire connaître l'étendue du territoire ou la matière imposable en chaque département. »

A partir de cette loi, le cadastre ne fut donc plus que l'un des éléments à prendre pour la répartition : les autres éléments furent les baux et les ventes. Nous verrons plus loin qu'il ne sert plus aujourd'hui qu'à la répartition de la contribution foncière entre les contribuables d'une même commune.

Si l'on renonçait à la péréquation collective, il fallait cependant faire droit aux plaintes nécessitées par les inégalités de la répartition générale, qui variait selon les départements du cinquième au dix-septième du revenu. A la suite de travaux destinés à comparer la proportion de l'impôt foncier avec le revenu net imposable, et accomplis par une commission spéciale, on trouva que pour toute la France la moyenne de la contribution foncière était du huitième au neuvième du revenu imposable. Cinquante-deux départements payaient plus que la moyenne, c'est-à-dire du neuvième au sixième. On leur accorda donc un dégrèvement suffisant pour ramener le département le plus imposé au huitième de son revenu, et les cinquante et un suivants au neuvième et au dixième (loi de 1821).

En ramenant les départements surimposés à la moyenne, on déplaçait l'inégalité, on ne la supprimait point. En effet, la répartition idéale de l'impôt consiste à faire supporter à chaque contribuable sa part également proportionnelle dans la contribution, tout en obtenant la somme totale demandée par le budget. Il en résulte qu'étant donnés deux contribuables dont la quote-part soit pour l'un du sixième de son revenu, pour l'autre du dix-septième, on n'aura pas en réalité réparti l'impôt, en ramenant le premier à la situation exceptionnelle du second ; l'État lui aura fait remise de sa dette juste ou injuste, et voilà tout. Tout ce qu'on peut dire en faveur de ce système de dégrèvement, c'est qu'on l'emploie généralement par des motifs de prudence politique. Les gouvernements craignent qu'une nouvelle répartition n'amène sur un point une augmentation qui causerait plus d'irritation qu'une diminution ne produirait de satisfaction sur un autre. Par les dégrèvements, on réduit l'impôt des uns, sans enlever aux autres les bénéfices que leur a donnés une répartition inégale. Mais, avec la disproportion qui existe entre les divers contingents, les circonstances les plus favorables ne pourraient jamais permettre un dégrèvement assez important pour ramener tous les départements au taux de celui qui est le moins imposé.

Ce mode de procéder aurait d'ailleurs l'immense inconvénient de réduire les ressources de l'État, quoique le revenu foncier du pays augmente. N'est-il pas déjà choquant que l'État retire moins aujourd'hui de l'impôt foncier que sous le Consulat ? Ce n'est donc pas de ce côté que l'on doit chercher le remède aux inégalités.

Malgré le dégrèvement opéré en 1821, les réclamations continuèrent. On ne fit pourtant rien, pendant près de trente ans, pour donner satisfaction aux contribuables.

Les lois du 7 août 1850 et du 4 janvier 1851 semblèrent enfin promettre une première satisfaction. « Aussitôt après la promulgation de la présente loi, disait l'art. 2 de la première, le gouvernement prendra les mesures nécessaires pour qu'il soit procédé dans un bref délai à l'évaluation nouvelle des revenus territoriaux. » D'après l'exposé des motifs, le travail devait avoir pour base les résultats du cadastre, les baux, les actes de vente, les procès-verbaux d'adjudication des coupes de bois, et tous les autres documents propres à faire connaître la valeur des biens-fonds. On n'a donné aucune suite à ces dispositions de la loi de 1850.

La fixité des contingents départementaux, d'arrondissement, etc., même avec les inégalités qu'elle entraîne et qu'on ne conteste même plus, a d'ailleurs été défendue par quelques économistes, entre autres MM. Hippolyte Passy [1] et Mac-Culloch [2], qui considèrent la péréquation non-seulement comme folle et chimérique, mais encore comme injuste et contraire aux principes.

« C'est, dit M. Passy, la fixité qu'il faut à l'impôt foncier plus qu'à tout autre ; jamais il n'est bon d'en modifier ni le chiffre général, ni surtout la répartition. Ce n'est pas que dans sa marche le temps ne finisse toujours par déranger les rapports primitivement établis entre les revenus tirés de chaque fraction du sol et la partie qui en revient à l'État. Rien n'est mobile comme le produit des domaines et des terres ; des routes qui s'ouvrent, des foyers de population qui se forment et grandissent, des découvertes scientifiques dont l'application améliore les terrains de qualité particulière, mille causes diverses déterminent sur certains points du territoire des progrès qui ne sauraient s'accomplir également sur d'autres, et à côté ou dans le voisinage des premiers il en est qui demeurent stationnaires. Eh bien ! rien dans ces faits inévitables n'autorise à changer la répartition des taxes et à reporter sur des fractions du sol devenues plus productives une partie des charges qui pèsent sur celles dont la fertilité n'a pas augmenté. »

Le principal fondement de cette doctrine, c'est que

---

1. *Diction. d'économie politique*, au mot *Impôt*.
2. *Taxation*, p. 66.

l'impôt foncier finit par ne plus être constitué à titre véritablement onéreux pour ceux qui l'acquittent. Cet effet résulte des transmissions dont il est l'objet. Sur chaque fraction du sol pèse par l'effet de l'impôt une rente réservée à l'État ; acheteurs et vendeurs le savent, ils tiennent compte du fait dans leurs transactions et les prix auxquels ils traitent entre eux se règlent uniquement en vue de la portion du revenu qui, l'impôt payé, demeure nette, c'est-à-dire affranchie de toute charge ; aussi le temps arrive-t-il où nul n'a plus le droit de se plaindre d'une redevance antérieure à son entrée en possession, puisque les mutations fréquentes qu'éprouvent les propriétés effacent le préjudice qu'aurait pu causer une inégalité d'évaluation, même introduite à l'origine dans l'assiette de l'impôt. On ne peut donc en élever le taux sans ravir aux propriétaires non-seulement une portion des revenus dont ils jouissent, mais encore le capital correspondant au nouveau tribut annuel mis à leur charge ; on ne peut à l'inverse abaisser le taux sans leur faire don d'une rente appartenant à l'État et en même temps du capital de cette rente.

Le système que nous venons d'exposer ne fait que reproduire une idée entièrement fausse, déjà présentée au xviiie siècle par l'un des physiocrates ; je veux dire la soi-disant copropriété de l'État dans chaque fraction du sol possédée par le propriétaire foncier. Les économistes qui ont combattu l'opinion de l'abbé Beaudeau, et c'est le plus grand nombre, ont fort bien démontré que l'impôt n'a rien de commun avec une rente immuable, constituée au profit de l'État, mais est simplement la résultante de la part contributive de chacun dans les dépenses nationales. S'il en était autrement, il faudrait admettre que même dans un moment de crise l'État n'aurait pas le droit de demander une contribution plus considérable aux propriétaires, parce que ce serait déranger un *statu quo* sur lequel ils étaient en droit de compter, et que toute augmentation dans l'impôt équivaudrait à une confiscation ; à l'inverse, ceux-ci, alors même qu'il y aurait des excédants de recettes considérables, ne pourraient point solliciter une diminution dans le chiffre de leur contribution. L'impôt est corrélatif des dépenses publiques ; pour répondre à son but social, il doit être essentiellement variable selon les circonstances. Mais si l'on peut ainsi, par des augmentations ou des diminutions dans son chiffre, modifier la portion contributive de chaque parcelle, pourquoi ne le pourrait-on pas pour corriger les inégalités de la répartion? Soutenir le contraire, c'est soutenir qu'un impôt n'est pas bon lorsqu'il est bien assis et bien réparti, mais lorsqu'il est ancien; c'est donner la préférence au temps sur la justice, au fait sur le droit; c'est, si l'on veut être logique, demander le retour au régime antérieur au cadastre.

Quant à dire que l'impôt est un fait connu des acheteurs et des vendeurs, qu'ils en tiennent compte dans leurs transactions, et que les prix auxquels ils traitent se règlent uniquement en vue du revenu, qui, l'impôt payé, demeure net, qu'ainsi le temps arrive où nul n'a plus le droit de se plaindre d'une redevance antérieure à son entrée en possession, et dont l'existence connue de lui a atténué proportionnellement le montant du prix qu'il a donné, M. de Parieu [1] fait remarquer que cette hypothèse ne peut avoir de force que contre les projets de révision qui auraient pour but de réparer les inégalités de la répartition originaire, mais ne sauraient empêcher les réclamations de la propriété atteinte ultérieurement par des causes de dépréciation. M. Batbie ajoute [2] qu'il s'en faut de beaucoup que tous les biens aient été l'objet de mutations à titre onéreux depuis l'établissement du cadastre, et que pour ceux qui n'ont pas été vendus l'argument que nous combattons est sans force. Il n'est point vrai d'ailleurs que l'acquéreur d'une propriété foncière déduise toujours du revenu espéré lors de son acquisition la contribution due à l'État. La terre n'est point une marchan-

<hr>

1. *Hist. des impôts*, t. I, page 270.
2. *Mémoire sur l'impôt*, page 281.

dise ayant une valeur parfaitement déterminée par son produit. Son prix peut varier selon les circonstances politiques,
l'abondance ou la rareté du numéraire, les convenances des
particuliers, et enfin les lois de l'offre et de la demande.
Dans tous ces cas, il en est souvent de l'impôt foncier
comme des charges accessoires du contrat de vente, dont
l'acheteur néglige fort bien de tenir compte dans la fixation
du prix.

On prétend qu'il faut encourager les améliorations agricoles, en laissant tout le profit aux propriétaires; mais on
oublie sans doute que les causes qui amènent les variations
les plus considérables dans le produit des terres sont rarement celles dont leurs maîtres peuvent s'attribuer le mérite.
Pour ne citer qu'un exemple, est-ce que ce n'est pas par la
création des voies de communication qu'on a le plus puis-
samment influé sur le développement de la richesse foncière?
On pourrait peut-être accorder des exemptions temporaires à
l'agriculteur qui aurait par son travail donné une plus-value
à sa terre. Les articles 116 de la loi de frimaire et 2 du Code
forestier nous en donnent déjà des exemples. Il n'est pas
question d'ailleurs chez les partisans les plus résolus de la
péréquation de suivre le revenu dans ses variations continuelles, et, en renouvelant chaque année les évaluations cadastrales, de ramener, sous le prétexte d'éviter les injustices
d'une fixité immuable, tous les inconvénients de l'ancienne
taille personnelle. Il y a un terme moyen qui consiste à re-
manier le cadastre pour chaque période de trente ou quarante ans, car après des intervalles de cette durée les modifications ont dû être assez sensibles pour qu'on puisse facilement les saisir et qu'il soit juste de procéder à une révision.

D'ailleurs l'application rigoureuse des contingents fixes
n'a pu se soutenir en France dans son intégrité; et un élément de quotité est venu se mêler au système de répartition,
et faire profiter au moins l'État des augmentations cons-
tantes de la propriété bâtie, en raison de l'accroissement de
la population et de la fortune publique.

En effet, dans le système pur de l'impôt de répartition, tel qu'il était pratiqué en vertu des lois dont nous avons parlé jusqu'ici, les contingents des communes, des arrondissements et des départements dans lesquels s'élevaient de nouvelles constructions n'étaient pas augmentés; il aurait fallu une loi spéciale pour accroître les contingents départementaux; et dès lors la quote-part prise par les propriétaires des maisons nouvelles, devenues imposables la troisième année après leur construction, ne profitait point à l'État et servait aux dégrèvements. Il y avait là une valeur perdue pour le Trésor public puisqu'il ne profitait pas de l'excédant de matière imposable nouvellement créée. De plus, c'était une nouvelle inégalité qui venait s'ajouter à toutes les autres dans la répartition des divers contingents. En effet, dans les communes et les départements où la richesse se développait rapidement, les anciens contribuables éprouvaient chaque année un dégrèvement égal au montant des impôts supportés par les maisons nouvelles. Au contraire, là ou l'on démolissait plus de maisons qu'on n'en construisait de nouvelles, les habitants voyaient augmenter leur part dans le contingent du département, qui restait fixe.

Ce vice a été corrigé par la loi de finances du 17 août 1835 (art. 2). La fixité des contingents départementaux a été maintenue par cette loi, en ce qui concerne les propriétés non bâties; mais les constructions nouvelles ont été regardées comme la création d'une matière nouvelle imposable, en même temps que la démolition des constructions antérieures a été considérée comme une cause de dégrèvements dont devaient tenir compte les contingents départementaux et autres.

En voici les termes : « A dater du 1ᵉʳ janvier 1836, les maisons et usines nouvellement construites ou reconstruites et devenues imposables seront, d'après une matrice rédigée en la forme accoutumée, cotisées comme les autres propriétés bâties de la commune où elles sont situées, et accroîtront le contingent dans la contribution foncière et dans la contribution des portes et fenêtres de la commune, de l'arrondissement et du département. »

Il faut remarquer que la condition des anciens contribuables ne sera pas aggravée ; ils ne pourront donc pas se plaindre, puisqu'ils restent dans la position où ils étaient auparavant ; les nouveaux propriétaires ne le pourront pas non plus, puisqu'ils subissent la loi commune.

La loi ajoute : « Les propriétés bâties qui auront été détruites ou démolies feront l'objet d'un dégrèvement dans la contribution foncière pour la commune, l'arrondissement et le département où elles étaient situées, jusqu'à concurrence de la part que lesdites propriétés prenaient dans la matière imposable. »

L'estimation des propriétés bâties devenues imposables est faite par les commissaires répartiteurs, assistés du contrôleur des contributions directes ; elle est arrètée par le préfet qui peut, s'il le juge convenable, faire préalablement procéder à la révision par deux experts, dont l'un nommé par lui, et l'autre par le maire de la commune. Les frais de l'expertise sont réimposés sur la commune, si l'évaluation est reconnue inexacte ; dans le cas contraire, ils sont imputés sur le fonds de non-valeurs. Cette expertise ne préjudicie pas au droit assuré au contribuable de réclamer après la mise en recouvrement du rôle dans la forme et les délais prescrits. L'état des nouvelles cotisations et des dégrèvements est annexé au budget de chaque année.

La loi de 1835 est cependant défectueuse sur un point ; plus encore dans l'application qu'en elle-même. Comme dans la pratique, les conseils municipaux ne font pas faire la révision périodique décennale de l'estimation des revenus des propriétés bâties, ainsi qu'ils le devraient aux termes de la loi de frimaire an VII, il résulte de cette négligence des inégalités criantes. Ainsi les maisons nouvellement édifiées sont imposées d'après leur revenu actuel et réel, tandis que les maisons construites il y a cinquante ans ne sont taxées que d'après leur revenu de cette époque.

Si depuis la confection du cadastre la richesse de la France s'était développée d'une manière fort inégale en ce qui touche la propriété bâtie, les défrichements de bois, les plantations de vignes, l'extension de la culture des betteraves pour la fabrication du sucre indigène, la mise en valeur de terrains improductifs, l'établissement de canaux, de routes, de chemins de fer, et mille autres causes, avaient amené de non moins grandes modifications dans le revenu foncier des propriétés non bâties. Tous les projets de rénovation cadastrale étant restés lettre morte, et, d'un autre côté, la loi de 1835 ne permettant pas de saisir les plus-values créées par toutes ces améliorations, ni de dégrever les propriétés qui avaient subi des dépréciations, on rencontrait donc toujours pour les propriétés non bâties le double inconvénient que nous avons signalé un peu plus haut, et que la loi de 1835 avait corrigé pour les propriétés bâties, je veux dire l'inégalité produite entre les contribuables par la fixité des évaluations cadastrales et la perte qui en résulte pour le Trésor public.

C'est pour y remédier que la loi du 21 mars 1874 a étendu dans une certaine limite aux propriétés non bâties le principe de la loi de 1835 relatif aux propriétés bâties. D'après cette nouvelle loi, les parcelles figurant sous des dénominations diverses sur les états de section des communes comme terres incultes ou improductives, et cotisées comme telles, et qui ont été mises en culture depuis la confection du cadastre, seront évaluées et cotisées comme les autres propriétés de même nature et d'égal revenu de la commune où elles sont situées et accroîtront le contingent dans la contribution foncière de la commune, du département et de l'État.

Les parcelles qui depuis la même époque auront cessé d'être cultivables ou productives seront l'objet d'un nouveau classement et d'une nouvelle cotisation. Elles feront l'objet d'un dégrèvement au profit des propriétaires desdites parcelles, et dans la contribution foncière de la commune, du département et de l'État.

Le ministre des finances est chargé d'établir les moyens

de réaliser cette réforme et de présenter le plus tôt possible à l'approbation de l'Assemblée nationale les dispositions destinées à assurer l'application de ce principe de péréquation partielle.

Certes l'intention du législateur de 1874 est louable ; mais il faut reconnaître qu'il a fait preuve d'une timidité extrême dans sa réforme. Il restreint en effet la péréquation aux parcelles improductives lors de la confection du cadastre, et ne tient aucun compte de cette masse de terres déjà en culture à cette époque, et dont le produit s'est accru depuis dans des proportions énormes, et souvent bien plus considérables que celui de ces parcelles qu'il veut cotiser. Il est d'ailleurs bien probable que cette loi ne recevra pas même un commencement d'exécution, et que ses dispositions trop restreintes feront place à une mesure plus générale [1].

Ce n'est pas en effet par ces petites réformes de détail que l'on peut arriver à corriger les inégalités énormes qui existent dans la répartition de l'impôt foncier entre les départements. Ainsi, d'après l'exposé des motifs et les tableaux annexés au projet de loi sur la révision cadastrale déposé par M. Léon Say dans la séance du 23 mars 1876 de la Chambre des députés, le taux moyen du principal de l'impôt était en 1874 de 4,24 p. $\frac{0}{0}$ du revenu net : 51 départements avaient un contingent qui dépassait cette moyenne; 32 départements, au contraire, étaient au-dessous. Les départements les plus surchargés étaient le Tarn-et-Garonne, dont le contingent représentait 6,51 p. $\frac{0}{0}$ du revenu net, la Lozère (6,09 p. $\frac{0}{0}$), le Morbihan (6,06), le Cantal (5,90), l'Eure (5,85), le Gers (5,79), la Manche (5,64), l'Aude (5,62), les Hautes-Alpes (5,64), le Lot (5,47). Les 10 départements les plus favorisés sont au contraire les Hautes-Pyrénées (2,82), les Basses-Pyrénées (2,83), la Seine (3,05), le Cher (3,20), l'Ardèche (3,30), Vaucluse (3,25), le Var (3,36), les Bouches-du-Rhône (3,36), les Vosges (3,38), le Pas-de-Calais (3,36);

1. L'abrogation de la loi de 1874 fait l'objet d'un article des projets de loi déposés par le gouvernement le 23 mars 1876.

on pourrait y ajouter la Loire-Inférieure, la Marne, le Rhône et la Gironde. C'est-à-dire que les départements qui paient le moins (la différence est de près de moitié) sont précisément les plus riches et ceux qui contiennent les plus grandes villes de France : Paris, Marseille, Lyon, Lille, Nantes, Reims, Bordeaux. L'inégalité est encore accrue par les centimes additionnels à la contribution foncière. — Les chiffres que nous venons de citer parlent d'eux-mêmes, et il nous semble inutile d'apprécier un système de répartition qui donne de pareils résultats.

Dans ces conditions, une réforme complète était depuis longtemps indispensable. Après bien des délais, des hésitations, la Chambre des députés a été enfin saisie de plusieurs projets de loi concernant le cadastre et la propriété foncière. Les modifications des contingents départementaux, d'après de nouvelles évaluations, y figurent au premier rang. Mais le gouvernement a reculé devant une opération qui lui a paru trop longue et trop dispendieuse : l'exécution d'un cadastre d'ensemble, qui pourrait servir de base à tous les degrés de la répartition, comme l'avait conçu le législateur de 1807. Les revenus fonciers ne progressent point cependant, ainsi que le dit l'exposé des motifs, dans la même proportion dans toute l'étendue d'une commune, et les inégalités qui ont pu se produire seraient encore rendues plus choquantes par l'augmentation ou la diminution des contingents du département, de l'arrondissement et de la commune ; il y a donc lieu de s'occuper aussi du renouvellement des opérations cadastrales. C'est le but d'un des deux projets de loi dont nous dirons quelques mots en traitant du cadastre ; nous indiquerons seulement ici que, fidèle aux principes de la loi de 1821, le rédacteur du projet évite de donner le caractère d'unité à cette opération, et qu'il fait rentrer dans les attributions des conseils généraux le pouvoir d'entreprendre la reconfection ou la révision du cadastre, partout où cela sera nécessaire, « sans affronter les frais et les difficultés d'un travail d'ensemble ».

L'emploi du cadastre demeurera donc restreint au dernier degré de la répartition ; et il pourra tout au plus fournir des renseignements plus exacts que par le passé pour la répartition entre les communes et les arrondissements.

Nous reconnaissons volontiers que ces projets de loi constituent un progrès réel, mais nous doutons fort qu'ils amènent cette égalité tant désirée. Notre conviction est que la péréquation véritable ne sera obtenue que par un travail d'ensemble. Mais il ne faut pas, dit-on, inquiéter les contribuables. D'accord ; mais sous ce prétexte on maintient sans cesse des abus dont les inconvénients croissent chaque jour.

La solution de toutes ces difficultés se trouverait, selon nous, dans l'établissement d'un impôt foncier qui suivrait d'aussi près que possible le développement de la richesse agricole, d'un impôt dont la proportion au revenu serait fixe, et dont le produit total s'élèverait avec le revenu. En d'autres termes, nous sommes partisans de la suppression du vieux et empirique système de répartition, et de la transformation de l'impôt foncier en impôt de quotité, en lui donnant une mobilité suffisante pour suivre exactement les progrès de la richesse agricole. Nous démontrerons, en parlant du cadastre, que cette réforme pourrait s'opérer en peu de temps et sans les énormes frais que l'on suppose. Son adoption mettrait fin aux inégalités qui vont croissant à chaque degré de la répartition, et donnerait à l'impôt une base simple et rationnelle, puisque chaque propriété devrait payer une quote-part égale de son revenu. L'idée n'est d'ailleurs pas nouvelle dans notre législation fiscale. On n'a pour s'en convaincre qu'à se reporter au livre précédent de notre étude.

Une innovation fort importante qui serait établie par cette loi consisterait dans la séparation du contingent des propriétés bâties d'avec le contingent des propriétés non bâties. « Les études pour ce qui concerne la péréquation de l'impôt foncier, dit l'exposé des motifs, ont révélé une fois de plus les inconvénients du système adopté en 1821, et d'après lequel on a confondu dans les documents cadastraux les propriétés bâties et les propriétés non bâties. Ces deux espèces de propriétés, dont la nature diffère essentiellement, progressent le plus souvent d'une manière très-inégale; il importe de les séparer, ainsi que cela a lieu dans la plupart des États de l'Europe. » En conséquence, aux termes du projet, il serait distrait du contingent foncier en principal, tel qu'il aura figuré dans les rôles de 1877 pour chaque département, une somme égale à la part que les propriétés bâties auront prise dans ce contingent à raison du revenu cadastral afférent aux constructions, et ladite somme formerait le contingent spécial des propriétés bâties. Le surplus constituerait le contingent spécial des propriétés non bâties. Les principes suivant lesquels la contribution foncière est actuellement répartie continueraient d'être appréciables en ce qui concerne la répartition de ces deux contingents.

Cette distinction entre les taxes sur les maisons et l'impôt sur les propriétés rurales, qui ont été jusqu'ici confondus par notre législation fiscale, nous paraît conforme aux principes. L'incidence est en effet entièrement différente dans un cas ou dans l'autre. Tandis que l'impôt sur les propriétés agricoles ne porte pas sur les consommateurs des produits de l'agriculture, sauf dans des circonstances exceptionnelles, au contraire l'impôt sur les maisons ou sur les constructions pèse en général et à la longue, si ce n'est immédiatement, sur les locataires. Aussi l'impôt sur les bâtiments est à nos yeux une taxe excellente, et dont on pourrait tirer de grandes ressources; car dans les pays prospères ces propriétés augmentent sans cesse de valeur et de revenu.

Mais après avoir séparé les deux impôts le projet de M. Léon Say ne fait point mention d'une nouvelle estimation des propriétés bâties, et il se borne à taxer en principal à 5 p. % du revenu les constructions nouvelles, en gardant à l'impôt sa forme de répartition. Cette réforme nous paraît insuffisante. Sans parler de l'avantage qu'il y aurait à transformer cet impôt en impôt de quotité, ce qui serait facile au moyen de révisions périodiques que l'enregistrement des baux rend fort aisées, nous croyons que l'on pourrait peut-être un jour trouver dans cette taxe un moyen de diminuer considérablement les impôts indirects. L'augmentation qui en résulterait sur les loyers serait plus que compensée par la diminution du prix des subsistances. Les États-Unis d'Amérique sont entrés dans cette voie. — L'Italie et l'Autriche retirent aussi de ce mode de taxe des ressources bien plus considérables que la France.

CHAPITRE VI

Répartition entre les arrondissements, les communes et les contribuables.

De même que la répartition entre les départements, la répartition entre les arrondissements de chaque département et les communes de chaque arrondissement devait d'abord avoir pour base exclusive le cadastre. La loi du 20 mars 1813 avait ordonné qu'à partir de 1814 il serait fait une péréquation entre tous les cantons cadastrés d'un même département ; mais bien que dans ces limites il fût assez facile d'établir exactement la valeur proportionnelle des propriétés foncières, cette disposition fit naître de nombreuses réclamations et elle fut rapportée l'année suivante. L'art. 16 de la loi du 23 septembre 1814 suspendit la péréquation et ordonna que les cantons cadastrés reprendraient pour 1815 les contingents qu'ils avaient eus en 1813.

Toutefois le gouvernement n'abandonna pas complétement son projet et voulut au moins établir la péréquation entre les cantons du même arrondissement. Telle fut la pensée qui dicta la loi du 15 mai 1818 ; mais cette mesure elle-même, après avoir été suspendue à deux reprises différentes par les lois du 17 juillet 1819 et 23 juillet 1821, fut définitivement abandonnée par la loi du 31 juillet 1831, article 19 ainsi conçu :

« Les bases prescrites par l'article 38 de la loi du 15 mai 1818, pour l'évaluation des revenus imposables des départements, seront appliquées aux communes et aux arrondissements par uue commission spéciale qui sera formée par chaque département. Ce travail servira de renseignement aux conseils généraux des départements et aux conseils d'arrondissement, pour fixer les contingents en principal des arrondissements et des communes. »

En exécution de cette loi, l'ordonnance du 3 octobre 1821 chargeait la direction locale de relever et d'appliquer les baux et les actes de vente passés de 1812 à 1821 exclusivement. Ces actes devaient être soumis à une assemblée cantonale, composée du maire et d'un propriétaire de chaque commune ; l'inspecteur des contributions directes et les contrôleurs qui avaient opéré dans le canton devaient fournir à la réunion les renseignements nécessaires.

L'assemblée cantonale était chargée d'examiner les actes dont on avait fait choix pour chaque commune, de signaler ceux qui pouvaient conduire à de fausses indications et de faire connaître les changements dont le travail lui paraissait susceptible.

Les opérations pour tous les cantons du département devaient être soumises à une commission départementale, formée de membres du conseil général et des conseils d'arrondissement. L'évaluation des revenus imposables de toutes les communes du département une fois arrêtée, le tableau en devait être remis par le préfet au conseil général, avec le projet d'une nouvelle répartition entre les arrondissements et les communes.

Le projet de répartition dressé par la commission spéciale, les délibérations du conseil général, les observations du préfet étaient adressés au ministre des finances, qui soumettait la délibération du conseil général à l'approbation du roi.

Aux termes de l'ordonnance, les travaux relatifs à la répartition de l'impôt foncier entre les arrondissements et les communes devaient être terminés dans le délai de trois ans au plus tard, et, bien qu'ils aient marché plus lentement, ils sont achevés dans toute la France.

C'est d'après des contingents ainsi fixés, et en tenant compte de la loi de 1835, que le conseil général fait la répartition entre les arrondissements, et le conseil d'arrondissement entre les communes. Ces assemblées accomplissent cette mission comme déléguées du pouvoir législatif auquel est réservée la fixation de l'impôt. La conséquence est que leurs décisions en cette matière sont souveraines de leur nature [1].

Toutefois le défaut absolu de recours n'existe que pour les décisions du conseil général. Les communes, en effet, après en avoir vainement appelé au conseil d'arrondissement mieux informé, ont la ressource de porter leur demande en réduction devant le conseil général [2]. Il en est de même des conseils d'arrondissement. Nous ne reviendrons pas ici sur ce que nous avons déjà dit à cet égard au chapitre ɪv de ce livre.

Enfin au dernier degré de l'échelle se trouve la répartition individuelle, qui a sa base dans le cadastre. La répartition se faisant à raison du revenu, et le revenu étant connu par le cadastre, il ne reste alors qu'à diviser le contingent de la commune par le revenu total; le quotient poussé ordinairement jusqu'à six décimales est ce qu'on nomme le centime le franc. Au moyen de ce centime, on dresse un tarif qui donne la quote-part d'impôts pour tout revenu compris entre un franc et cent francs; c'est l'application de cet impôt au revenu de chaque contribuable qui détermine sa part d'impôt.

1. C. d'Ét., arr. du 14 juin 1837 et du 17 fév. 1848.
2. Loi du 10 mai 1838, art. 1 et 2.

CHAPITRE VII

Du cadastre.

Le cadastre est l'ensemble des opérations par lesquelles on constate l'étendue, la consistance des biens-fonds, la nature de leurs produits, afin d'arriver à la détermination exacte de leur revenu, au prorata duquel l'impôt doit être réparti. « Il consiste dans deux opérations bien distinctes : 1° les travaux d'art; 2° l'expertise des revenus. »

§ 1. — Travaux d'art.

Les travaux d'art comprennent la délimitation de la commune, sa division en sections, la triangulation, l'arpentage et le levé du plan.

Délimitation. — Le cadastre n'ayant aujourd'hui d'autre objet que d'arriver à la meilleure répartition possible de l'impôt foncier entre les contribuables de la même commune, la délimitation exacte des diverses communes était une opération préliminaire indispensable. — Elle est confiée à un géomètre de première classe, nommé par le préfet. Si des contestations s'élèvent entre deux communes voisines sur leurs limites respectives, la contestation est tranchée par le préfet si les communes sont dans le même département, par le chef de l'État dans le cas contraire [1].

Division par sections. — Cette deuxième opération est ac-

---

1. Ord. du 31 juill. 1821, art. 3.

cessoire à la première. Elle a pour but de faciliter la confection du plan, et de donner aux propriétaires un moyen aisé pour reconnaître leurs immeubles.

Triangulation. — La triangulation a pour but d'établir sur le terrain un réseau de triangles, qui circonscrit l'arpenteur dans des polygones dont les côtés, déterminés à l'avance avec une grande précision, à l'aide du calcul trigonométrique, lui servent de guides et de moyens de vérification lors de l'arpentage des parcelles.

Arpentage et levé de plan. — La triangulation terminée, on passe à l'arpentage des parcelles, c'est-à-dire qu'on mesure toute portion de terre qui diffère de celles qui l'environnent soit par le propriétaire, soit par la culture. Les terres contiguës appartenant à la même personne et qui ne diffèrent que par leur assolement ne forment qu'une parcelle, à moins qu'elles ne fassent partie de deux triages ou lieux-dits différents. L'arpentage et le levé du plan sont soumis au contrôle du géomètre en chef et du directeur des contributions directes du département.

Un bulletin indicatif de la contenance des parcelles possédées dans la commune est remis à chaque propriétaire, avec indication du jour où le géomètre qui a fait l'arpentage se rendra dans la commune pour recevoir les réclamations et rectifier les erreurs s'il y a lieu. Cette voie officieuse de redressement contre les erreurs d'arpentage n'exclut pas le recours contentieux ultérieur devant le conseil de préfecture, après l'achèvement du cadastre, et dans les six mois du recouvrement du rôle cadastral [1]. Après cette vérification qui met fin aux travaux d'art, il semble qu'on soit assuré de leur perfection, et que la rectitude du plan et la fixité des noms et contenances ne laissent plus rien à désirer ; cependant on se réserve encore la possibilité de réparer les erreurs que les opérations subséquentes viendraient à faire découvrir. Ce n'est qu'après l'expertise que

1. Cons. d'Ét., arr. du 30 mars 1846.

le plan est définitivement arrêté et que le géomètre en fait, pour la commune, une copie sur des feuilles qui sont reliées en atlas. Cette copie est précédée d'un tableau d'assemblage qui indique la circonscription de la commune, sa division en sections, les principaux chemins, les montagnes, les rivières, les positions des villages, etc. Quant à la minute du plan, elle reste aux archives de l'administration des contributions directes.

§ 2. — Expertise.

Lorsqu'on a obtenu par le levé du plan la configuration et la contenance des parcelles, il ne reste plus qu'à évaluer le revenu net de chacune d'elles. On désigne sous le nom d'expertise l'ensemble des opérations destinées à conduire à ce résultat.

Avant l'ordonnance du 3 octobre 1821, les expertises étaient confiées à des experts. « On pouvait, dit l'exposé des motifs du règlement ministériel du 10 octobre 1821, avoir quelque intérêt à charger de cette opération des experts salariés et étrangers aux communes, lorsqu'il fallait coordonner les expertises sur tous les points de la France pour en faire le régulateur des quatre degrés de la répartition ; mais aujourd'hui qu'elles ne doivent servir qu'à rectifier la répartition individuelle, cette proportionnalité, devenue simplement locale, ne peut être mieux établie que par les propriétaires. » En conséquence, l'article 4 de l'ordonnance du 3 octobre 1821, rendue en exécution de la loi du 31 juillet précédent, ordonne que la nomination des propriétaires classificateurs et le tarif des évaluations soient faits par le conseil municipal, qui doit s'adjoindre les plus imposés, en nombre égal à celui des conseillers municipaux. Le conseil peut aussi nommer un expert pour aider les classificateurs ; mais comme ils remplissent eux-mêmes les fonctions d'experts, celui qui est nommé par le conseil n'est qu'un indicateur. Ces classificateurs, chargés de procéder à l'expertise, doivent être au nombre de cinq, dont deux forains ; ils sont choisis parmi les propriétaires des différentes natures de culture ; en cas d'absence, les **forains** sont remplacés par les fermiers et régisseurs [1].

L'expertise a pour but les opérations qui suivent : 1° la classification ; 2° le classement ; 3° le tarif des évaluations.

Classification. — **La** classification consiste à déterminer en combien de classes chaque nature de propriété doit être divisée, à raison des divers degrés de fertilité du terrain. A cet effet, le contrôleur procède conjointement avec les classificateurs et l'expert, s'il en a été nommé un : 1° à la reconnaissance générale du territoire ; 2° au choix et à la désignation des fonds devant servir de type pour chacune des classes de chaque nature des propriétés.

On distingue entre les immeubles non bâtis et les immeubles bâtis.

En ce qui touche les premiers, le nombre des classes ne peut excéder cinq.

Pour les seconds, il faut faire diverses distinctions. La division en classes ne s'applique ni aux usines, fabriques ou manufactures, ni aux maisons situées dans les villes, communes et bourgs très-peuplés. Chaque objet doit, dans ces différents cas, recevoir une évaluation spéciale. La classification n'a donc trait qu'aux maisons sises dans les communes rurales, et le nombre des classes ne peut aller au delà de six [2].

Une fois que le nombre des classes est fixé, on prend dans chacune d'elles deux parcelles : la première parmi les meilleures propriétés de la classe, la seconde parmi les plus mauvais fonds. L'une prend le nom de type supérieur ; l'autre, celui de type inférieur. Cette opération a pour but de faciliter le classement, ainsi que la vérification des réclamations auxquelles il peut donner lieu.

La classification terminée, les classificateurs et l'expert, lorsque son assistance est requise, établissent le revenu de

---

1. Règl. du 10 octob. 1821, art. 19.
2. *Ibid.*, et Règl. du 15 mars 1827, art 62 à 66.

chaque nature de culture et de chaque classe, en prenant pour base de leur estimation le terme moyen par hectare du produit net des parcelles choisies pour type : c'est le tarif provisoire [1].

Classement. — Il ne se faisait autrefois qu'après le tarif des évaluations ; mais depuis 1827 il se fait immédiatement après la classification. — Le classement consiste à placer chaque parcelle de propriété dans l'une des classes arrêtées par l'assemblée municipale [2]. Les cultures non comprises dans une classe spéciale sont rangées dans celles avec lesquelles elles offrent le plus d'analogie. Il est loisible aux propriétaires, ou à leurs fermiers et régisseurs, d'assister au classement et de présenter leurs observations.

Tarif des évaluations. — Cette opération est confiée au conseil municipal, à lui joints les plus imposés en nombre égal à celui de ses membres. Elle consiste à attribuer à chacune des classes des diverses natures de propriétés un revenu proportionnel. Pour obtenir des évaluations exactement proportionnelles, l'assemblée s'attache à établir le plus juste rapport entre les quatre principales natures de culture : terres labourables, prés, vignes et bois. Elle fixe d'abord l'évaluation de la première classe de chacune de ces espèces de propriété, puis celle des autres classes de chaque espèce. Les maisons doivent être estimées dans la même proportion que les fonds ruraux, eu égard à leur situation et aux avantages qu'ils présentent. Comme on l'a vu plus haut, les maisons dans les villes et bourgs reçoivent chacune une évaluation particulière, ainsi que les usines, fabriques et manufactures.

Il faut remarquer à ce sujet que le but que la loi s'est proposé dans ce système d'évaluations, c'est d'assigner uniquement pour base au prélèvement à faire au profit de l'État le revenu net, c'est-à-dire le produit, déduction faite des frais d'exploitation, de semence, de récolte et d'entretien, etc.

1. Règl. de 1827, art. 67.
2. *Rec. méth.*, art. 507.

Pour l'établir, il n'y aura qu'à suivre les indications données par la loi de frimaire an VII, telles que nous les avons exposées au chapitre II de ce livre.

Après que le conseil municipal a arrêté le tarif des évaluations, le maire annonce aux propriétaires, dans les formes usitées pour les autres publications, qu'ils peuvent prendre connaissance du tarif au secrétariat de la mairie, et que pendant le délai de quinze jours ils seront admis à présenter sur papier libre les observations qu'ils croiront devoir faire [1].

Le préfet sur le rapport du directeur, et après avoir pris l'avis du conseil de préfecture, approuve ou modifie le tarif des évaluations [2].

§ 3. — État de section et matrice du rôle.

Le tarif des évaluations étant ainsi définitivement arrêté, le préfet l'envoie au directeur, qui rédige alors les états de section. Ces états comprennent pour chaque section du plan de la commune les propriétés bâties et non bâties et contiennent : 1° le nom du propriétaire ; 2° les numéros du plan ; 3° les cantons ou lieux-dits ; 4° la nature des propriétés ; 5° la contenance de chaque parcelle ; 6° l'indication des classes ; 7° le revenu de chaque parcelle ; 8° le nombre des ouvertures imposables. Chaque état de section se termine par une récapitulation des contenances et des revenus imposables additionnés au bas de chaque feuillet.

Les états de sections servent de base à la confection de la matrice cadastrale. On entend par matrice un grand-livre ou registre contenant le compte ouvert de chaque contribuable dans la commune. Elle peut être considérée comme la minute de l'état de répartition, dont le rôle est en quelque sorte l'expédition [3]. Elle se compose du simple dépouille-

1. Circul. du 25 mai 1827.
2. Règl. du 10 oct. 1821, art. 10. — L. du 15 sept. 1807, art. 26.
3. Serrigny, *Questions de droit administ.*, page 257.

ment des états de sections. Elle est divisée en autant d'articles qu'il y a de contribuables, et toutes les propriétés que chacun d'eux possède dans la commune sont réunies sous le même article, l'une à la suite de l'autre, avec indication de la section dans laquelle chacune est située, de son numéro dans l'état de cette section, et de l'évaluation de son revenu imposable [1].

Ce registre est appelé matrice, parce qu'il est la base de la répartition individuelle, dont le résultat vient se formuler dans le rôle. Il est clair en effet que, du moment que le revenu total imposable de chaque propriétaire est connu, rien n'est plus facile que d'appliquer à chacun sa part du contingent communal annuel ; il suffira de multiplier le revenu par le nombre des centimes représentant le rapport entre l'impôt et le revenu.

La matrice se termine par une récapitulation des contenances et des revenus, avec indication des folios. Le résultat de cette récapitulation doit être en concordance avec un tableau des contenances et revenus pour toute la commune, placé en tête de la matrice. A la suite de cette récapitulation, il doit être rédigé une table alphabétique des noms des propriétaires, avec indication des folios de la matrice.

La matrice est rédigée par le directeur des contributions directes, et une copie en est envoyée dans les communes, l'original restant à la direction. Tout propriétaire peut s'en procurer un extrait, en acquittant un droit réglé par un tarif spécial.

§ 4. — Mutations.

Le travail annuel des mutations a pour but de tenir au courant le cadastre, par l'indication sur les matrices des changements de propriétaires et des transactions de propriété, soit entre vifs, soit à cause de mort.

Les moyens organisés pour arriver à cette constatation sont fixés par le règlement du 10 octobre 1821. Le plus sim-

---

1. L. 3 frim. an VII, art. 51.

plc, le plus naturel consiste à obtenir des déclarations de la part des nouveaux acquéreurs. Mais l'administration n'a pas de moyens coercitifs ; et pourtant il faut triompher de l'incurie, car si les mutations n'étaient point opérées on porterait sur le rôle des personnes qui ne doivent plus l'impôt. Aussi tous les six mois le receveur de l'enregistrement doit faire le relevé de tous les actes translatifs de propriété qui ont été enregistrés, et il l'envoie au contrôleur. Celui-ci opère le dépouillement de ces actes, les reporte sur des cahiers affectés à chaque commune, et transmet ces cahiers aux maires et aux percepteurs. De cette manière, il est possible de rassembler tous les renseignements nécessaires pour l'époque de la tournée annuelle.

Le maire annonce cette tournée par voie d'affiches au moins dix jours à l'avance, invite les contribuables à se rendre à la mairie au jour indiqué, et convoque les répartiteurs dont la présence est nécessaire pour valider les opérations, et qui doivent arrêter les états dressés par le contrôleur. Le percepteur assiste à la réunion et porte avec lui la note de tous les renseignements qu'il a pu recueillir sur les mutations. Le contrôleur rédige lui-même les déclarations, les fait signer par les propriétaires, ou, s'ils ne savent pas signer, par le maire. Les mutations ainsi recueillies et constatées sont envoyées au directeur, qui fait procéder à leur inscription, tant sur les originaux des matrices que sur les copies déposées aux archives des communes.

§ 5. — Rôle cadastral.

On entend par là l'état nominatif des contribuables d'une commune, avec l'indication de la cote d'impôts attribuée à chacun d'eux. Il est rédigé par le directeur, approuvé et arrêté par le préfet qui lui imprime la force et l'autorité d'un acte authentique et exécutoire. Il devient ainsi le titre en vertu duquel peuvent s'opérer les poursuites.

CHAPITRE VIII

Des réclamations.

Les réclamations, dont nous avons maintenant à nous occuper, sont de deux sortes. Elles ont trait : 1° aux opérations cadastrales ; 2° aux opérations des répartiteurs.

§ 1. — Réclamations contre les opérations cadastrales.

Ces réclamations se rapportent, dans les travaux d'art, à la délimitation des communes et à la détermination des parcelles ; dans l'expertise, au classement et au tarif des évaluations. C'est dans cet ordre que nous allons les étudier.

Travaux d'art. — *Délimitation.* — Lorsqu'une contestation de limites existe entre deux communes, deux hypothèses sont à considérer ; ou les deux communes appartiennent au même département, ou elles font partie de départements différents. Dans le premier cas, la contestation est jugée par le préfet ; dans le second, c'est par un décret du président de la République, à la suite d'une délibération des conseils municipaux des communes intéressées et du concert des préfets des deux départements.

Erreurs de contenance. — L'ordonnance du 3 octobre 1821, art. 10, porte : « Les erreurs de contenance seront rectifiées dans la commune même, en présence du réclamant, et par les géomètres qui auront levé les plans. » Il semble en résulter que les réclamations contre les erreurs de contenance auront lieu au moment même des arpentages. Mais cette interprétation a été repoussée, et avec raison. On a admis que ces réclamations pouvaient être soumises au conseil de préfecture dans les six mois de la mise en recouvrement du premier rôle cadastral, parce qu'elles peuvent avoir pour résultat soit des réductions d'impôts, soit des mutations de cotes, et qu'aux termes de l'arrêté du 24 floréal an VIII les conseils de préfecture sont compétents pour prononcer en pareille matière[1].

EXPERTISE. — *Réclamations au sujet du classement.* — Suivant l'art. 9 de l'ordonnance du 3 octobre 1821, « tout propriétaire est admis à réclamer contre le classement de ses fonds pendant les six mois qui suivront la mise en recouvrement du rôle cadastral. » — Les réclamations contre le classement se distinguent aisément. Ce caractère appartient à toute demande tendant à établir que l'objet imposé a été rangé dans une classe, tandis qu'il aurait dû être placé dans une autre, et à obtenir que cette erreur soit rectifiée.

Le principe de la fixité des opérations cadastrales a fait établir comme règle générale que ces réclamations ne seraient plus admises passé le délai de six mois après le recouvrement du premier rôle. Mais il y a deux exceptions.

La première est relative aux propriétés bâties, qui ne sont pas soumises à cette règle de la fixité cadastrale. La seconde exception a trait aux propriétés même non bâties. Elle a lieu toutes les fois que des causes postérieures et étrangères au classement, et qui sont indépendantes de la volonté du propriétaire, affectent la propriété d'une manière constante ; telle est, par exemple, la submersion habituelle d'une terre labourable transformée en marais. Mais ce n'est pas réclamer contre l'opération cadastrale que de réclamer contre l'erreur commise dans l'application de la matrice à une propriété. Ainsi le Conseil d'État admet[2], même après la première

---

1. Loi du 28 pluv. an VIII.
2. Arrêt du 27 déc. 1854.

année du recouvrement des rôles, la réclamation fondée sur
ce qu'un bien porté sur la matrice comme terre labourable a
été cotisé comme pré ; tandis qu'il repousse comme tardive
la réclamation formée par le propriétaire qui soutient qu'on
a classé une terre labourable comme pré[1]. Cette erreur aurait dû être signalée au cours des opérations.

La juridiction compétente en pareille matière est le Conseil de préfecture, sauf recours au Conseil d'État, puisque
l'art. 10 de l'ordonnance de 1821, en se référant à l'arrêté du
24 floréal an VIII, assimile les réclamations contre le classement aux demandes en réduction et décharge des contributions directes. Cela est d'ailleurs conforme aux principes du
contentieux administratif ; car lorsqu'une parcelle est distribuée, par le classement, dans une classe supérieure à celle à
laquelle elle appartient, il y a violation d'un droit acquis et
particulier.

En effet, un propriétaire qui réclame contre le classement exerce bien sous une forme spéciale une action en
décharge ou en réduction ; car, s'il obtient de faire descendre
son fonds d'une classe supérieure à une classe inférieure, il
doit voir sa cote réduite dans la même proportion, et s'il
prouve que le classement lui attribue des fonds qui ne lui
appartiennent pas, il doit obtenir sa décharge entière. En
second lieu, il y a ici un droit privé qui se prétend violé en
présence d'un intérêt collectif, et le réclamant figurant dans
l'instance pour son compte exclusif et personnel, l'arrêté du
conseil aura le caractère d'un véritable jugement.

Réclamation contre le tarif des évaluations. — Il ne peut en
être de même lorsque le contribuable se borne à critiquer
le tarif des évaluations, lorsqu'il soutient par exemple que
les proportions n'ont pas été gardées dans l'évaluation des
types des classes diverses, que le type de la deuxième classe
des terres labourables a été porté à un chiffre trop élevé, etc.,
etc. — Le tarif général des évaluations, en effet, ne repose

---

1. Arrêt du même jour, veuve Arnaud.

que sur une appréciation qui a dû être abandonnée à la sagesse de l'administration, parce qu'elle intervient entre des intérêts collectifs : il est donc juste que les réclamations dirigées contre cette appréciation soient soumises à l'autorité purement administrative ; on les porte devant le préfet en conseil de préfecture, et après lui devant le ministre des finances. Ni le conseil de préfecture au contentieux, ni le Conseil d'État, ne sauraient en connaître sans excéder les limites de leur compétence.

Il n'y a d'exception à cette règle que : 1° pour le cas où le réclamant se trouvant posséder la totalité ou la presque totalité d'une culture, le tarif n'a d'application qu'à lui, ne repose que sur une appréciation entre l'intérêt collectif des autres membres de la commune et son intérêt individuel, et se confond à son égard avec le classement ; 2° pour le cas où il s'agit de maisons qui ont reçu chacune une estimation particulière, ainsi que cela est prescrit par les règlements sur le cadastre, car alors aussi la réclamation équivaut à une demande individuelle en dégrèvement, ce qui est le propre du recours contentieux.

§ 2. Réclamations contre les opérations des répartiteurs.

Les réclamations contre la répartition individuelle, opérée par les répartiteurs, ne doivent pas être confondues avec les réclamations contre les opérations des classificateurs lors de la confection du cadastre. Les premières peuvent être élevées chaque année dans un certain délai, à partir de l'émission des rôles ; les secondes ne sont plus possibles, du moins en thèse générale, six mois après la première mise en recouvrement du rôle cadastral.

Les réclamations contre les opérations des répartiteurs sont de deux sortes : 1° demandes en décharge ou réduction ; 2° demandes en remise ou modération. Les premières sont fondées sur la violation d'un droit et doivent en vertu des règles du contentieux administratif être portées devant le

Conseil d'État ; les autres ont pour base une diminution survenue dans les facultés pécuniaires des contribuables, s'adressent en la forme purement gracieuse au bon vouloir de l'administration, et doivent être portées devant le préfet, sauf recours au ministre. Nous allons exposer les règles qui régissent les unes et les autres, en écartant tout ce qui n'est pas spécial à notre sujet et s'applique aux quatre contributions.

DÉCHARGES ET RÉDUCTIONS. — Les causes de décharges et de réductions sont, pour les quatre contributions directes, le faux emploi, le double emploi, et la surtaxe. Nous avons à voir jusqu'à quel point elles sont applicables à la contribution foncière.

Faux emploi. — Il y a faux emploi quand une personne a été cotisée pour un bien appartenant à une autre.

Double emploi. — Il y a double emploi quand un bien est cotisé deux fois. Il est bien évident que ces faits doivent donner lieu à la décharge ou réduction de l'impôt foncier.

Surtaxe. — La surtaxe peut provenir soit du défaut d'égalité proportionnelle, soit d'une erreur de cotisation, soit d'une erreur de calcul, soit enfin de ce que le revenu cadastral a été diminué.

Les principes sur ce point sont posés par les articles 37 et 38 de la loi du 15 septembre 1807, qui établissent une distinction entre les propriétés non bâties et les propriétés bâties, sous le rapport de la fixité cadastrale. La fixité n'est établie que pour les premières et non pour les secondes. — Voici les dispositions de la loi :

« Art. 37. — Les propriétaires compris dans le rôle cadastral pour des propriétés non bâties ne seront plus dans le cas de se pourvoir en surtaxe, à moins que par un événement extraordinaire leurs propriétés ne viennent à disparaître ; il y serait alors pourvu par une remise extraordinaire.

« Art. 38. — Les propriétaires des propriétés bâties continueront d'être admis à se pourvoir en décharge ou réduction, dans le cas de surtaxe ou de destruction totale ou partielle de leurs bâtiments, et en remise ou modération, dans le cas de perte totale ou partielle de leur revenu d'une année, etc. »

Ainsi, point de réclamations possibles pour les propriétés non bâties, sauf le cas de détérioration du fonds par suite d'un événement de force majeure étranger au propriétaire. — Ces réclamations doivent au contraire être admises chaque année pour les propriétés bâties dans le délai de trois mois à partir de la publication du rôle.

Une difficulté s'est présentée à ce sujet. Le conseil administratif des contributions directes a prétendu que l'art. 38 de la loi de 1807 devait être interprété dans un sens restrictif. D'après lui, cet article ne conserverait qu'aux propriétaires des constructions nouvelles le droit de se pourvoir en surtaxe, et ne s'appliquerait point aux maisons qui existaient lors de la construction du cadastre et ont été taxées à cette époque. Pour ces dernières, on ne jouirait que du délai de six mois après la publication du premier rôle qui a suivi la confection du cadastre. — Cette opinion nous paraît absolument contraire au texte de l'art. 38, car elle supprimerait la distinction si clairement établie sous le rapport de la fixité entre les propriétés bâties et les propriétés non bâties. Aussi a-t-elle été constamment repoussée par le Conseil d'État [1].

D'après ce que nous venons de dire, on voit que le rappel à l'égalité proportionnelle ne peut plus être aujourd'hui réclamé que pour les propriétés bâties, le délai de six mois depuis l'émission du premier rôle cadastral étant depuis longtemps expiré relativement aux demandes de cette nature pour les propriétés non bâties.

Le contribuable qui se croit taxé dans une proportion plus forte que les autres propriétaires de la commune doit,

---

1. Arrêts du 8 août 1834, 6 mars 1835, 22 juill. 1835. janv. 1836, 26 déc. 1840, 12 avril 1847, etc., etc.

toutes les fois qu'il s'agit d'une propriété classée, prouver la surtaxe par comparaison avec les types ou étalons choisis pour chaque classe [1].

Dans le cas, au contraire, où l'immeuble a fait l'objet d'une évaluation séparée, ce qui sera le plus fréquent, puisqu'il en est ainsi pour les maisons dans les villes et bourgs et pour les usines, le contribuable est le maître de désigner, parmi les objets de même nature compris dans les rôles de la commune, les cotes qui devront servir de termes de comparaison [2].

Mais le droit de désignation donné au propriétaire doit être contenu dans de certaines limites ; il ne pourrait porter sur des maisons dont la valeur locative se serait considérablement accrue depuis la confection du cadastre. Voici un exemple de ce discernement, cité par Dufour dans son Traité de droit administratif (tome IV, p. 39). Un sieur Lejeune, propriétaire de maisons sises à Paris, rue Neuve-Saint-Augustin, qui se plaignait d'être surtaxé, avait pris pour point de comparaison des maisons bâties sur la place Vendôme. Les agents des contributions ont fait remarquer au réclamant que les maisons indiquées par lui se trouvaient dans un cas exceptionnel, attendu qu'elles avaient augmenté de valeur depuis l'époque où elles avaient été cadastrées, soit par la confection définitive des rues de la Paix et Castiglione, soit par l'ouverture des magasins et boutiques qui était interdite auparavant aux propriétaires ; que dès lors ces maisons ne pouvaient être considérées comme types des évaluations cadastrales du quartier, puisque lors du renouvellement du cadastre elles subiraient une augmentation juste et rationnelle. — Le Conseil d'État, se rendant à ces observations, a par un arrêt du 27 février 1835 refusé d'accepter pour point de comparaison les maisons désignées.

1. Régl. du 15 mars 1847. Arr. du 7 fév. 1848.
2. Arrêté du 24 floréal an VIII, art. 5, et arrêt du 11 mai 1838.

Les demandes en rappel à l'égalité proportionnelle étaient primitivement réglées par la loi du 2 messidor an VII; elles ont été transformées en demandes en décharge ou réduction par l'arrêté consulaire du 24 floréal an VIII confirmé par les articles 36 et suivants de la loi du 15 septembre 1807. D'où il suit que la loi de messidor est aujourd'hui abrogée, et que les demandes ne sont plus soumises au délai de trois ans après le dépôt de la matrice du rôle au secrétariat de l'administration municipale.

A l'égard des erreurs de cotisation et de calcul, nul obstacle ne s'oppose évidemment à ce qu'elles puissent donner lieu à une décharge ou réduction. Nous en avons d'ailleurs parlé lorsque nous avons traité des réclamations contre l'expertise cadastrale.

Arrivons à la diminution du revenu cadastral. Il importe encore en cette matière de distinguer les propriétés bâties et les propriétés non bâties.

En ce qui concerne les propriétés non bâties, nous avons déjà vu que la règle est que la diminution du revenu cadastral ne peut servir de base à une demande en décharge ou réduction. Il y a exception à la fixité cadastrale, lorsque la diminution provient d'un accident fortuit de nature à détériorer l'immeuble d'une manière permanente.

Aucun délai n'étant fixé par la loi pour agir en dégrèvement dans ce cas exceptionnel, il n'y aurait pas de déchéance à opposer aux réclamants qui se pourvoient plusieurs années après l'événement de force majeure qui a causé la dépréciation.

Les propriétaires de propriétés bâties peuvent se pourvoir en décharge et former une demande en réduction, chaque année, pendant les trois mois qui suivent la publication du rôle, sans qu'il y ait à distinguer si la destruction totale ou partielle provient de leur fait ou d'une cause fortuite. Mais s'il n'est pas douteux qu'ils aient droit à une décharge pour les années qui suivent celle dans laquelle la démolition a lieu, ont-ils droit pour le reste de cette année à une demande en décharge de la compétence du conseil de préfecture, ou simplement à une remise d'impôts de la compétence du préfet ? Conformément au principe de l'annualité de l'impôt, la jurisprudence la plus récente du Conseil d'État décide que la démolition ne donne lieu qu'à une demande en remise pour le reste de l'année courante.

Les contribuables qui n'ont point formé leur demande en décharge ou en réduction dans les trois mois de la publication des rôles sont déchus du droit de réclamer contre la fixation de leur contingent tel qu'il résulte de ces rôles, et la déchéance peut leur être opposée tout en état de cause [1]. Ces demandes se forment par une pétition adressée au préfet ou au sous-préfet ; elle doit être faite sur papier timbré, à moins que la réclamation [2] n'ait pour objet une cote inférieure à 30 francs.

La pétition ne peut être faite au nom de plusieurs personnes que dans le cas où elles sont inscrites sous le même article du rôle. Elle doit être accompagnée de la quittance des termes échus, afin que les contribuables ne soient pas tentés de former une demande en dégrèvement pour retarder le paiement.

Transmise au préfet, la pétition est ensuite envoyée au contrôleur des contributions directes, qui prend l'avis des contribuables et donne le sien. Le directeur des contributions directes à son tour reçoit la demande et donne son avis. S'il pense que la réclamation doit être admise, il fait son rapport et le conseil de préfecture statue. Si au contraire il est d'avis que la réclamation doit être repoussée, il invite le réclamant à faire connaître s'il veut présenter de nouvelles observations ou demander une expertise. L'expertise ne peut être demandée que lorsque le réclamant prétend qu'il a été surtaxé, et que cette surtaxe provient de ce qu'on a donné une trop grande valeur à sa propriété. — Dans ce cas, d'après l'art. 29

1. C. d'Et., 7 nov. 1850.
2. Art. 28, 1. du 21 avril 1832.

de la loi du 21 avril 1832, deux experts sont nommés : l'un par le sous-préfet, l'autre par le réclamant, et l'expertise a lieu dans les formes prescrites par l'arrêté du 24 floréal an VIII. Les parties qui se croient lésées par l'expertise ont le droit de demander une contre-expertise; et le conseil de préfecture peut même l'ordonner d'office.

Si la réclamation est jugée fondée, le conseil de préfecture prononce la décharge ou la réduction, et le montant en est réimposé sur les autres contribuables.

Remise ou modération. — Après avoir exposé d'une manière générale les règles qui concernent les réclamations fondées sur un droit, et qui sont à ce titre du ressort de l'autorité juridique administrative, nous dirons un mot des remises ou modérations en matière de contribution foncière, que l'administration est autorisée à accorder dans certaines circonstances.

La loi du 15 septembre 1807 prévoyait deux cas : 1° celui où un propriétaire foncier perd par grêle, inondation, incendie, ou tout autre accident, tout ou partie de son revenu (article 37); — 2° celui où il y a perte totale ou partielle du revenu d'une année pour vacance de loyers (art. 38). Dans l'une comme dans l'autre hypothèse, elle refusait toute action en décharge ou réduction et n'admettait que les demandes en remise ou modération.

La première hypothèse n'a reçu aucune modification; la seconde a été gravement modifiée par la loi du 28 juin 1833. Il faut aujourd'hui distinguer entre les villes qui ont une population de 20,000 âmes et celles dont la population est inférieure à ce chiffre.

Dans les premières, comme nous l'avons déjà dit au sujet des exemptions temporaires, les vacances, pendant un trimestre au moins de tout ou partie des maisons dont les propriétaires ne sont pas dans l'usage de se réserver la jouissance, donnent lieu à des demandes en décharge ou en réduction, à la condition : 1° que les conseils municipaux en auront formé la demande; 2° que le fonds de non-valeurs sera insuffisant.

Dans les secondes, il n'y a lieu de ce chef qu'à des demandes en remise ou modération.

Le caractère essentiel de ces demandes est de demeurer essentiellement étranger à l'office du juge. Le contribuable ne vient pas se plaindre d'avoir été lésé dans la répartition de l'impôt; il signale seulement les pertes extraordinaires qu'il a éprouvées pour obtenir que l'administration veuille bien par mesure d'équité adoucir sa condition. La loi, dit M. Dufour, exclut même la pensée que ces sortes de demandes puissent avoir pour résultat une réduction de la somme à payer par l'un et nécessiter une réimposition sur les autres; le contribuable, en effet, alors même qu'elles sont accueillies, ne doit pas moins continuer à verser exactement la totalité de chaque terme et n'obtient pas de restitution ; il est simplement admis à participer à la fin de l'année à la distribution faite par le préfet d'une masse de fonds mise à sa disposition pour cet objet. Cette masse de fonds, qui est formée du produit d'un centime additionnel au principal de la contribution foncière et personnelle mobilière, de 3 centimes additionnels au principal de la contribution des portes et fenêtres, et de 5 centimes additionnels au principal de la contribution des patentes, porte le nom de fonds de non-valeurs, parce que son produit n'est pas destiné à enrichir le Trésor public, mais seulement à payer les pertes éprouvées sur le recouvrement des contributions directes. En matière de contribution foncière, ce fonds doit supporter les non-valeurs dans le sens spécial et restreint de ce mot, c'est-à-dire le montant des cotes d'insolvables ; les dégrèvements temporaires accordés aux propriétaires par l'art. 116 de la loi de juin an VII, et enfin, comme nous venons de le dire, les remises et modérations concédées aux contribuables.

Sous ce dernier point, ce fonds forme, comme le fait observer ingénieusement M. Serrigny [1], une espèce de société d'assurances mutuelles, par laquelle les contribuables se garan-

---

1. *Droit administ.*, tome IV, page 45.

tissent les pertes éprouvées par grêle, inondations ou autres cas de force majeure, dans une limite restreinte ; c'est-à-dire que le maximum de l'indemnité ne dépasse point le chiffre de l'impôt de ceux de ses associés qui ont éprouvé des sinistres.

CHAPITRE IX

Reconfection du cadastre.

On a vu comment le cadastre, qui dans la pensée du législateur de 1807 devait être l'unique régulateur de l'impôt foncier, avait été restreint au dernier degré de la répartition, et ne servait plus aujourd'hui qu'à déterminer la part des contribuables de la commune afférente à chacun dans le contingent communal. Au milieu des débats qui s'étaient élevés de 1818 à 1821 au sujet de la péréquation, une innovation considérable s'était produite. L'art. 20, § 2, de la loi du 21 juillet 1821 avait déclaré facultative pour les départements la dépense du cadastre. Les opérations cadastrales furent donc suspendues presque partout ; mais leur urgente nécessité devint pourtant si évidente, qu'elles ne tardèrent pas à être reprises, et qu'en 1826 elles étaient en activité dans tous les départements. Le règlement du 15 mars 1827 vint même leur imprimer une marche plus régulière et eut pour résultat une très-grande amélioration dans les travaux d'art et les évaluations. Il en est résulté qu'en ce moment une partie de nos communes possède un cadastre rectifié, très-exact, tandis que les autres en sont réduites au cadastre plus ou moins imparfait dressé dans les années qui suivirent 1808.

Confectionner un cadastre n'est pas tout ; il faut encore, comme nous l'avons déjà dit, le conserver, c'est-à-dire le tenir au courant de tous les changements qui surviennent dans les propriétés; et ces changements sont nombreux, variés, incessants, et affectent la forme, la contenance et la valeur des parcelles. Si le cadastre ne les reflète pas exactement, on ne tarde pas à arriver à la confusion et à l'inégalité dans la répartition de l'impôt. Nous ne reviendrons point sur les observations que nous avons présentées à cet égard quand nous avons traité de la péréquation générale de l'impôt; nous nous bornerons à rappeler ici que les difficultés que peut présenter un renouvellement périodique des opérations cadastrales pour la répartition de l'impôt à tous ses degrés ne se présente plus avec la même force, quand il s'agit d'un cadastre dont les modifications ne peuvent affecter le contingent total de la commune, mais seulement la distribution de ce contingent entre les habitants. Aussi, en 1846, le gouvernement, pour donner satisfaction aux nombreuses réclamations qui se produisaient, avait-il préparé un projet de loi dont voici deux dispositions principales :

« Art. 1. — Le cadastre sera refait dans les communes cadastrées depuis plus de trente ans.

« Art. 2. — A partir du renouvellement, les mutations seront annuellement appliquées sur les plans, sur les tableaux indicatifs ou états de division, et sur les matrices cadastrales. »

Ce projet fut soumis aux conseils généraux, qui en grande majorité lui donnèrent une approbation complète. Les préoccupations politiques et les événements ne permirent pas malheureusement qu'il fût converti en loi.

Cependant, sans attendre une nouvelle loi, quelques communes avaient déjà procédé au renouvellement de leur cadastre, en vertu d'une décision ministérielle de 1841. La validité de ces opérations fut contestée par des contribuables dont l'allivrement cadastral se trouvait augmenté, et qui fondaient leur réclamation sur ce que la loi du 15 september 1807, en prenant les évaluations cadastrales pour base de la répartition à tous ses degrés entre les propriétés non bâties, a consacré par voie de conséquence nécessaire la fixité de ces évaluations et qu'aucune disposition des lois postérieures n'a

abrogé ce principe en ce qui concerne la répartition individuelle et autorisé la révision des opérations cadastrales régulièrement exécutées en vertu de cette loi. Cette opinion a
été confirmée par arrêt du Conseil d'État du 15 mai 1848, ju-
geant au contentieux, qui a annulé les évaluations nouvelles dont se plaignait un propriétaire, et ordonné le rétablissement des anciennes sur les matrices.

On comprend qu'une telle décision, d'ailleurs indiscutable, devait paralyser l'action de l'administration, et inter-
rompre le cadastre en frappant moralement tout ce qui avait
été fait en exécution de la décision de 1841. Mais comme
les inégalités qui résultaient des premières opérations ne
faisaient que s'accroître les plaintes se renouvelaient chaque jour. En 1850, la question fut donc reprise ; et la loi de
finances du 7 août de cette année disposa en ces termes :

« Art. 7. — Dans toute commune cadastrée depuis trente
ans au moins, il pourra être procédé à la révision et au renouvellement du cadastre, sur la demande du conseil municipal
de la commune, et sur l'avis conforme du conseil général du
département, à la charge par la commune de pourvoir aux
frais des nouvelles opérations. Toutefois, dans toute commune
dont les évaluations cadastrales ont été révisées avec des
fonds départementaux, ces opérations pourront être régula-
risées par un arrêté ministériel, sur la demande des conseils
généraux. Les opérations commencées dans une commune
pourront être également terminées aux frais du département. »

Cette loi s'occupe de la révision du cadastre à deux
points de vue différents : 1° pour l'avenir ; 2° pour le passé.

Dans l'avenir, elle autorise le renouvellement du cadastre aux conditions suivantes : 1° que le conseil municipal
de la commune l'ait demandé ; 2° que les frais en soient supportés par la commune ; 3° que le conseil général ait émis
un avis conforme à la demande.

Dans le passé, le législateur, d'accord avec le Conseil
d'État, reconnaît l'irrégularité des renouvellements opérés ;

mais il permet de les régulariser par un arrêté ministériel rendu sur la demande des conseils généraux. Il autorise de plus la continuation des opérations commencées avant la loi nouvelle. Ces dispositions se justifient d'elles-mêmes.

La loi de 1850, qui nous régit encore, a suscité de vives critiques, qui nous paraissent assez justifiées. Nous ne pouvons mieux faire que de citer sur ce point un extrait d'un rapport fait par M. le président Bonjean, dans la séance du Sénat du 27 juin 1861, au nom de la commisssion chargée d'examiner des pétitions relatives au cadastre. « Dans beaucoup de départements, disait l'honorable sénateur, qui avait fait une étude approfondie de la question [1], le cadastre d'une partie des cantons se trouvait terminé le 7 avril 1850 avec les centimes départementaux levés sur tout le département, était-il équitable de rompre brusquement la réciprocité, et de faire peser sur les communes non encore cadastrées au moment où la loi fut promulguée toute la dépense de leur propre cadastre, quand elles avaient payé leur quote-part dans celui des autres communes terminées antérieurement à la loi?

« Au point de vue administratif, les inconvénients étaient plus graves encore.

« Comment abandonner à la délibération de trente-six mille conseils municipaux le soin de décider si le cadastre de leur commune serait ou non révisé aux frais du budget municipal? Quelle régularité, quel ordre, quel ensemble espérer de tant de volontés divergentes?

« N'était-il pas aisé de prévoir que par insouciance, apathie, défaut de ressources ou économie mal entendue, la plupart des communes rurales laisseraient complétement de côté la révision du cadastre? »

Pour remédier à cet état de choses, le projet de loi déposé le 23 mars 1876 revient, avec quelques modifications, au sys-

---

[1]. Voir le *Traité sur le cadastre* publié en 1874, d'après les notes de M. Bonjean, par son fils, M. Georges Bonjean.

tème antérieur à la loi de 1850, qui donnait au renouvellement du cadastre un caractère départemental. « Dans toute commune cadastrée depuis trente ans au moins, dit l'article 1er du projet, il peut être procédé à la reconfection ou révision du cadastre. Les conseils généraux des départements désignent les communes où les plans doivent être renouvelés en totalité ou en partie, et les communes ou portions de communes où ils doivent être simplement révisés. — A l'époque du renouvellement ou de la révision, il est procédé à une nouvelle évaluation du revenu imposable de toutes les propriétés de la commune.... »

La possibilité de renouvellements périodiques tous les trente ans est donc établie par le projet de loi, et, tout en regrettant qu'on n'en fasse pas une mesure absolue et générale, nous y voyons une amélioration considérable. Nul doute d'ailleurs que beaucoup de communes ne profitent de la faculté qu'elles auront de rétablir périodiquement l'égalité entre leurs habitants, pour opérer, si elles y sont autorisées par le conseil général, à chaque terme de trente ans, une nouvelle révision cadastrale.

C'est avec la même timidité que le projet cherche à organiser la conservation cadastrale, c'est-à-dire le système qui consiste à tenir le cadastre au courant de toutes les mutations survenues dans la propriété foncière.

« Art. 14. — Lorsque le cadastre a été renouvelé ou révisé en exécution de la présente loi dans toutes les communes d'un même canton, ou lorsque l'état des documents cadastraux le permet, le conseil général *peut* décider que les mutations qu'éprouveront les propriétés foncières dans leurs formes, leurs limites et leurs possesseurs seront annuellement consignées sur les états de section, sur les matrices et sur les copies des plans parcellaires. » — Pourquoi ne pas décider que cela aura lieu de plein droit, comme dans l'article 22, dont nous allons nous occuper?

Une fois, en effet, le cadastre refait à nouveau et tenu au courant des modifications qui surviennent nécessairement dans la propriété, chaque portion du sol aurait, avec son signalement exact, un numéro qui la comprendrait seule et tout entière. Alors pourrait s'appliquer la disposition de l'article 22 du projet, ainsi conçu : « Chaque année, avant le 1er mai, un décret inséré au *Bulletin des lois* publie les noms des cantons où la conservation du cadastre a été organisée dans le courant de l'année ou doit l'être au 1er janvier suivant. A compter de cette époque et pour les immeubles situés dans lesdits cantons, tout acte translatif de propriété, d'usufruit ou de jouissance, ainsi que tout partage en forme authentique ou sous signature privée, devra indiquer les divisions cadastrales et les numéros du plan divisionnaire pour chacun des immeubles transmis ou partagés. Les mêmes indications seront fournies dans les déclarations relatives aux mutations par décès, etc..... »

Lorsque tous ces actes contiendront ainsi l'indication des sections et numéros du cadastre, les registres de l'enregistrement fourniront aux contrôleurs des contributions directes tous les renseignements nécessaires pour établir sur des bases certaines le travail si utile et cependant si incomplet, et parfois si inexact, des mutations opérées dans le courant de l'année.

On comprend en effet combien, dans l'état de choses actuel, le contrôleur éprouve de peine à régulariser ces mutations quand le dépouillement des registres de l'enregistrement lui fournit des titres ainsi conçus : « Vente..... par..... à..... de 1 hectare de terre en labour au terroir de..... moyennant..... » Si le vendeur possède sur le même territoire plusieurs parcelles de même grandeur, on ne pourra savoir celle qui a été vendue, d'autant plus que les contenances mentionnées dans l'acte ne sont pas en général celles du cadastre.

Voilà toute une série d'inconvénients qui seront évités par la mention dans les actes quels qu'ils soient de la légende cadastrale, la seule juste, exacte et qui permet à chaque instant de retrouver les immeubles. Comment, en effet, retrouverez-vous un champ **dans** cinquante ans, si vous n'avez pas ce renseignement? Ce ne sera pas assurément par les noms des voisins, qui changent chaque jour, mais en vous reportant au plan cadastral, qui, lui, n'aura pas varié.

Pour terminer, nous signalerons l'utilité qu'auront ces indications dans les transactions privées, au point de vue de la détermination exacte et précise des parcelles. Quand on aura écrit en toutes lettres dans un acte que la parcelle vendue ou hypothéquée est située dans telle commune, et qu'elle porte, par exemple, le numéro 58 de la section B, toute confusion sera impossible. Ce système existe déjà en Hollande, où il a donné les meilleurs résultats.

Un certain nombre de publicistes demandent même une réforme plus complète du cadastre, qui n'est aujourd'hui qu'un instrument fiscal auquel on cherche à donner une plus grande précision; ils voudraient en faire le grand-livre de la propriété immobilière, dans lequel il serait ouvert, non plus à la personne du propriétaire et des ayants droit, mais à la parcelle elle-même, un compte spécial qui réunirait tout ce qui l'intéresse. Ce cadastre-titre, parfaitement au courant de toutes les mutations de la propriété, serait substitué aux registres de transcription et aux registres hypothécaires, qui n'auraient plus aucune valeur au point de vue de la publicité. C'est la matrice qui les remplacerait dans ce dernier rôle, et avec beaucoup d'avantages, car elle réaliserait enfin la logique idéale, c'est-à-dire l'inscription sous le nom de l'objet des événements juridiques qui ont rapport à cet objet. Dans ce système, pour avoir un renseignement exact, il suffirait d'indiquer au conservateur le numéro de la parcelle. Le conservateur, de son côté, ne serait plus obligé de fouiller de nombreux registres; il ouvrirait son registre au folio consacré à la parcelle indiquée et, à l'instant même, sans peine, sans erreur possible, il délivrerait un état complet, comprenant la contenance de la parcelle, sa nature, le revenu imposable, l'impôt qu'elle a à payer, la série intégrale de tous les propriétaires auxquels elle a successivement appartenu, et les hypothèques dont elle a été grevée du chef de chacun d'eux.

Cette simple exposition montre suffisamment quelle serait l'utilité pratique d'un cadastre établi sur de pareilles bases. Les difficultés et les dépenses qu'entraînerait son exécution en retarderont sans doute longtemps encore l'adoption.

Mais, si l'on recule devant une réforme aussi radicale, il nous semble que la révision des opérations cadastrales faite au point de vue exclusif soit d'une meilleure répartition de l'impôt, soit de la transformation de l'impôt foncier en impôt de quotité, n'est pas une œuvre aussi gigantesque que nous l'entendons soutenir quelquefois.

On a vu ce qu'était un cadastre : un état descriptif et évaluatif des parcelles qui composent le sol national; état dressé d'après deux catégories d'opérations : les unes d'art ou géométriques, les autres économiques et fiscales. Les premières de ces opérations ne seraient certainement pas toutes à refaire; et il suffirait souvent de les retoucher simplement. Ainsi la détermination de la commune, la division en sections ne subiraient aucun changement. Quant à la triangulation, il doit en rester des vestiges, comme des pièces à l'appui et des procès-verbaux.

Les arpentages et le plan de chaque parcelle présenteraient assurément quelque difficulté; mais encore faut-il observer qu'il ne serait pas nécessaire de recommencer partout ces opérations. C'est surtout aux environs des villes que la physionomie des parcelles a été dénaturée, ou bien près des grandes routes; en pleine campagne, dans les fermes de quelque importance, la configuration de la plupart des parcelles n'a pas changé. Toutes les fois qu'il n'y a pas eu de modification, par suite de ventes, partages, changements de culture ou aménagements de propriétaires, on pourrait conserver l'arpentage et le plan anciens, sauf dans le cas où l'on aurait lieu de croire qu'ils sont inexacts, dans le cas par exemple où le propriétaire se plaindrait d'erreurs; alors on pourrait renouveler l'opération en mettant les frais à sa charge. D'un autre côté, les parcelles les plus récemment modifiées par des ventes ou des partages ayant été en général l'objet d'arpentages faits par le soin des parties intéressées, les résultats de ces arpentages pourraient être tenus pour véritables, quand il n'y aurait pas contre eux de cause de suspicion et qu'ils seraient en concordance avec les chiffres du premier cadastre. On voit qu'il serait facile de simplifier les opérations géométriques.

Venons-en à la seconde partie du cadastre, celle qui tend à déterminer le revenu net des parcelles. Au point de vue du fisc, c'est l'œuvre la plus importante ; elle a été mal faite, parce qu'on y a procédé sans ensemble pour toute la France ; qu'on a abandonné ces trois opérations successives de la classification, du classement et du tarif des évaluations à des commissions de propriétaires ou aux conseils municipaux, et que les tarifs d'évaluation ont été en général fixés très-au-dessous du revenu réel, l'écart entre le tarif et le revenu variant d'ailleurs considérablement selon les localités.

Il serait facile de remédier à ces défauts en refaisant les opérations économiques et fiscales du cadastre, lesquelles sont bien moins compliquées que les opérations géométriques. Une commission fiscale, composée des agents du gouvernement, soit du contrôleur et des percepteurs des contributions directes et d'un employé de l'enregistrement, assisté d'un ou deux experts locaux, pourrait recommencer ce travail et le mener promptement à bonne fin. La révision actuelle, faite par les répartiteurs pour l'évaluation des constructions nouvelles, offre un précédent très-heureux.

On pourrait d'ailleurs, pour la péréquation de l'impôt foncier, se passer même du cadastre, tout en le conservant précieusement comme mesurage du pays tout entier. L'on a des renseignements et des indices assez précis du revenu ou de la valeur des terres : ce sont les baux, les contrats de vente et les actes de partage. L'enregistrement des baux est

Les successeurs universels d'un propriétaire, étant tenus des obligations du défunt, sont, comme il l'était lui-même, débiteurs des contributions qui grèvent les biens de la succession [1]. On doit adopter la même décision pour le légataire universel ou à titre universel ; ajoutons que l'acquéreur d'un immeuble contracte, par le fait même de son acquisition, l'obligation de payer l'impôt foncier. Toutefois, tant que la mutation de propriété n'a pas été constatée, l'ancien propriétaire reste obligé envers le Trésor, sauf son recours contre l'acquéreur.

On a vu qu'en droit romain la convention par laquelle les particuliers mettaient l'impôt à la charge d'une autre personne que celle que la loi désignait était nulle à l'égard des collecteurs. Il en était ainsi dans notre droit jusqu'à la loi du 4 août 1844, dont l'art. 6 est ainsi conçu : « Tout propriétaire, ou usufruitier, ayant plusieurs fermiers dans la même commune, et qui voudra les charger de payer en son acquit la contribution foncière des biens qu'ils tiennent à ferme ou à loyer, devra remettre au percepteur une déclaration indiquant la division de son revenu imposable entre lui et ses fermiers. Cette déclaration sera signée par le propriétaire et les fermiers. Si le nombre des fermiers est de plus de trois, la déclaration sera transmise au directeur des contributions directes, qui opérera la division de la contribution et portera dans un rôle auxiliaire la somme à payer par chaque fermier. Les frais d'impression et de confection de ce rôle seront payés par les contribuables à raison de cinq centimes par article. »

Les percepteurs ont seuls qualité pour effectuer et poursuivre le recouvrement des contributions directes. Ils doivent être porteurs du rôle qui, depuis la loi du 15 mai 1818, est un rôle unique pour toutes les contributions directes. Ce rôle forme le titre de l'État ; nous avons déjà dit qu'il était préparé par les soins du directeur des contributions directes : il est rendu exécutoire par l'arrêté préfectoral qui en ordonne

---

1. Art. 36, loi du 3 frim. an VII.

l'émission ; ce n'est toutefois qu'après sa publication dans chaque commune par les soins du maire et sa notification faite individuellement à chaque contribuable sous forme d'avertissement donné par le percepteur que la mise en recouvrement commence.

Les contributions directes sont exigibles par douzième. Le contribuable qui n'a pas acquitté au 1ᵉʳ du mois le douzième échu du mois précédent, peut être poursuivi après l'expiration des dix jours qui suivent cette échéance et huit jours après une sommation sans frais.

La poursuite s'exerce en vertu d'une contrainte décernée par le receveur particulier de l'arrondissement en exécution du rôle, et visée par le sous-préfet. Elle présente quatre degrés : 1° la garnison collective et la garnison individuelle [1] ; 2° le commandement, trois jours francs après la cessation de la garnison ; 3° la saisie des meubles et effets mobiliers ou des fruits pendant par la racine, suivant les formes prescrites par le Code de procédure civile, et dans les trois jours après la cessation du commandement ; 4° la vente des objets saisis. Ce quatrième degré de la poursuite ne peut avoir lieu que sur l'autorisation du sous-préfet.

Sur le prix provenant de cette vente, l'État, en cas de concours avec d'autres créanciers, exerce un droit de privilége à lui conféré par la loi du 12 novembre 1808. Mais tandis que, pour les contributions directes autres que la contribution foncière, c'est un privilége général s'exerçant sur tous les meubles et effets mobiliers appartenant aux redevables, pour cette dernière c'est un privilége spécial sur certains meubles : « Le privilége du Trésor public, dit la loi de 1808, pour le recouvrement des contributions directes, est réglé ainsi et s'exerce avant tout autre : 1° pour la contribution foncière de l'année échue et de l'année courante sur les récoltes, fruits, loyers et revenus des biens immeubles sujets à la contribution... »

---

1. Un projet de loi déposé par le gouvernement en 1876 supprime ce mode de poursuites.

Comme le remarque M. Valette, l'impôt foncier ayant été quelquefois considéré comme le prix de la protection que la puissance publique accorde à la propriété, on peut jusqu'à un certain point faire reposer le privilége en question sur l'idée de conservation de la chose. « C'est ainsi qu'on s'expliquera comment l'article précité a pu décider que ce privilége passerait avant tout autre. La masse des créanciers n'a dû compter sur les revenus de l'immeuble de leur débiteur que déduction faite des sommes dont l'État était lui-même créancier pour l'impôt foncier [1]. »

Le privilége ne s'exerce que pour l'année échue et l'année courante, parce qu'une plus longue durée eût entravé les transactions et encouragé la négligence des percepteurs. Il ne s'étend pas sur les immeubles, mais seulement sur leurs fruits, récoltes et revenus, pour que sa mise en action soit plus simple et moins dommageable aux tiers.

Nous venons de dire que le privilége du Trésor sur les meubles n'est qu'un droit de préférence à l'encontre des autres créanciers, conformément à la définition donnée du privilége par l'art. 2,095 du Code Napoléon. Le droit de suite est un effet anormal qui n'appartient aux priviléges mobiliers que dans les cas spécialement exprimés par une disposition de la loi [2]. De là il faut conclure que le privilége du Trésor ne l'autorise pas à suivre les meubles qui sont sortis sans fraude de la possession du contribuable, même depuis le commencement de l'année pour laquelle la contribution est établie, et avant toute poursuite de la part des agents de l'administration [3].

Suit-il de là que le privilége du Trésor pour la contribution foncière ne s'étende pas, pour l'année échue et l'année courante, aux fruits et loyers des immeubles vendus lorsque ces fruits et loyers sont échus depuis la vente faite par l'an-

1. *Traité des privil. et hypoth.*, n° 101.
2. Art. 2,102, n° 1. § 4, C. civ.
3. Cour de cass., 17 août 1847. Sirey, 48, 1, 45.

cien propriétaire? M. Serrigny propose de distinguer entre l'année échue et l'année courante : le nouvel acquéreur serait tenu personnellement et par conséquent par privilége d'acquitter la contribution de l'année courante; mais comme il n'est que tiers détenteur, non obligé personnellement pour l'année échue, le Trésor ne saurait avoir de privilége contre lui pour cette année.

Cette opinion n'a pas été adoptée par la Cour de cassation [1]. En effet, le rapprochement des deux paragraphes de l'article établit manifestement le droit réel. Pour les contributions mobilières ou autres, la loi ne donne privilége au Trésor que sur les meubles *appartenant* aux redevables; mais pour la contribution foncière de l'année échue et de l'année courante elle accorde le privilége sur les récoltes, fruits, loyers et revenus des immeubles, sans distinguer si ces biens ont changé de nature ou sont restés aux mains du même propriétaire. Néanmoins il n'est pas besoin de purge pour payer en sûreté, car l'acquéreur peut se renseigner soit auprès du percepteur, soit auprès du vendeur en lui demandant sa quittance.

Aux termes de l'art. 2 de la loi du 12 mai 1808, « tous fermiers, locataires, économes, etc., et autres dépositaires et débiteurs de deniers provenant du chef des redevables et affectés au Trésor public seront tenus, sur la demande qui leur en sera faite, de payer en l'acquit des redevables et sur le montant des fonds qu'ils doivent ou qui sont entre leurs mains, jusqu'à concurrence de tout ou partie des contributions dues par ces derniers. Les quittances des percepteurs pour les sommes légitimement dues leur seront allouées en compte. »

Il résulte de ce texte que les dépositaires et débiteurs de deniers provenant du chef des redevables ne sont tenus de payer sur la demande des percepteurs que lorsque ces deniers sont affectés au privilége du Trésor ; dans le cas contraire, le

---

1. Cour de cass., 6 juillet 1852. Sir., 52, 1, 534.

percepteur est obligé de recourir à la saisie-arrêt ; ce qui peut arriver surtout en matière de contribution foncière pour laquelle il n'existe qu'un privilége spécial, souvent insuffisant. Mais ne faut-il pas aller plus loin, et admettre que les fermiers et locataires sont personnellement tenus de payer la contribution en l'acquit du propriétaire ?

Quelques auteurs ont distingué à cet égard entre le fermier et le locataire et n'ont admis l'affirmative que pour le premier. Un pareil système est difficile à soutenir en présence de l'art. 147 de la loi du 3 frimaire an VII, qui les place sur une seule et même ligne : « Tous fermiers et locataires sont tenus de payer à l'acquit des propriétaires et usufruitiers la contribution foncière pour les biens qu'ils ont pris à ferme ou à loyer, et les propriétaires ou usufruitiers de recevoir le montant des quittances de cette contribution pour comptant sur le prix des fermages, à moins que le fermier ou le locataire n'en soit chargé par le bail. »

Ce texte, d'autre part, prouve qu'au moins pour l'année courante le fermier et le locataire sont tenus personnellement au paiement de la contribution foncière. S'il s'agit de l'année immédiatement échue, ils sont tenus, mais seulement en vertu du privilége conféré par la loi du 12 novembre 1808, puisqu'aux termes de l'art. 2 de cette loi ils ne le sont que sur le montant des fonds qu'ils doivent ou qui sont entre leurs mains. Enfin, pour les années antérieures à l'année courante, le percepteur n'a plus ni action personnelle ni privilége contre les fermiers ou locataires. Il se trouve dès lors dans la position de tout créancier qui veut se faire payer par son débiteur, c'est-à-dire qu'il sera obligé de recourir à la voie de la saisie-arrêt.

CHAPITRE XI

Impôts accessoires à l'impôt foncier.

Sous ce nom de charges accessoires à l'impôt foncier, on comprend trois sortes de contributions bien distinctes. D'abord les centimes additionnels au principal de la contribution, centimes affectés à des dépenses publiques spéciales et aux dépenses départementales. En second lieu, la taxe des biens de mainmorte, taxe spéciale à certains biens à raison de la qualité du propriétaire. Enfin un petit groupe de charges particulières, qui, sans se rattacher à la contribution foncière, présentent avec elle une certaine analogie.

§ 1. Centimes additionnels.

On sait que l'impôt foncier est irrévocablement fixé en principal, et nous avons vu plus haut les motifs qui ont inspiré cette décision. Mais à côté des contingents invariables existe une taxe mobile, destinée à pourvoir à différents services dont les besoins sont variables. Ce sont les centimes additionnels, qui, comme leur nom l'indique, s'ajoutent au centime le franc au principal de la contribution.

La partie fixe et la partie mobile de l'imposition sont déterminées séparément dans les lois de finances ; la distinction se conserve aux différents degrés de répartition jusqu'à la confection du rôle, et ce n'est que dans les cotes individuelles qu'elles doivent se confondre. L'avertissement que reçoit chaque contribuable doit cependant lui fournir les indications suffisantes pour discerner ces deux éléments.

Les centimes additionnels se divisent en plusieurs catégories. Les uns sont généraux, d'autres départementaux, d'autres communaux.

Nous indiquerons sommairement parmi ces centimes ceux qui sont ajoutés à la contribution foncière.

Les centimes généraux, perçus au profit de l'État, se distinguent en extraordinaires et en spéciaux. Dans l'état actuel de la législation financière, il n'existe pas de centimes généraux extraordinaires grevant la propriété. Au contraire il y a deux centimes spéciaux : un pour le fond de non-valeurs, l'autre pour le fonds de secours en cas de grêle, inondation ou autres cas fortuits.

Les centimes départementaux comprennent des centimes ordinaires, dont le nombre est fixé annuellement par la loi de finances, et qui sont appliqués par le conseil général ; des centimes extraordinaires votés par le conseil général dans les limites fixées par la loi de finances, ou autorisés par une loi ; enfin de centimes spéciaux pour les dépenses des chemins vicinaux et de l'instruction primaire. Il faut ajouter les centimes spéciaux pour le cadastre, qui ne pèsent que sur la propriété foncière.

Les centimes communaux se distinguent en spéciaux et non spéciaux. Les premiers sont ordinaires ou extraordinaires, affectés aux chemins vicinaux, à l'instruction publique ou au traitement des gardes-champêtres. Les seconds se subdivisent selon qu'ils sont destinés à couvrir des dépenses annuelles ou non annuelles.

§ 2. Taxe de main-morte.

Cet impôt, qui est une contribution spéciale ayant la plus grande analogie avec la contribution directe, dont il forme en quelque sorte un appendice, est imposé à certains biens à raison de la qualité de leurs propriétaires et pour un double motif. Il s'agit de corporations, d'établissements, qui, constituant aux yeux de la loi des personnes morales, ne meurent pas et par conséquent ne donnent pas lieu à la perception des droits de mutation par décès ; d'autre part leur patrimoine est immobilisé presque complétement à raison des règles qui le régissent, et qui sont motivées par la permanence des intérêts auxquels il doit pourvoir. La taxe est donc destinée à remplacer les droits de mutation entre-vifs et à cause de mort qui pèsent sur les particuliers et auxquels échappent ces établissements, désignés sous le nom de *mainmorte* parce que les héritages une fois entrés dans leurs mains n'en sortent plus ou n'en sortent que rarement et après de longs intervalles.

Sous l'ancien droit, les gens de mainmorte avaient été autorisés à acquérir et à posséder des immeubles. Pour prix de cette concession, ils devaient payer au roi un droit d'amortissement qui avait été fixé, par déclaration du 21 novembre 1724, au cinquième de la valeur des biens tenus en fief, et au sixième des biens tenus en roture. C'était un droit fixe, que l'on payait une fois pour toutes, en entrant en possession.

Le droit d'amortissement fut aboli par la loi du 3 décembre 1790. Il n'avait plus de raison de subsister, puisque tous les immeubles possédés par des communautés étaient devenus biens nationaux.

La propriété de mainmorte ne tarda pas à se reconstituer. Sous l'Empire et sous la Restauration, un grand nombre de personnes morales furent rétablies, les associations de bienfaisance se fondèrent, et enfin les corporations religieuses, disparues pendant la Révolution française, se reformèrent rapidement un patrimoine important. Une enquête faite en 1848 montra que les biens de mainmorte formaient déjà le dixième de la superficie de la France. Il en résultait une perte énorme pour le Trésor, qui percevait bien l'impôt foncier, mais auquel échappaient tous les droits de mutation. La loi du 20 février 1849 a changé cette situation, en établissant une taxe spéciale sur tous ces biens ainsi immobilisés. Mais cette loi, au lieu d'exiger une somme unique, à l'imitation de l'ancien droit, établit une charge particulière sous forme d'addition à l'impôt foncier : le montant de la prestation additionnelle fut calculé de telle sorte que son produit fût à peu près l'équivalent des droits de mutation. On admit que les biens mobiliers changeaient de mains tous les vingt ans, et que les droits de mutation étaient en moyenne du vingtième du capital, ou d'une fois le revenu d'une année. D'après ces principes, la taxe représentative devait être du vingtième du revenu annuel. Or le revenu des biens de mainmorte ayant été estimé à 66 millions de francs, le vingtième était de 3,300,000 francs, somme qui se trouvait avec le principal de l'impôt foncier perçu sur ces biens dans la proportion de 62 1/2 pour cent. On établit donc une taxe additionnelle de 62 centimes 1/2 au principal de la contribution foncière payée par les biens de mainmorte.

Trois conditions sont exigées pour constituer la nature imposable atteinte par la loi. Il faut : 1° qu'il s'agisse de biens immeubles; 2° qu'ils soient passibles de la contribution foncière; 3° que les biens appartiennent à l'une des corporations de main-morte comprises dans l'art. 1er de la loi, savoir : départements, communes, hospices, séminaires, fabriques, congrégations religieuses, consistoires, établissements de charité, bureaux de bienfaisance et établissements publics légalement autorisés.

Il faut, disons-nous, qu'il s'agisse d'immeubles. Devra-t-on pour apprécier la nature de ces biens s'en tenir à l'art. 519 du Code civil, ou au contraire suivre les indications de la loi du 28 juillet 1836, art. 2, qui soumet à la contribution foncière les bains, bacs, bateaux, moulins, lors même qu'ils ne sont pas construits sur piliers et pilotis, et qu'ils sont simplement retenus par des amarres ?

Nous croyons qu'il faut s'en rapporter à la loi de 1836 et soumettre à la taxe les biens dont elle parle. Sans doute la loi de 1849 ne parle que des immeubles, mais il faut entendre l'expression *secundum subjectam materiam* dans le sens de la loi financière, et non au point de vue civil.

Tous les biens affranchis de la contribution foncière sont affranchis de la taxe. C'est dire qu'elle ne s'applique pas notamment aux biens des départements et des communes affectés à un service public, ni aux droits d'usages forestiers appartenant aux communes et autres corporations, bien que ces droits soient d'une nature immobilière.

La troisième condition pour que les biens soient soumis à la taxe de main-morte, c'est qu'ils appartiennent aux personnes morales énumérées dans la loi. L'administration des contributions directes a élevé la prétention de soumettre à cet impôt les compagnies concessionnaires de chemins de fer ou de canaux, à raison du sol de ces chemins et de leurs accessoires qu'elle considérait comme appartenant à ces compagnies. Mais la jurisprudence du Conseil d'État a, à plusieurs reprises, repoussé cette prétention, par ces motifs que si l'exploitation temporaire de ces canaux et de ces chemins a pu être concédée, ils ne continuent pas moins à faire partie du domaine public, et comme tels sont inaliénables et imprescriptibles [1].

M. Serrigny combat vivement ce système [2], qui a pour effet de priver l'État de revenus considérables, et il oppose deux objections à la jurisprudence du Conseil d'État. Il fait d'abord remarquer que diverses lois, en autorisant des prêts au nom de l'État à des compagnies concessionnaires, ont décidé que ces compagnies affecteraient à la garantie du paiement des intérêts et du capital le chemin de fer et ses dépendances, et consentiraient des inscriptions hypothécaires sur ces chemins. Le droit d'hypothèque ne pourrait s'expliquer, suivant le savant auteur, si la concession avait été limitée à l'exploitation. Il faut donc bien que les chemins de fer appartiennent aux compagnies concessionnaires. En

---

1. Cour d'app., arrêt du 8 février 1841, chem. de fer du Centre ; 3 mai 1841, chem. de Strasbourg ; 29 nov. 1851, chem. d'Amiens, etc.

2. Questions de droit administ., p. 298.

second lieu, M. Serrigny fait remarquer que l'impôt foncier est dû par les chemins de fer et les canaux, ce qui prouve bien qu'ils sont assujettis aux charges publiques.

Ces arguments sont spécieux, mais ils n'ont rien de décisif. En effet, conclure de la faculté d'hypothéquer à l'existence du droit de propriété, c'est étendre outre mesure une disposition de loi spéciale. Il faut observer qu'il ne s'agit pas ici de droit civil, et que la garantie accordée aux prêts constitue un privilége *sui generis*[1]. Il n'y faut voir qu'une mesure d'ordre prise par le gouvernement, un moyen mis à sa disposition pour conserver un contrôle efficace survivant à la concession, en lui ménageant la faculté de la retirer éventuellement et d'en disposer au profit d'une autre compagnie.

D'autre part, si les chemins de fer et les canaux sont assujettis à l'impôt foncier, c'est qu'ils sont productifs de revenus. La productivité forme, comme nous l'avons vu, le trait distinctif de la matière imposable pour le domaine; mais elle est indifférente pour la taxe additionnelle, car cette taxe n'existe que pour remplacer les droits de mutation; or la productivité n'enlève pas au domaine son caractère qui est d'être inaliénable et imprescriptible. D'un autre côté, si l'inaliénabilité était la seule cause de la taxe, il faudrait y soumettre tout le domaine public, les rues, routes, etc., etc.; ce que personne ne soutient. La jurisprudence du Conseil d'État est donc rationnelle et fondée en droit.

Nous voyons dans l'art. 1er de la loi du 20 février qu'elle s'applique à tous les établissements publics légalement autorisés; il faut en conclure que la loi fait simplement une énumération énonciative, mais qu'elle est restreinte aux associations qui ont une existence civile, une personnalité juridique reconnue. D'où il suit que toutes les congrégations religieuses simplement tolérées ne sont point soumises à cette charge spéciale.

La loi de 1849 assimile la taxe de mainmorte à la contri-

---

1. M. Batbie, Introduction générale au *Traité de Droit public*, p. 199.

bution foncière en ce qui concerne l'assiette et le recouvrement. Les réclamations qui se produisent à cet égard, tant par la voie gracieuse que par la voie contentieuse, suivront donc la même procédure et seront soumises à la même compétence qu'en matière de contribution foncière.

§ 3. — **Taxes diverses**.

Certaines propriétés foncières supportent des charges spéciales. Ce sont :

1° Les mines qui, en vertu de la loi du 21 avril 1810, supportent une taxe de 10 francs par kilomètre carré de terrain concédé et de plus une taxe proportionnée au produit de l'extraction. Cette redevance est fixée chaque année par la loi de finances ; elle ne peut pas dépasser 5 p. 0/0.

2° Les marais desséchés supportent aussi une contribution particulière aux termes de l'art. 26 de la loi du 16 septembre 1807. L'entretien et la garde des travaux de dessèchement sont à la charge des propriétaires des fonds ainsi livrés à la culture. Pour subvenir à ces dépenses, on établit sur chaque propriétaire une contribution proportionnée à son intérêt : un règlement d'administration publique fixe le genre et l'étendue de cette taxe sur l'avis du préfet et du ministre, et sur la proposition d'une commission composée des syndics de la réunion des propriétaires, auxquels le préfet peut adjoindre deux ou quatre membres[1]. La taxe est assimilée à un impôt direct et traitée de même.

3° Les propriétés riveraines d'un cours d'eau non navigable ni flottable supportent les dépenses nécessaires pour l'entretien des digues et le curage, aux termes de la loi des 14-24 floréal an XI. D'après cette même loi, c'était au chef du pouvoir exécutif, en Conseil d'État, qu'il appartenait exclusivement d'établir des taxes, pour l'entretien et la conserva-

---

1. Décret du 11 février 1811.

tion des ouvrages destinés soit à faciliter le libre écoulement des eaux, soit à défendre les propriétés de l'inondation. Depuis la loi du 24 juin 1865 sur les associations syndicales, ce droit a été remis aux propriétaires, qui se réunissent sous certaines conditions. Les autres dispositions de la loi de l'an XI sont restées en vigueur. C'est ainsi que les rôles sont dressés sous la surveillance des préfets et rendus exécutoires par eux. On suit d'ailleurs toutes les règles applicables aux contributions directes : le contentieux appartient au conseil de préfecture et en appel au Conseil d'État.

4° Enfin les établissements d'eaux minérales naturelles, aux termes de deux arrêtés du gouvernement (3 floréal an VIII et 6 nivôse an XI), supportent une contribution particulière destinée à pourvoir au traitement des médecins chargés de l'inspection de ces établissements : la loi de finances statue chaque année sur ce point.

Pour compléter cet exposé des charges accessoires à l'impôt foncier, il faut dire quelques mots des prestations pour la construction et l'entretien des chemins vicinaux. D'après l'art. 2 de la loi du 21 mai 1836, tout habitant inscrit à la contribution foncière, mâle, valide et âgé de 18 à 60 ans, est imposable à trois journées de travail avec facilité de payer à son choix en nature ou en argent. D'un autre côté, tout chef de famille ou d'exploitation à titre de propriétaire, fermier ou colon, doit la prestation : 1° pour lui-même ; 2° pour tout individu membre de sa famille et âgé de 18 à 60 ans ; 3° pour chaque bête de somme, de trait ou de selle, et pour chaque charrette attelée, au service de la famille, ou de l'établissement dans la commune. Les prestations pour les domestiques, charrettes et animaux, étant dues par l'établissement plutôt que par le propriétaire ou régisseur, sont exigibles alors même que le chef de l'établissement agricole ne les devrait pas personnellement. Les femmes, par exemple, bien qu'elles ne doivent pas la prestation, la payent cependant pour le personnel et le matériel de leur propriété ou ferme.

Les tarifs de la conversion en argent de la prestation en

nature sont arrêtés, pour les journées d'hommes, d'animaux et d'attelages, par le conseil général du département, sur les propositions des conseils d'arrondissement[1]. A défaut d'option de la part des contribuables, la prestation devient exigible en argent.

Sous le rapport du rachat, il y a une grande diversité dans les habitudes des départements. Tandis que dans les uns les prestations s'acquittent presque intégralement en nature, dans les autres elles se rachètent dans une forte proportion. Cette différence s'explique fort bien d'abord par le degré de richesse du pays, mais surtout par ce fait que la valeur de la journée étant dans certains départements fixée à un taux très-bas par le Conseil général, les contribuables préfèrent s'acquitter en argent, parce que la valeur effective de la journée est supérieure à la valeur officielle.

Les prestations en nature ont été l'objet de vives critiques. On a prétendu qu'elles n'étaient rien autre chose que les anciennes corvées, rétablies sous un nouveau nom, et on leur a adressé les mêmes reproches. Nous avons déjà fait observer, en parlant des impôts sous l'ancienne monarchie, que si sur certains points on peut en effet assimiler les prestations en nature aux corvées il faut cependant tenir grand compte de ce fait, l'un des plus considérables assurément en matière d'impôt, que les prestations sont aujourd'hui acceptées avec la plus grande facilité par nos populations rurales. « Grâce à des ménagements infinis, dit M. Courcelles-Seneuil, grâce à la modération de l'impôt, les prestations en nature ont échappé à l'impopularité des anciennes corvées, dont elles portent encore le nom dans les campagnes..... Leur emploi est d'utilité publique aux yeux de tous ; la perte qu'elles occasionnent est médiocre ; le temps de l'ouvrier agricole a si peu de valeur et l'argent en a tant pour lui, qu'il consent bien volontiers à se rédimer par son travail d'une redevance en argent. »

---

1. Loi du 21 mai 1836.

Il ne faut pourtant pas se dissimuler les inconvénients de ce système de taxes. Il a d'abord le tort de ne s'appliquer qu'à une fraction des contribuables et de laisser totalement indemne une partie de la population, qui est pourtant tout entière intéressée à la confection et à l'entretien des chemins vicinaux. Pour rétablir l'égalité, on a proposé de décider que toute personne de l'un ou de l'autre sexe devrait la valeur en argent de trois journées de travail, sauf la faculté pour elle de se libérer en nature. Il serait assurément fort équitable et fort utile de soumettre ainsi tout le monde à cette taxe, alors surtout que, par suite de l'extension croissante du réseau vicinal, les trois journées de prestation sont sur le point de devenir insuffisantes ; nous ne saurions pourtant admettre cette solution. Les prestations ont un vice fort grave ; c'est d'être une vraie capitation, c'est-à-dire de demander à tous les contribuables qu'elles atteignent un prélèvement égal, sans tenir compte de leurs ressources. Pour rétablir la proportionnalité, il faut y apporter une transformation plus complète.

C'est dans ce but qu'une proposition récente déposée par un membre de la Chambre des députés réclame la suppression des prestations en nature et leur remplacement par un impôt proportionnel. On s'est demandé à cette occasion ce que cette suppression, ou plutôt cette conversion, entraînerait de charges pour la commune. Les trois journées de prestations ayant atteint dans ces derniers temps plus de 53 millions, chaque journée de prestation représenterait au moins, d'après une moyenne qui a été établie, qui n'est peut-être pas juste partout, mais qui donne un résultat général exact, 6 centimes additionnels[1]. Il faudrait donc, pour remplacer les prestations si elles venaient à être supprimées, 17 ou 18 centimes additionnels. Ces chiffres seuls indiquent qu'on ne peut toucher à cette matière qu'avec une extrême prudence. Il nous pa-

1. Voir le discours de M. Clément sur les chemins ruraux, dans la séance du Sénat du 17 mai 1877.

raîtrait surtout utile, afin de ne pas heurter, par une modification trop brusque, les habitudes de nos populations rurales, de combiner dans une certaine mesure le mode de paiement en nature avec la nouvelle taxe qui prendrait la place des prestations.

FIN

TABLE DES MATIÈRES

Introduction 1

LIVRE I.

LES ORIGINES.

Chap. I. — L'impôt foncier en Orient, en Égypte, en Grèce. 5
— II. — L'impôt à Rome. Constitution de Servius Tullius. 11
— III. — L'impôt dans les provinces de la République. 19
— IV. — Réformes d'Auguste. 25
— V. — Privilége de l'Italie. Le *jus italicum*. 30

LIVRE II.

L'IMPÔT FONCIER DEPUIS DIOCLÉTIEN JUSQU'A L'INVASION DES BARBARES.

Chap. I. — La *capitatio terrena* 38
— II. — Unité financière. Le *caput*. 51
— III. — Recensements. 64
— IV. — Péréquations. 73
— V. — Inspections. 76
— VI. — Nomination des agents du cens. Observations générales. . 84

LIVRE III.

SUITE DU PRÉCÉDENT.

Chap. I. — Indiction 88
— II. — Publication. 101
— III. — Charges accessoires à l'impôt foncier. 108
— IV. — Immunités. 116
— V. — Recouvrement de l'impôt. 121
— VI. — Réclamations et remises. 127
— VII. — Évaluation de l'impôt romain. 129

LIVRE IV.

L'IMPÔT FONCIER EN FRANCE DEPUIS L'INVASION DES BARBARES JUSQU'A L'ÉTABLISSEMENT
DE LA FÉODALITÉ.

Chap. I. — Conséquences de l'invasion des Francs sur l'impôt. 133
  — II. — Modifications dans l'impôt. Immunité de l'Église. 142
  — III. — Transformation de l'impôt en cens privé 146

LIVRE V.

L'IMPÔT FONCIER DEPUIS L'ÉTABLISSEMENT DE LA FÉODALITÉ JUSQU'A
LA RÉVOLUTION DE 1789.

  — I. — Établissement de la taille. 153
  — II. — Division de la France en matière financière. Taille per-
          sonnelle. 162
  — III. — Taille proportionnelle. 170
  — IV. — Exemptions en matière de taille personnelle. 177
  — V. — La taille réelle dans la généralité de Montauban. 183
  — VI. — La taille réelle dans les généralités de Grenoble, Agen, etc. 190
  — VII. — Pays d'États. — Languedoc. 195
  — VIII. — Suite du Languedoc. 200
  — IX. — Bretagne, Bourgogne, Provence 210
  — X. — Les vingtièmes. 218
  — XI. — La corvée. 227

LIVRE VI.

L'IMPÔT DEPUIS LA RÉVOLUTION JUSQU'A LA LOI DE L'AN VII.

  — I. — Vœux des trois ordres. Suppression des priviléges 233
  — II. — Influence des physiocrates sur les lois nouvelles. 240
  — III. — La loi de 1790. 249

LIVRE VII.

LE SYSTÈME DE LA LOI DU 3 FRIMAIRE AN VII. LE CADASTRE.

Chap. I. — L'impôt proportionnel. 257
  — II. — Le revenu net imposable. 263
  — III. — Les exemptions 275
  — IV. — La répartition. Règles générales. 287
  — V. — Répartition entre les départements. Fixité des contingents. 292
  — VI. — Répartition entre les arrondissements, les communes, les
          contribuables. 312
  — VII. — Le cadastre. 315
  — VIII. — Réclamations. 323
  — IX. — De la reconfection du cadastre. 335
  — X. — Recouvrement de l'impôt foncier 345
  — XI. — Impôts accessoires. 351

Sceaux. — Imp. M. et P.-E. Charaire.